Bauwelt Fundamente 123

Herausgegeben von
Ulrich Conrads und Peter Neitzke

Beirat:
Gerd Albers
Hildegard Barz-Malfatti
Elisabeth Blum
Werner Durth
Eduard Führ
Werner Sewing
Thomas Sieverts
Jörn Walter

André Corboz

Die Kunst, Stadt und Land zum Sprechen zu bringen

Bertelsmann Fachzeitschriften
Gütersloh · Berlin

Birkhäuser – Verlag für Architektur
Basel · Boston · Berlin

Umschlagvorderseite: David Lombard, Girl at Railing, NYC

Umschlagrückseite: Florenz, Luftbild des Stadtzentrums, Laboratorio aerofotogrammetrico L. Rossi, Firenze

Deutsche Bibliothek Cataloging-in-Publication Data

Corboz, André:
Die Kunst, Stadt und Land zum Sprechen zu bringen /
André Corboz. - Basel ; Boston ; Berlin : Birkhäuser, 2001
  (Bauwelt-Fundamente ; 123)
  ISBN 3-7643-6342-8

Dieses Werk ist urheberrechtlich geschützt. Die dadurch begründeten Rechte, insbesondere die der Übersetzung, des Nachdrucks, des Vortrags, der Entnahme von Abbildungen und Tabellen, der Funksendung, der Mikroverfilmung oder der Vervielfältigung auf anderen Wegen und der Speicherung in Datenverarbeitungsanlagen, bleiben, auch bei nur auszugsweiser Verwertung, vorbehalten. Eine Vervielfältigung dieses Werkes oder von Teilen dieses Werkes ist auch im Einzelfall nur in den Grenzen der gesetzlichen Bestimmungen des Urheberrechtsgesetzes in der jeweils geltenden Fassung zulässig. Sie ist grundsätzlich vergütungspflichtig. Zuwiderhandlungen unterliegen den Strafbestimmungen des Urheberrechts.

Der Vertrieb über den Buchhandel erfolgt ausschließlich über den Birkhäuser Verlag.

© 2001 Birkhäuser – Verlag für Architektur, Postfach 133, CH-4010 Basel, Schweiz
und
Bertelsmann Fachzeitschriften GmbH, Gütersloh, Berlin

Bertelsmann
Fachzeitschriften
Eine Kooperation im Rahmen der Fachverlagsgruppe BertelsmannSpringer

Gedruckt auf säurefreiem Papier, hergestellt aus chlorfrei gebleichtem Zellstoff. TFC ∞

Printed in Switzerland
ISBN 3-7643-6342-8

9 8 7 6 5 4 3 2 1

Inhalt

Vorwort (Martin Warnke) 7

I Die Bedeutung der Fragen 11
Die Forschung: Drei Lehrfabeln 13
Auf der Suche nach „dem" Raum 25
Zeitgenosse werden! 35

II Die Stadt, die wir nicht wahrnehmen 43
Die Schweiz, Fragment einer europäischen Galaxie der Städte . 45
Die Geschichte des Städtebaus als Bedeutungsforschung 55
Die vier Phasen der theoretischen Auseinandersetzung
mit der Stadt im 20. Jahrhundert 65
Zur Wiedergründung – oder Stadtkernforschung einmal anders 75
„Non-City" Revisited 123

III Die Natur als Selbstdarstellerin und die Landschaft
als Schauspiel 141
Das Territorium als Palimpsest 143
Entlang des Wegs. Das Territorium, seine Schichten
und seine Mehrdeutigkeit 167
Die kulturellen Grundlagen des territorialen Rasters
in den USA 186
Schlußfolgerungen aus der Geologie: Von Viollet-le-Duc
zu Bruno Taut 201
Über die Elastizität der Alpenlandschaft in der Malerei 219

Drucknachweise 237

Bildquellen 238

Bibliographie 240

Vorwort

André Corboz bin ich erstmals 1987 im Getty Center zu Santa Monica begegnet, wo wir am selben Flur einen Arbeitsraum hatten. Mein erster Eindruck war, daß er am liebsten bei sich selber war, daß er in Ruhe gelassen werden wollte. Dieser Eindruck verflüchtigte sich erst, als er am gleichen Center seinen Vortrag hielt: Da entfaltete sich der Intellekt eines Mannes an einem spröden Material, an den Rekonstruktionen des Tempels Salomonis in Jerusalem, und schweifte durch die Fluchten und Flure dieser gewaltigen Phantasiebauten mit immer neuen Beobachtungen, Ideen und Theorien. Er braucht offenbar die Einigelung, um ins Weite zu kommen. Diesen Doppelaspekt seines Wesens – die introvertierte Konzentration und die expansive Art seines Denkens, seines Kombinierens und Phantasierens – finde ich in einer eigenartigen Ausprägung auch in seinen wissenschaftlichen Werken immer wieder entfaltet.

Corboz ist nach einem juristischen Studium, nach literarischen Veröffentlichungen und während eines Verwaltungsdienstes mit einem Buch als Architekturhistoriker hervorgetreten, dessen Thema sozusagen vor der Tür lag: ein urbanistisches Grundlagenwerk über Carouge (1968), einer Stadt im Kanton Genf. Dieses gleichsam heimatgebundene Buch weitet seinen Horizont sogleich in Richtung einer aufgeklärten Urbanistik des Zeitalters. Für die Stadtforschung hat Corboz das große Thema der Wechselbeziehungen zwischen Stadt und Land neu erschlossen, auch hier die eingehegte Zelle Stadt in einen übergeordneten Kontext hineinstellend. In den methodologischen Überlegungen von Corboz nimmt die Opposition von *Amplifikation* und *Reduktion* eine wichtige Stellung ein: Das amplifizierende Verfahren bringt einen Gegenstand, eine Beobachtung in ein weiteres Beziehungsnetz, aus dem sie heraustreten oder sich einpassen, in dem sie Verwandtschaften oder Abweichungen erkennbar machen, in dem sie sich entfalten oder in dem sie eingeschränkt werden.

Das amplifizierende Vorgehen arbeitet mit Thesen, Ahnungen und Vermutungen, sondiert mit Hilfe neuer Methoden, wagt Intuitionen und Assoziationen, etwa derart, daß der Markusplatz in Venedig ein Hippodrom ge-

nannt wird. Dabei widerfährt dem Forscher oft das, was nach einem Lieblingszitat von Corboz Horace Walpole *serendipity* genannt hat: daß „man etwas findet, während man etwas anderes suchte". Das Reduktionsverfahren dagegen meint die stimmige Synthese, die Zusammenführung und Verknüpfung heterogener Elemente und Indizien zu einer neuartigen Figuration; das Einsammeln von Merkmalen und deren Zuordnung zu einem Sinngefüge, für dessen Evidenz und Wahrheit man sich letztlich entscheiden muß. Die Texte von André Corboz haben durch diese Doppelfähigkeit zur Expansion und Kontraktion, zum Ausbreiten und Zuspitzen einen ganz eigentümlichen Rhythmus von fast künstlerischem Rang.
Beide Verfahrensweisen sind wohl dafür verantwortlich, daß in den methodischen Reflexionen von André Corboz, die immer neu ansetzen, immer wieder auch sich selbst in Frage stellen und oft mit überraschenden philosophischen oder literarischen Hinweisen aufwarten, ein Motiv oder eine Maxime eine Hauptrolle spielt: das Risiko. Ohne die Kategorie des Risikos, ohne das gedankliche Experiment kommt für Corboz keine weitertreibende Erkenntnis zustande.
Die Freude, mit der ich die methodischen Passagen und Aufsätze von Corboz lese, ist lediglich überschattet von dem Bewußtsein, daß unsere kunsthistorischen Fachkollegen diese Passagen zu überschlagen pflegen, weil sie den Sachen ohne Theorie näher zu sein wähnen, während sie diese in Wirklichkeit verfehlen, wenn sie ihnen unüberlegt gegenübertreten.
Wenn ich angeben sollte, was mich an den Schriften von André Corboz am meisten fasziniert oder wo ich am meisten gelernt habe, dann würde ich sagen, daß ich durch ihn Architektur anders habe wahrnehmen lernen. Von den Technikern lerne ich die Bauten als statische Konstruktionen, als Ergebnis mathematischer oder physikalischer Operationen kennen; der Bau ist, was er ist, dank rationaler Planung. Die Stilhistoriker zeigen mir den Bau als Ergebnis einer epochalen Gestimmtheit, die dem Architekten einen Set von bestimmten Formen in die Hand gibt; der Bau ist, was er ist, dank der ästhetischen Auswirkung des Zeitgeistes. Die Wahrnehmungshistoriker seit Wölfflin bringen mir den Bau nahe als Ergebnis meiner physiologisch bedingten Apperzeption, seinen Raum als Projektion meiner körperlichen Verfaßtheit; der Bau ist, was er ist, dank eidetischer Leistung. Der Architektursoziologe erklärt mir den Bau aus Ansprüchen pragmatischer, ideologischer oder politischer Interessen bestimmter Gruppen der Gesellschaft, die sich zumeist in einem einzigen Bauherrn verkörpern lassen; der Bau ist, was er ist, dank eines bauherrlichen Willens. Bei Corboz können alle diese Zugänge eine Rolle spielen, ihre physikalische, soziologische, sti-

listische und wahrnehmungspsychologische Bestimmtheit ist ihm selbstverständlich, und doch ist ihm die Architektur immer noch etwas anderes, noch von anderen Voraussetzungen abhängig. Seine eigenen Interessen und Beobachtungen bewegen sich jedoch auf einer Ebene, die wohl am besten mit einem Paradoxon bezeichnet wird, das bei Corboz gelegentlich „die Idee als Bild" genannt wird. Die Bauten verdanken sich auch mental vorgeprägten Schemata, sie sind so etwas wie kollektiv gewordene Vorstellungsbilder einzelner Architekten.
Mißtrauisch macht Corboz jegliche Form behaupteter Voraussetzungslosigkeit. Das Canaletto-Buch (1985) wendet sich gegen die Behauptung, Canaletto habe mit seinen Veduten nichts anderes als dokumentarische Absichten verfolgt, es seien nach heutigen Kategorien gemalte Fotografien. Corboz kann nachweisen, daß Canaletto mit Hilfe von Auslassungen, Verzerrungen, Verschiebungen oder sonstigen künstlerischen Regieleistungen eine *Venezia immaginaria* propagiert, die dokumentarische Objektivität nur vortäuscht. Auch Ausdruckswerte, die die Vergänglichkeit des städtischen Ambientes reflektieren, werden in den Veduten wahrgenommen. Ebensowenig wie Canaletto die venezianische Stadt hat Hubert Robert die antiken Ruinen archäologisch dokumentieren wollen, wie oft behauptet wird. Vielmehr will Robert mit seinen Ruinenbildern, ebenso wie mit seinen Gartenansichten, ein neues „Bild" von der Natur aufrufen, das dann auch in den Architekturprospekten Boullées nachwirkt. „Ideenbilder" sind bei Robert auch jene Phantasien von antizipierten Ruinen, in denen etwa die Grande Galerie des Louvre mit eingestürztem Gewölbe gezeigt wird. Die urbanistischen Analysen von Corboz sind oft geleitet von der Vorstellung, daß Bilder die Architekturen prägen, Bilder von Kristall und Gebirge bei Viollet-le-Duc und bei den Architekten der Gläsernen Kette; Bilder vom rational disponierten Leben in einer durchkalkulierten Umwelt, wie sie sowohl den Stadtgestalten der *Charta von Athen* als auch den organizistischen Stadtmodellen zugrunde liegen. Corboz' Satz: „Natur ist, was die Kultur als solche bezeichnet", gilt auch für die Entstehung architektonischer Formen: Es sind kulturell geprägte „Bilder", welche die künstlerische Wirklichkeit bestimmen.
Corboz fasziniert die alte Idee aus dem 18. Jahrhundert, Waldwege für Hauptstraßen einer Stadtanlage zu nutzen. Zuletzt hat Corboz noch ein neues Bild von der amerikanischen Stadt propagiert. Deren amorphe, unübersichtliche Struktur ist nur im Vergleich mit unserem Bild von der organisch geschlossenen Stadt ein unerträgliches Chaos. Im Lichte einer nicht mehr vorgeplanten Freiheitsvorstellung kann man die amerikanische Stadt

als ein offenes System, wie eine Collage aus unterschiedlichen Materialien, sehen. Diese aus europäischer Sicht generöse Interpretation der amerikanischen Stadtentwicklung wird von Corboz einem Zukunftsbild konfrontiert: Die Stadt der Zukunft wird die Hyperstadt sein, die den Unterschied zwischen Stadt und Land endgültig auflöst; in der die ausgewogene Harmonie ersetzt sein wird durch ein zerstreutes, kataklastisches, aus Zufallsprodukten zusammengekommenes Stadtkonglomerat. In ihm hat Corboz, so will mir scheinen, ein Analogon seines methodischen und theoretischen Ideals wissenschaftlichen Arbeitens gefunden. Schon sein Buch über die frühmittelalterliche Architektur (1970) verzichtet darauf, das heterogene Material feinsinnig zu schlüssigen Beziehungsnetzen zusammenzustricken und in stilgeschichtliche Konstruktionen zu zwingen; am liebsten, so bekennt der Autor, stelle er sich eine Kunstgeschichte dieses Zeitalters wie eine dadaistische Montage vor, in der den einzelnen Elementen ein völlig eigenes Entfaltungs- und Existenzrecht zugebilligt wird; schon sein Buch über Carouge war sogleich eine Montage genannt worden.

Corboz gehört zu dem Typus von Kunsthistorikern, welche die Vergangenheit immer mit einem reflektierten Gegenwartsbewußtsein angesehen und zum Leben erweckt haben. Die Geschichte wird ihm nahe, wo er sie mit den Augen der Gegenwart wiedererkennen kann.

Hamburg, im Sommer 2000   Martin Warnke

I Die Bedeutung der Fragen

Die Forschung: Drei Lehrfabeln

Die folgenden Überlegungen stammen von einem Forscher, der ein wenig aus der Rolle fällt, weil er den unüblichen Weg gegangen ist und Fächer unterrichtet hat, die er nicht studiert hat. Er ist Geisteswissenschaftler, und seine Fächer sind Kunstgeschichte, Architekturgeschichte und Geschichte der Stadtplanung. Diese Umstände lösen bei besagtem Forscher weder Überlegenheits- noch Unterlegenheitsgefühle aus. Wenn er sich in seinen Mußestunden der Forschung widmet, dann ist er mit so viel Begeisterung bei der Sache, daß neben den Problemen, mit denen er sich beschäftigt, für nichts anderes mehr Platz ist. Er läßt sich nicht nur von seinen Themen und Forschungsproblemen mitreißen, er versucht auch, sich zu beobachten, wenn er forscht. Und deshalb ist er so mutig (oder so unverfroren), sich hier sozusagen noch in Arbeitsstiefeln zu präsentieren.
Wie jeder in einer solchen Situation hat er sich zuerst gefragt, was denn eigentlich die vielgerühmte Methode (und vor allem die historische Methode) ausmacht. Herausgefunden hat er, daß sie – insgesamt gesehen – eher aus einer Reihe von Hemmnissen besteht als aus einem geschlossenen System von Vorgehensweisen, die zum Gebrauch bereit stünden. Die wichtigsten dieser Hemmnisse betreffen das Sammeln der „Fakten" und – als ältestes – das Verbot des Anachronismus.
All das ist ja schön und gut, auch wenn das Handwerkszeug des Historikers (aber auch jedes anderen Forschers) und mehr noch die Fragen, die er stellt, von *heute* sind. Und die Praxis zeigt in der Tat, daß der Weg, der zu einer Entdeckung – oder zu einer plausiblen Hypothese – führt, nicht so festgelegt ist, wie unsere Meister es behaupteten. Das Ergebnis taucht folglich nicht am Ende einer Art von vorher festgelegtem Ritual plötzlich auf – das heißt, nach methodischem Vorgehen –, sondern ist weitgehend von dem Subjekt abhängig, das die vielbesprochene Methode anwendet.
Vor einigen Jahren machte in amerikanischen Universitäten ein Witz von der Art die Runde, auf den Wissenschaftler ganz versessen sind. Es war ein ganz kurzer Witz. Auf die Frage, wie ein Gelehrter auf einer einsamen Insel eine Konservendose öffnet, wenn er über keinerlei Werkzeug

verfügt, lautet die Antwort: Er geht davon aus, daß er einen Dosenöffner hat.
Ich weiß nicht, ob dieser Witz je kommentiert worden ist – es spielt auch keine Rolle. Ich werde daraus auf jeden Fall meine erste Lehrfabel machen. Wenn jemand lächelt, bevor er die Pointe verstanden hat, gibt es nur die (implizite) Schlußfolgerung aus dieser kleinen Geschichte, daß die Gelehrten „nämlich" dumm (oder nutzlos) sind. Dies ist der eigentliche Sinn oder Un-Sinn unseres Witzes. Wenn der Witz erzählt wird, kann man zwei Arten des Lachens kaum voneinander unterscheiden: Das eine stimmt zu, weil der Lachende davon überzeugt ist, daß Wissenschaftler Blender sind, das andere hingegen gilt der Inkohärenz des Gedankens. Die Gegebenheiten machen ja auch jede andere Lösung unmöglich, denn unser Robinson hat ja „keine Werkzeuge zur Hand" – und all das führt zu einem logischen Kurzschluß. Darüber hinaus werden ungerechtfertigterweise zwei Ebenen vermischt und gleichgesetzt, die eigentlich klar voneinander getrennt sind: der Umgang mit einem materiellen Gegenstand und das Nachdenken über einen wissenschaftlichen oder kulturellen Gegenstand. Was letzteres angeht, so braucht man nicht darüber zu diskutieren, ob die Annahme, man hätte das Problem gelöst (oder – und auch das ist denkbar – es auf ein bekanntes Problem zurückgeführt), effizient ist. Und obwohl es diese beiden Ebenen gibt, könnte es doch durchaus möglich sein, daß der vorgestellte Dosenöffner dabei helfen könnte, Ersatz für ihn zu finden. Man würde dann das Problem aus der Perspektive eines späteren Zeitpunkts betrachten, und damit wäre genausoviel gewonnen.
Aber seinen ganzen Wert bekommt das Lehrstück vom Dosenöffner meines Erachtens in dem Moment, in dem im Bereich des Kulturellen eine nach oben offene Zahl von Möglichkeiten existiert. Dies heißt nicht, daß bestimmte Probleme nicht gelöst werden können, sondern daß sie entweder schlecht gestellt sind (Aporien, Petitio principii), daß es sie als außerwissenschaftliche eigentlich nicht gibt oder daß man sie im Herzen unserer Kultur nicht als Problem formulieren kann (was eine Anregung wäre, diese Kultur in Frage zu stellen). Man könnte vielleicht sagen, daß die beiden letzten Punkte das gleiche sind, aber das soll uns nicht weiter interessieren.
Aber um sein Problem zu lösen, muß sich unser Wissenschaftler intensiv damit auseinandersetzen, wobei so etwas wie eine enge Verbindung zwischen dem Forscher und dem Problem zu entstehen scheint. Dies ist gar nicht so außergewöhnlich, wie man vielleicht glauben könnte, denn wie Umberto Eco sagt, „liest man Romane auch, um die Begriffe zu lernen, mit deren Hilfe wir sie lesen können"[1]. Hieraus ließe sich eine etwas gewagte

Definition der Methode ableiten, die versucht, diese zweiseitige Beziehung aufzugreifen. Die Methode, das sind im wesentlichen all die Mittel, die das Problem vom Forscher verlangt, damit dieser es lösen kann.
Wenn ich jetzt zu unserem im wahrsten Sinne des Wortes *isolierten* Forscher zurückkehre, dann würde ich sagen, daß man die Spielregel wie folgt formulieren könnte: „Die Anleitung zum Öffnen der Dose befindet sich in der Dose." Das ist meines Erachtens die Moral aus dieser ersten Lehrfabel. Mir scheint, daß ihr das Verdienst zukommt, sichtbar zu machen, was der Positivismus um keinen Preis berücksichtigen wollte: die entscheidende Rolle des Forschers im Prozeß der Forschung. Eine Banalität? In seinem Verständnis von Wissenschaft hat das 19. Jahrhundert – wie zum Beispiel bei Claude Bernard – die Rolle des experimentierenden Subjekts so weit wie möglich ausgeklammert: Für den Positivismus, der die Subjektivität über alles fürchtete, war das Subjekt bestenfalls ein notwendiges Übel. Man war sich darüber einig, daß ein Experiment Resultate hatte, weil die verschiedenen Vorschriften zur Hygiene des Denkens, zu den Regeln der Durchführung und zu den Maßnahmen der Kontrolle exakt beachtet worden waren. Der *Wissenschaftler* war eine Art ausführendes Organ, dessen Aufgabe sich darauf beschränkte, die sakrosankte Methode anzuwenden. Ich werde nur kurz auf den Punkt eingehen, an dem verschiedene Theorien der jüngsten Zeit angekommen sind. Sie werfen die positivistische Auffassung von der Wissenschaft so nachhaltig über den Haufen, daß sie jetzt das Objekt verleugnen: Alles geschieht so, als ob der Forscher nicht der Welt, sondern nur einer Projektion gegenübersteht: Es handelt sich dabei um „das antirealistische Paradigma, das heißt, weder die von den wissenschaftlichen Theorien aufgestellten Wesenheiten noch die ihnen zugeschriebenen Eigenschaften gibt es ohne den Rahmen unserer Untersuchung"[2]. Es gibt keinen direkten Zugang zum Objekt. Das Objekt verschwindet sozusagen, und dieses Verschwinden ist zeitgleich mit einem Denken, das – wie zum Beispiel bei Foucault und Derrida[3] – die Nichtexistenz des Subjekts verkündet. Wenn man insgesamt gesehen glaubt, daß ein abwesendes Subjekt ein abwesendes Objekt erforscht, dann wäre das der Gipfel des Idealismus. Die Begrifflichkeiten habe ich dabei nicht einmal verfälscht! Beachten sollte man jedoch, daß die positivistische (oder paläopositivistische) Auffassung und das Denken der neuen Schule gar nicht so unvereinbar sind, wie es scheinen könnte. In beiden Fällen geschieht das Wesentliche nämlich in den Mechanismen, die sich bei der ersten der Realität bemächtigen und bei der zweiten sozusagen an ihre Stelle treten.

Wir sind diesen scheinbaren Umweg nicht umsonst gegangen, denn wir können jetzt kritisieren, was ich als Moral der ersten Lehrfabel bezeichnet habe, die Aussage nämlich, daß sich die Anleitung zum Öffnen der Dose in der Dose selbst befinde. Zu beachten ist dabei, daß wir es wortwörtlich mit einer Botschaft zu tun haben, die ihren eigenen Code enthält. Diese Feststellung mag äußerst interessant sein, sie geht aber von einem gefährlichen Apriori aus. Nämlich: Die Konservendose befindet sich an einem genau festgelegten Ort, und vom Prinzip her hat sie einen Inhalt. So wie diese Moral formuliert worden ist, könnte man auf den Gedanken kommen, daß der Forschungsgegenstand irgendwo im fertigen Zustand sozusagen „vorliegt": Man muß ihn nur noch identifizieren und sich seiner durch geeignete Maßnahmen bemächtigen. Dieses Bild der Forschung ist immer noch weit verbreitet, Forschung ist demnach so etwas wie eine „Schatzsuche".

Ein Gegenstand, mit dem sich die Wissenschaft beschäftigt, kann aber nicht so leicht freigelegt werden wie eine vergrabene Statue, er *entsteht* vielmehr aus vielen einzelnen Schritten, bei denen die Realität und der Forscher intensiv zusammenwirken. Nur, was ist die Realität? Es ist das, was (dem Zugriff der Wissenschaft) widersteht und was sich (den Fragen des Forschers) entzieht. Es ist aber auch das, was seinen Status verändert, während es erforscht wird, um es zu kennen. Das letztgenannte Phänomen ist sicher nicht das weniger seltsame. Es scheint, mit anderen Worten, so zu sein, als ob sich der Forscher an einem bestimmten Punkt seiner Arbeit einiges von seinem Gegenstand gefallen läßt, so als ob der Gegenstand die Initiative ergreifen könnte. Vielleicht denken Sie, daß ich abschweife, aber Jean Piaget selbst hat in einer Passage, die für den Schöpfer der Psychometrie höchst erstaunlich ist, geschrieben (um, wie er sagt, bestimmte offensichtliche Widersprüche beim kausalen logisch-mathematischen Erklären zu überwinden), daß er auf Modelle stößt, an die wir nur „in dem Maße glauben, in dem wir einen Teil ihrer Struktur der Wirklichkeit zuschreiben können, so als ob sich die Objekte wie ein handelndes Subjekt verhalten würden. [...] Das Objekt scheint also etwas zu tun, es wird also mit anderen Worten selbst zum Handelnden."[4]

Damit sich das Objekt wie ein Subjekt verhalten kann, muß das eigentliche Subjekt ein besonderes Verhalten an den Tag legen. Und dies bringt mich zur zweiten Lehrfabel. Es handelt sich dabei um die bekannte Geschichte von den drei Prinzen von Serendip. Sie wurde zum ersten Male im 16. Jahrhundert in Venedig veröffentlicht und verbreitete sich dann in ganz Europa. 1754 hat Horace Walpole daraus das Wort *serendipity* abgeleitet, mit dem er den Umstand bezeichnete, daß jemand nach etwas sucht und etwas ganz anderes findet, wobei dieses ganz andere dann viel interessanter ist als das ursprünglich Gesuchte. (Damit will ich nicht behaupten, daß man nur findet, was man nicht sucht, denn das wäre absurd. Aber da die Forschungen, die ohne weiteres zum gewünschten Ergebnis führen, uns nichts über den heuristischen Prozeß lehren, lasse ich sie an dieser Stelle beiseite.) Ich lasse ebenfalls die in jüngster Zeit geführte Diskussion über Walpoles Interpretation (die wohl auf einer Sinnwidrigkeit beruht) beiseite und möchte nur bemerken, daß er damit einem Phänomen, das in der Forschung häufig auftritt, einen Namen gegeben hat. Ich habe vorgeschlagen, *serendipity* mit *Singhalismus* zu übersetzen, denn *Serendip* ist der alte Name für Ceylon oder Sri Lanka und das dazugehörige Adjektiv ist singhalesisch.

Drei ceylonesische Prinzen sind also auf der Suche nach einer Zauberformel, um die Meeresungeheuer zu töten. Von dieser Formel finden sie jedoch nur Bruchstücke, machen aber bei der Suche zahlreiche unerwartete Entdeckungen, und zwar nur, weil sie auf der Suche waren. Interessant ist, daß es in der französischen Literatur verschiedene Werke gibt, die sich niemals auf diese Geschichte beziehen, gleichwohl aber Entsprechungen dazu entwickeln: Hierzu gehören *Le laboureur et ses enfants* von La Fontaine, die Gedanken Diderots unter dem Titel *De l'interprétation de la nature* und *Saül* von André Gide. Ich würde noch Poincaré hinzufügen, der sagt, daß man „neben der Sache denken muß, um etwas zu erfinden".

Alle beschäftigen sich also mit dieser seltsamen Vorgehensweise; besonders Diderot, der darin den eigentlichen Mechanismus des Entdeckens erblickt – und tatsächlich haben Unachtsamkeit, Bedienungsfehler oder falsche Vorstellungen zur Entdeckung der Röntgenstrahlen, des Penicillins, des Löschpapiers, des Frottees und nicht zuletzt zur Entdeckung Amerikas geführt.

Wenn man (anders als man es in den Forschungsberichten liest, solchen wenigstens, die dies angeblich sind) den tatsächlichen Weg dieser Forschung berücksichtigt (und nicht allein den der Aufeinanderfolge von Siegesmeldungen, die seinen wiederhergestellten, das heißt, von Irrtümern befreiten, Parcours abstecken), dann gestattet die Lehrfabel der drei Prinzen von Serendip, sinnbildlich die Manöver zu beschreiben, die der Forscher zuwege brachte, um seine Ziele zu erreichen.

In den meisten Fällen hat man eine Idee im Kopf, und von ihr geht man aus. Aller Anfang ist schwer, das Aufstellen von Hypothesen schwierig; zunächst entdeckt man unerwartete Beziehungen zwischen den Gegenständen, die sich dann wieder in Luft auflösen, und die Karte für den Königsweg hat man natürlich auch nicht in der Hand. Ein Entdecker ist immer jemand, der von irgendwo anders herkommt, und man interessiert sich nur für die Forscher, die wirklich etwas finden (und wenn nicht, dann sollten sie die Finger davon lassen und sich mit ihrem Sitz in einer Forschungskommission begnügen!). Die Arbeit an der Hypothese, die vielen Schritte im Labyrinth, die Zweifel, die Umwege, die Rückwege, die produktiven Irrtümer, die Scheidewege und die Sackgassen, alles, was den Weg eben nicht geradlinig verlaufen läßt, zwingen das Subjekt dazu, unvorhergesehene Wege einzuschlagen und aktiv zu sein. Wenn es von Anfang an weiß, was es finden will, und wenn es daran festhalten will, dann läuft es Gefahr, sich zu verlieren. Und in der Tat haben die drei Prinzen Dinge entdeckt, nicht, weil sie gegen alle Widerstände unbeirrt an einer bestimmten Strategie festgehalten haben, sondern weil sie sich dem geöffnet haben, was ihrer anfänglichen Absicht zuwiderlief.

Unsere erste Lehrfabel hat die Hartnäckigkeit belohnt, die zweite dagegen hat eher auf Scharfsinn, Erfindungsgabe und vor allem auf Flexibilität gesetzt. Wenn man eine Sache sucht und eine andere findet, die man der ersten vorzieht, dann braucht es ein Subjekt, das sich vom Objekt leiten läßt. Und dieses Objekt, verhält sich – wie wir gesehen haben – wie ein Subjekt. Man könnte die Analyse der singhalesischen Lehrfabel noch vertiefen und festhalten, daß eine solchermaßen skizzierte Beziehung zwischen Subjekt und Objekt zu einseitig ist, denn selbst wenn es folgsam ist, ist das Subjekt doch nicht passiv. Es fügt vielmehr die Elemente, die auf den ersten Blick heterogen oder sogar unvereinbar erscheinen, zu einem System kohärenter Beziehungen zusammen. An einem bestimmten Punkt erfaßt es die notwendigen Beziehungen zwischen Phänomenen, die bis dahin deutlich voneinander unterschieden waren und – oft – auch weit auseinander lagen. An dieser Stelle ist es nicht mehr weit zu einer Definition der Poesie, wie die Surrealisten sie formuliert haben: „Je entfernter und je genauer die Beziehungen der einander angenäherten Wirklichkeiten sind, um so stärker ist das Bild – um so mehr emotionale Wirkung und poetische Realität besitzt es."[5]

Kurz gesagt verwandelt ein richtiger Forscher das, woran er rührt. Bevor er eingreift, liegen die Elemente des zukünftigen wissenschaftlichen Gegenstandes verstreut herum und sind einander fremd. Er aber bestimmt ihre Beziehungen zueinander, indem er das Feld schafft, auf dem sie sich niederlassen. Dort bedeuten sie etwas, oder besser gesagt, dort weist er ihnen eine Bedeutung zu. Am Anfang von *Der Geist der Gesetze* spielt Montesquieu auf jenen auflösenden Moment an und schreibt: „Als ich meine Prinzipien entdeckt hatte, ist alles, was ich gesucht hatte, zu mir gekommen." Auf eine wunderbar synthetische Weise ist hier ein Vorgang beschrieben, der sicherlich ein wenig komplexer war, als Montesquieu hier einräumen will. Vor diesem Gewaltstreich seines Geistes, sagt Montesquieu, „bin ich meinem Gegenstand ohne irgendeinen Plan gefolgt. Ich kannte weder Regeln noch Ausnahmen. Die Wahrheit habe ich nur gefunden, um sie wieder zu verlieren".

Aber wie arbeitet der Forscher die Beziehungen zwischen den ausgewählten Elementen heraus? Oder besser: Wie ist das Instrument beschaffen, dessen er sich zu diesem Zwecke bedient? In den meisten Fällen handelt es sich weniger um die Ad-hoc-Ausarbeitung eines Erklärungsmodells (was es aber auch geben mag) als, wie mir scheint, um einen konzeptionellen Transfer. Ein Paradigma (oder eine Vorgehensweise), das (die) schon in einem anderen Zusammenhang erprobt worden ist, wird dabei unverändert in einer ganz neuen Situation eingesetzt oder dieser Situation angepaßt. Es ist ein bißchen so, als probiere man ein ganzes Schlüsselbund an Schlössern aus, für die diese Schlüssel nicht bestimmt sind.

Eine der bedeutsameren Konsequenzen einer solchen Vorgehensweise ist, daß der Gegenstand den Forscher zwingt, die Grenzen seines Fachs zu überschreiten. Dies geschieht tatsächlich fast jedes Mal, wenn man von den Problemen und nicht von den von vornherein begrenzten Feldern der einzelnen Disziplinen ausgeht. „Was ist die Methode?" haben wir schon gefragt. „Sie ist all das, was das Problem vom Forscher verlangt, damit er es lösen kann." Um die verschiedenen Modelle der Inter-, Multi- oder Transdisziplinarität zu erklären, die auf dem Markt der Ideen verfügbar sind, könnte man auf Metaphern aus dem Sport zurückgreifen: Das wissenschaftliche Objekt entsteht entweder aus der sukzessiven Arbeit unterschiedlicher Forscher, dann könnte man von einem Staffellauf sprechen. Oder es wird gleichzeitig von Forschern ganz verschiedener Fachrichtungen erarbeitet, dann hätten wir es mit einer Art *Gruppenmarsch* zu tun. Oder es ist das Ergebnis von Anstrengungen in verschiedenen Disziplinen, die aber alle vom selben Forscher erbracht werden, weshalb man dann von einem Gruppenmarsch sprechen würde. Diese letzte Kategorie kommt dem, was uns hier interessiert, am nächsten, denn hier ist nur ein Forscher nacheinander in verschiedenen Disziplinen aktiv. Als entscheidendes Manko erweist sich dabei aber, daß der konzeptionelle Transfer unmöglich ist. Selbst wenn sich der Forscher beispielsweise mit einem Fallschirmspringer vergleichen ließe, der auch im Skislalom und im Weitsprung antritt, dann folgt daraus nicht, daß man einen Geländelauf durch eine ausgereifte Schießtechnik gewinnen kann oder mit der Ausrüstung eines Fechtsportlers zum Schwimmen antritt. Es kommt, kurz gesagt, zu einer Interaktion der verschiedenen Disziplinen in der Person des Forschers selbst: In gewisser Hinsicht spezialisiert sich der Forscher von Fall zu Fall, und er sollte davor nicht zurückschrecken. Wenn er von den Problemen ausgeht, ist er dazu quasi gezwungen. Eugenio Battisti hat sein Buch *Antirinascimento* seinem Vater gewidmet, „der mir beigebracht hat, mutig zu sein und mich in Forschungsbereiche vorzuwagen, die nicht die meinen waren".

Im Gegensatz zu dem, was in Management-Schulen gelehrt wird, ist es also falsch, nur eine Sache zur gleichen Zeit zu machen. Ganz im Gegenteil muß man mehrere Wege nach Rom nehmen und mehrere Ziele gleichzeitig verfolgen, denn unsere verschiedenen Interessen stützen sich gegenseitig. Hätte sich Henri Stierlin, neben anderen Dingen, nicht dafür interessiert, wie die Leichentücher von Paracas hergestellt worden sind, dann hätte er niemals entdeckt, wozu die berühmten „Spuren" in der Wüste von Nazca gedient haben. Es waren nämlich Flächen, auf denen gewebt wurde, und keine Spuren astronomischer Berechnungen (und natürlich auch keine Landeplätze von Außerirdischen). Man sollte nicht vergessen, daß die wissenschaftlichen Disziplinen im 19. Jahrhundert als autonome Entitäten entstanden oder neu definiert worden sind und auf seltsame Weise den auf ihre Souveränität erpichten Nationalstaaten entsprechen. Nachdem man herausgefunden hat, daß die interessantesten Phänomene an den Rändern der einzelnen Fachgebiete liegen, nähern wir uns langsam einer Art von Föderation der einzelnen Disziplinen, wo das Überschreiten von Grenzen nicht mehr bestraft wird.

Vielleicht werden meine Leser nun lauthals dagegen protestieren, daß ich mich jetzt jener anarchischen Konzeption hingebe, die Paul Feyerabend so wichtig war. Aber der Forscher wird dem Durcheinander entgehen, wenn er eine Grundausbildung durchlaufen hat und über ein epistemologisches Bewußtsein verfügt. Sicher bin ich mir aber darin, daß ein Forscher nicht jene kalte Person ist, die man in vielen Romanen und Filmen in Laboratorien und Bibliotheken findet. „Zu meiner Überraschung", bemerkt François Jacob am Anfang von *La statue intérieure*, „waren diejenigen, die das Unerwartete erreicht und das Mögliche erfunden haben, nicht nur Männer von Wissenschaft und Methode. Vor allem waren es ungewöhnliche Geister, Liebhaber von schwierigen Dingen und Persönlichkeiten mit ausgefallenen Visionen. Bei denen, die im Rampenlicht standen, gab es oft seltsame Mischungen aus Gleichgültigkeit und Leidenschaft, aus Strenge und Absonderlichkeit, aus Machtwillen und Naivität. Hier triumphierte die Ein-

zigartigkeit."⁶ (Sich seltsam zu verhalten reicht aber nicht aus, um eine Entdeckung zu machen. Aber das dürfte wohl klar sein.)
„Sei deiner Abtrift treu!" So könnte man die Moral, die die Grundlage der zweiten Lehrfabel bildet, formulieren. Forschung verlangt nämlich eine große Aufmerksamkeit, und man darf sie nicht mit einem wie auch immer gearteten Voluntarismus verwechseln. Der Forscher liegt auf der Lauer, mit geschärften Sinnen, dabei aber keineswegs autoritär, sondern ganz im Gegenteil immer bereit zu der Wette, daß er sich getäuscht hat, er tastet sich zwischen den gelungenen Schritten voran und beginnt immer wieder von vorne. Mit dieser Haltung nähern wir uns der dritten Lehrfabel.
Ich entnehme sie einem Werk, das 1948 auf Deutsch erschienen ist und in viele Sprachen, auch ins Französische, übersetzt worden ist: Sein Titel ist *Zen in der Kunst des Bogenschießens* und stammt von Eugen Herrigel.⁷ Das Buch gibt sich als Bericht über ganz bestimmte, nicht zu bezweifelnde Erfahrungen, die sein Verfasser in Japan gemacht hat. Es ist tatsächlich als Bericht aufgenommen worden, auch wenn das, was es beschreibt, für einen Abendländer kaum zu glauben ist. Ich will nicht bei einer Theorie ankommen, die mehr oder weniger New Age ist und sich mit der Beziehung zwischen dem Forscher und dem, wonach er forscht, beschäftigt. Ich will zu unserem Vorteil nur von der Wahrheit profitieren, die Herrigel am Ende seiner Lehrzeit nach vielen Mühen entdeckt hat.
Unser neu Bekehrter erlernt über eine lange Zeit das Bogenschießen und orientiert sich dabei an den seltenen, lakonischen und sybillinischen Anweisungen seines Meisters. Bald stellt er fest, daß alle seine Bewegungen falsch sind. Sehr viel später stellt er fest, daß sie es sind, weil sein Verhalten selbst falsch ist. Noch später wird ihm klar, daß er das für ihn Selbstverständliche aufgeben muß, den Willen, die klare Unterscheidung zwischen Mittel und Zweck und den Willen zum Erfolg. An einem bestimmten Punkt seiner psychischen Entwicklung geschieht das, was er schon mehrere Jahre erstrebt hat, wie von selbst. Es geschieht in dem Moment, in dem sich in ihm selbst alles als „richtig und harmonisch" erweist: Sein Pfeil trifft mitten in ein Ziel, auf das er nicht gezielt hat und das er auch überhaupt nicht sehen kann. Das grundlegende Paradox in diesem Bericht besteht darin, daß man nicht zielt, um ein Ziel zu erreichen, sondern daß es vor allem darauf ankommt, in sich selbst eine Leere zu schaffen und „die Muskeln trotz des Widerstandes des Bogens vollständig zu entspannen, bis irgend etwas anderes den Pfeil schießt"⁸.
Ich betone, daß es hierbei nicht um den Erwerb einer technischen Fertigkeit geht, sondern darum, wie Herrigel sagt, im Atmen neue Möglichkeiten

der – in seinem Fall spirituellen – Befreiung zu finden. Der Zen-Bogenschütze ist ein Bündel antagonistischer Kräfte, die einander aufheben: Um das Ziel zu erreichen, bedarf es keiner Anstrengung, auch wenn der Bogen so weit wie möglich gespannt ist, so daß „irgendetwas anderes schießt".
Ist die Situation des Forschers ganz anders? In ihm koexistieren die Leidenschaft, die ihn antreibt, und die kritische Distanz. Er steht immer auf einer Schwelle, wo Bewußtes und Unbewußtes auf fruchtbare Weise miteinander kommunizieren – bis „irgend etwas anderes findet". Aber was genau ist dieses „irgend etwas"? Man könnte ganz simpel antworten, daß es der „Beruf" ist. Das wäre nicht falsch, würde aber doch zu kurz greifen. Aber was ist es dann? Es ist ein Training, kein verkrampftes sondern eher ein spielerisches, das sogar ganz widersprüchliche Qualitäten voraussetzt. Beruf oder Training, damit bleiben wir aber im Allgemeinen. Herrigel besteht seinerseits darauf, daß es nicht um den Erwerb einer technischen Fertigkeit geht (auch wenn diese beim Forschen durchaus von Nutzen sein kann). François Jacob hingegen koppelt das Wissen mit einer unerwarteten Veranlagung zusammen. Die Lösung ganz vieler Probleme, welche die Forschung aufwirft, scheint viel weniger von einer wie auch immer gearteten und irgendwann auch ausgereiften Methode als vielmehr vom Reifeprozeß des Forschers selbst abzuhängen, kurz gesagt, weniger von einer Methode als vielmehr von einer Vorgehensweise. Unter diesem Blickwinkel ist das Alter ein Gewinn (oder es kann einer sein), was der witzigen Bemerkung Einsteins widerspricht, derzufolge Physiker nach ihrem dreißigsten Geburtstag zu nichts mehr zu gebrauchen sind – ein Witz, der in der Regel von über Sechzigjährigen erzählt wird.
Irgend etwas schießt, irgend etwas findet irgend etwas anderes und irgend etwas baut eine Beziehung zu irgend etwas anderem auf (manchmal überfallartig, meistens aber über viele Monate einer untergründigen Entwicklung hinweg): Die dritte Lehrfabel bezeugt diesen doppelten Prozeß, der einerseits die Entdeckungsprozesse ins Bewußtsein rückt und andererseits die Verinnerlichung des kognitiven Vorgehens hervorbringt. Ich habe schon darauf angespielt, daß dies voraussetzt, daß sich der Forscher gut mit seinem eigenen Unbewußten versteht.
Die Moral aus dieser dritten Lehrfabel ist meines Erachtens in der Formel enthalten, die jene Initiation zusammenfaßt, der sich Herrigel lange Zeit hindurch unterworfen hat: „Das Ziel, das es zu erreichen gilt, ist kein anderes als der Schütze selbst."[9] Sie drückt dieses zeitweilige Einswerden des Subjekts mit seinem Objekt aus, die in vielen Legenden, Sagen und Mythen dem Einswerden von Jäger und gejagtem Wild entspricht. Der Unter-

schied ist aber der, daß sich der Forscher wieder von seinem Thema lösen kann und für ein neues Vorhaben offen ist, sobald das andere Forschungsprojekt abgeschlossen ist. Ich möchte am Ende dieses Textes die Einrichtung eines neuen Fachs vorschlagen, das sich der Psychologie der Forschung widmen soll. Denn man muß endlich herausfinden, wie ein Forscher seine Entdeckungen macht. Damit sie einen Sinn hat, darf diese Psychologie natürlich nicht positivistisch sein. Womit sie sich beschäftigen soll? Mit dem, was Forscher künftig produzieren sollten. Jedes Forschungsvorhaben endet mit einem Bericht, in dem Vorgehen und Ergebnisse festgehalten werden. In der Regel sind diese Berichte so knapp gehalten, daß sie nur von Spezialisten aus dem gleichen Fachgebiet verstanden werden. Es wäre also angebracht, diesem Bericht ein Forschungstagebuch hinzufügen, in dem die Forscher nicht (oder nicht nur) über ihre Seelenzustände, sondern ehrlich und detailliert über ihr intellektuelles Verhalten beim Forschen berichten. Sie sollten jeden aufgegebenen Versuch, auch die Gründe für diesen Fehlschlag wiedergeben, so daß die Kette der Hypothesen, Beobachtungen, Vorgehensweisen, Versuche, Umwege, Durchbrüche usw. so vollständig wie möglich ist. Wenn dieses Material niemals untersucht worden ist, dann vor allem deswegen, weil es weder gesammelt noch in eine Form gebracht worden ist. Auf dieser Grundlage könnten wir vielleicht verstehen, wie das methodologische Unternehmen in die Reflexe eingeht, oder, wenn man diese Formulierung vorziehen will, wie die Anleitung aussieht, die in der Konservendose steckt.

Übersetzung: Christian Voigt

Anmerkungen

1 Umberto Eco, „Piccolo mondo modernissimo", Vorwort zu David Lodge, Il professore va al congresso, Bompiani, Mailand 1990, VI
2 Jean Molino, „Interpréter", in: L'interprétation des textes, hg. von Claude Reichler, Minuit, Paris 1989, 9
3 Siehe vor allem Michel Foucault, Die Ordnung der Dinge. Eine Archäologie der Humanwissenschaften, Frankfurt am Main 1974
4 Jean Piaget, „Le problème de l'explication", in: L'explication dans les sciences, Paris 1973, 13 (Hervorhebung: A. C.)
5 Pierre Reverdy, zit. bei André Breton, Erstes Manifest des Surrealismus (1924), Reinbek 1986, 23

6 François Jacob, La statue intérieure, Paris 1987, zit. nach der Taschenbuchausgabe Folio, Paris 1990, 13f
7 Eugen Herrigel, Zen in der Kunst des Bogenschießens, Frankfurt am Main 1948
9 Herrigel, a.a.O.
10 Herrigel, a.a.O.

Auf der Suche nach „dem" Raum

Was als erstes bei genauerem Hinsehen an Le Corbusiers Abbildungen für die „Ville de 3 millions d'habitants" (1922) und die „Ville radieuse" (1935) ebenso überrascht wie an Hilberseimers Abbildungen für seine „Groszstadt-Architektur" (1927), ist der radikale Bruch mit der städtebaulichen Tradition der jüngeren und der ferneren Vergangenheit, den diese Wortführer der Moderne angeblich vollziehen wollen. Der Braillard-Plan für Genf (1935), auch „Milano Verde" (1938) und eine Analyse der Siedlungsanlagen von Dammerstock (1927), Neubühl (1928) oder Goldstein (1930) hinterlassen diesen Eindruck genauso wie die Lektüre der *Charta von Athen* (1943).
Es verschwindet in diesen Projekten ein auf Entsprechungen beruhendes Bezugssystem, das sich durch eine verbindliche Ordnung auszeichnete und bis dahin das Verhältnis zwischen der Leere der Straßen- und Platzräume und den Bauvolumen bestimmt hatte. Aber auch die pittoreske Streuung der Gartenstadt verschwindet. Was nun hingegen vorherrscht, ist die Isolierung der stereometrischen Volumen, die in gebührendem Abstand voneinander stehen, sowie deren gleichförmige Verteilung über das Gelände (ein Gelände, das man wenn immer möglich als einen gleichsam abstrakten Grundriß behandelt).
Die Gründe, die zu dieser Vorstellung von Städtebau führen, sind bekannt: Sie sind angelegt in Theorien zur Hygiene, die die Regeln für gesundes Leben diktieren – Licht und Luft (das heißt die Ausrichtung nach Besonnung und vorherrschenden Windrichtungen), Trennung nach Funktionen, gesonderte Behandlung der Verkehrswege. In den Programmen und Manifesten zur Rechtfertigung der neuen Morphologie der Stadt kehrt mit erstaunlicher Häufigkeit ein Begriff immer wieder: der Raum – naheliegend also die Annahme, daß dieses Element das Rohmaterial für die herbeigewünschte Stadt darstellt. Und doch wird diese Vorstellung niemals genau dargelegt, als sei sie selbstverständlich. Versucht man nun aber, die aus dem Wort sich herleitenden Bedeutungen zu fassen, ist das Ergebnis unerhört schwammig: Raum steht abwechselnd für Weite, Oberfläche, Herauslösen, Abstand, Schicht, Ort usw.[1]

Einzig klar ist, daß das diese Vorstellungen unterschwellig Verbindende nicht vom (insbesondere) cartesianischen Begriff hergeleitet ist, denn für diesen ist der Raum nicht nur Abstand zwischen Objekten, sondern auch Bestandteil der Objekte. Die Generation des CIAM vertritt ausdrücklich die Auffassung, daß der Raum mit „Leere" gleichzusetzen sei, das heißt mit dem, was zwischen den „Körpern" liegt, von welcher Meinung auch weiterhin ausgegangen wird.[2] Fragen zur Natur des räumlichen Phänomens stellt man sich nicht, weil ebendieser Raum eine faktische Gewißheit zu sein scheint: Überall um uns herum verfügen wir über ihn, er ist in unbeschränkter Menge vorhanden, und er ist kein Hindernis. Im ureigensten Sinn ist der Raum unser Lebensraum. Da er für eine mit den Sinnen nicht erfaßbare Größe gehalten wird, fragen die Theoretiker und Projektentwerfer nie, aber ohne sich dessen bewußt zu sein, auf welchen Raumbegriff sie sich eigentlich beziehen, mit anderen Worten, welche Struktur dieser Raum hat.

Die schwammige Terminologie stört niemanden, weil die Protagonisten der Moderne ohne Zweifel alle dem gleichen wissenschaftlichen Glauben anhingen, dem Positivismus. Man stellt also fest, daß sie zwar erklären, ihr Vorgehen naturwissenschaftlich abzustützen, sich aber nicht auf den neusten Stand der Naturwissenschaft beziehen, sondern an Erkenntnissen festhalten, die nicht mehr viel zu bieten haben. Anzumerken ist, daß diese Vertreter der Moderne nur geringes Interesse an der Erkenntnistheorie hatten. So erklärt sich, weshalb der erste Neuigkeitseffekt bald dem Eindruck eines Déjà-vu-Gefühls weicht, wenn man nachdenkt über die kulturelle Herkunft der ausgedünnten Räumlichkeit in ihren Projekten, in welche die geometrischen Volumen wie ein Staccato eingebettet sind.

Wo und wann trat aber die Wende ein? Gewiß mit einigen städtebaulichen Vorschlägen vom Ende des 18. und Anfang des 19. Jahrhunderts, die unter dem Einfluß der revolutionären Ideale entstanden. Um die Gleichheitsidee zu verbildlichen, bildet sich um diese Zeit eine Vision vom Städtebau heraus, für die Öffnung und Durchschaubarkeit kennzeichnend sind. Es ist ein von Repetitionen geprägter Städtebau, der sich darstellt als eine Aufreihung identischer geometrischer Baukörper, ohne Achsen, die auf ein übergeordnetes Gebäude zulaufen, das heißt ohne Hierarchie – so gibt sich das Ideal des utopischen Raumes.[3]

Zwar sind die Dimensionen, die Materialien, die Techniken, auch die Stilelemente von 1930 nicht mehr dieselben wie 1790. Aber sowohl die Klassiker der Moderne (fast alle sind Sozialdemokraten) als auch die Klassizisten (zumeist Liberale oder Konservative) entwerfen für die demokratisch zuge-

schnittene Stadt der Zukunft Projekte von analoger räumlicher Beschaffenheit. Bei beiden Gruppen hat man nicht nur mit derselben volontaristischen, minimalistischen und universalistischen Ausrichtung zu tun, sondern beide fassen den Raum auch als isotrop auf.
Die Herkunft dieser Vorstellung steht fest: Es handelt sich um den absoluten Raum, wie ihn Newton 1687 in seinen *Principia mathematica* definiert: „Der absolute Raum, der frei ist von jeder Bindung an eine irgendwie geartete Äußerlichkeit, ist seiner Natur gemäß immer gleich und immobil."[4]
An dieser Stelle sind drei Einwände angebracht. Zunächst, daß der Zusammenhang zwischen dem Newtonschen absoluten Raum sowie der Architektur und dem Städtebau auf Mutmaßungen beruht; ferner, daß selbst nach vollzogener Beweisführung dieser Raum nicht mit irgendeiner ihm je gegebenen Form übereinstimmt; schließlich, daß die Vertreter der Moderne selber kurz und bündig auf zeitgenössisches Forschen wie Kubismus und De Stijl verweisen.
Zum ersten Punkt, das heißt zur Rezeption von Newtons Vorstellung über das Universum im allgemeinen und den Raum im besonderen, muß man zwischen zwei deutlich verschiedenen Arten der Vermittlung unterscheiden, worauf zuerst Adolf Max Vogt hingewiesen hat[5]: der *Rezeptionsgeschichte* (die Übernahme der Newtonschen Ideen durch die Wissenschaft) und der *Ruhmesgeschichte* (die Geschichte von Newtons Bedeutung für die Literatur und die Künste). In einem Fall geht es um die Verbreitung, Einengung und Verzerrungen, denen das Denken von Sir Isaac ausgesetzt war; die andere und von der Rezeption weitgehend unabhängige Geschichte beginnt 1727 mit Newtons Tod und erreicht 1784 mit Boullées Projekt für ein Prachtgrab ihren apotheoseartigen Höhepunkt.
Zum zweiten Punkt ist einzuwenden, daß eine Umschreibung des Konzepts vom absoluten Raum nur als eine Art Metapher zu werten ist, da besagter Raum weder ein Oben oder Unten noch eine Mitte oder Begrenzungen aufweist. Um diese Beschaffenheit vorstellbar zu machen, behelfen sich die Architekten mit enorm großen, regelmäßigen Oberflächen, denen sie die Eigenschaften Homogenität und Immobilität übertragen. Boullées Projekt für ein neues Versailles (gegen 1780), Antolinis Projekt für das Foro Bonaparte (1801) oder der Sankt Petersburger Schloßplatz (1819–1832) von Rossi sind von dieser Poetik geprägt, die die große Dimension benutzt, um das Unbegrenzte auszudrücken.
Zum letzten Punkt könnte geltend gemacht werden, daß der Raum der Moderne – immer vorausgesetzt, daß es nur einen Typ gibt – zur Not auch homogen sein mag, aber niemals immobil ist, zumindest nicht in der Vorstel-

lung jener, die ihn formen. Ist denn nicht Giedions ganze Argumentation in *Raum, Zeit und Architektur* (zuerst engl. 1941) auf den Beweis ausgerichtet, daß die neue Architektur die Raum-Zeit-Vorstellung voraussetzt? Dem wäre anzufügen, daß zwar Hinweise auf die vierte Dimension, auf Kubismus und De Stijl in den Schriften von Wortführern der Moderne tatsächlich nicht selten sind, aber man wird den Eindruck nicht los, sie seien rhetorisch gemeint, etwa Le Corbusiers „espace indicible", der kaum mehr als ein brillanter Notbehelf ist.[6]
Die Klassiker der Moderne hatten nämlich größte Not in der Auseinandersetzung mit dem Kubismus, um dessen Postulate in die Architektur und den Städtebau einzubringen. Die ersten „kubistischen" Häuser, etwa von Raymond Duchamp-Villon oder die tschechischen, sind lediglich facettenförmig zugeschnittene herkömmliche Bauten und haben nichts gemein mit der Abschaffung des zentralen Blickpunktes. Aus der Auseinandersetzung mit dem Faktor Zeit gingen Objekte wie das Bauhaus (1925) und die Villa Savoye (1928) hervor, zu deren Wahrnehmung die Standortveränderung des Betrachters vorausgesetzt wird. Noch viel später entstanden Mies van der Rohes „Flugzeughallen", die ein Eingehen auf differenzierte Alterungsprozesse von Struktur und Programm bezeugen und dennoch auf den immobilen und homogenen Raum zurückgreifen. Was den Städtebau anbelangt, fällt es schwer, markante Beispiele isoliert herauszugreifen. Andererseits hat die Moderne beim Versuch, die Stadt in ihrer Gesamtheit neu zu erfinden, auch die Gartenstadt verworfen. Es sei daran erinnert, daß Raymond Unwin (1909), als er das Schema von Ebenezer Howard (1898) aufgriff und entwürflich umsetzte, sich dabei weitgehend auf Camillo Sittes Kritik am zeitgenössischen Städtebau (1889) stützte. Obwohl nun aber Sitte weder die Beschaffenheit des von ihm verworfenen Raums noch den Raum, für den er sich einsetzt, genau definiert, steht doch sein ganzes empirisches Vorgehen in Zusammenhang mit den Theorien zur nichteuklidischen Geometrie, die seiner Beschäftigung mit dem Thema Raum um wenige Jahrzehnte vorangegangen ist.[7] *Der Städtebau nach seinen künstlerischen Grundsätzen* ist nichts anderes als der Versuch, einen Raum wieder einzuführen, der nicht länger absolut ist. Die meisten von Sitte angeführten historischen Beispiele – es sind vorwiegend mittelalterliche – zeichnen sich durch Unregelmäßigkeit aus. Als Gegensatz zur Isotropie und Immobilität der Newtonschen Glaubenssätze setzt Sitte ein qualitatives Feld in Kraft, dessen Eigenschaften durch die darin eingelassenen Körper und deren Begrenzungen definiert sind. Sein Manifest enthält keine einzige Zeile über die Natur des Raumes an sich, und doch meint Daniel Wieczorek,

und dies zu Recht, Sittes Analyse sei als eine *Topologie* zu bezeichnen (es findet dort ein Austausch statt zwischen dem Raum und den in ihm enthaltenen Körpern). Die Vermittler von Newtons Konzept sind bekannt, von der nichteuklidischen Geometrie kann man das leider nicht sagen; sie wurde nicht in Büchern verbreitet, die den Werken von Voltaire oder Algarotti vergleichbar wären, weshalb sie nicht zu allgemeinem Bildungsgut wurde: Glaubenssätze von Riemann oder Lobatchevski gibt es nicht.
Die Moderne scheint den von Sitte vorgeschlagenen Weg nicht verstanden zu haben. Schlimmer ist aber, daß Le Corbusier, als er Sitte mit einem einzigen Wort vernichtete („Eselsweg"), die außerordentliche Gelegenheit verpaßte, Anschluß an den neuesten Stand der Naturwissenschaft zu finden – einen Bereich, in dem die Moderne sich ja über jeden Tadel erhaben fühlte. Als die Vorstellung über das Universum bereits durch die Relativitätstheorie entwertet worden war, arbeitete man in dem davon betroffenen eigenen Bereich weiterhin so, als sei das ältere Konzept noch immer aktuell. Die Moderne wollte sowohl die Architektur als auch die Stadt neu erfinden und völlig neuartige, universell anwendbare Lösungen erarbeiten, aber es gelang ihr nicht, die Quellen des eigenen wissenschaftlichen Credos aufzuspüren, um ihre Postulate kritisch zu untersuchen.
Aufgrund dieser Bilanz sollte man sich fragen, ob eine Weiterentwicklung der Raummentalität seit dem Auftreten des CIAM-Gedankens stattgefunden hat. Es ist bestimmt nicht die Postmoderne, die über Newton hinausführende Wege erschlossen hat. Abgesehen von wenigen Ausnahmen (wobei es sich aber mehr um Gefühlsmäßigkeiten und Hypothesen als um Gewißheiten handelt), führt bei Architekten und Städtebauern alles weiterhin über den in der sakrosankten Perspektive angelegten Weg. Sie war der Nährboden des absoluten Raums, denn auch die Perspektive setzt ein absolutes Raumbild voraus. Die Verallgemeinerungen des CAD-Computers, eines hundertprozentigen Perspektivikers, verändern die Wahrnehmung auch nicht, das heißt die Denkroutine, und ebensowenig nimmt er Einfluß darauf, wie in der Praxis gearbeitet wird.
Will man jedoch unbedingt Beispiele für die Suche nach Auswegen nennen, wären sie bei den Rebellen gegen CIAM und den Dekonstruktivisten zu suchen. So liegt vielleicht ein neuer Weg vor im *Konzept* des Beziehungsnetzes im Innern des Centraal Beheer von Hertzberger (1968), in diversen *Projekten* von Gehry (Familian House, 1978), von Coop Himmelb(l)au (Mietshaus, Wien 1986) oder von Eisenman (Guardiola House, 1987), vielleicht in Tschumis *Vorgehen* beim Parc de la Vilette (1982), was indes nicht auf den Raster zutrifft, der dessen Organisation bestimmt. Da Versuchsana-

lysen fehlen, handelt es sich bei diesen Beispielen im übrigen nur um Vorschläge. Auf die Frage nach der Situation im Städtebau wäre die oben gegebene Antwort zu wiederholen.

Wohin führen nun diese Überlegungen? Bald ist es zwei Jahrhunderte her, seit die euklidische Geometrie erstmals radikaler Kritik unterzogen wurde[8], eine Auseinandersetzung, aus der dann eine autonome Disziplin entstand, das heißt die *Topologie* oder *Analysis situs;* mehr als achtzig Jahre liegt die kubistische Revolution zurück, die ein um 1400 entstandenes Raumbild verabschiedete und die Reduktion des Raumes zur Flächigkeit erlaubte[9]; und fast hundert Jahre nachdem die Quantentheorie alle überkommenen Vorstellungen zur Materie zunichte gemacht und die Relativitätstheorie[10] dem Newtonschen Konzept vom Universum ein Ende gesetzt hat, ist es eigentlich an der Zeit, daß die Architekten und Planer zur Kenntnis nehmen, daß Newton tot ist und der absolute Raum ausgedient hat.

Dem Schreibenden wird vielfach vorgeworfen, die hier abgehandelten Theorien seien rein intellektuelle Betrachtungsweisen ohne jeden Bezug zur Realität des Lebens. Abgesehen von der nicht interessanten Tatsache, daß dieselben Einwände einst gegen die Idee des absoluten Raums vorgebracht wurden, also gegen Euklid selbst, möchte ich antworten, daß es einerseits bestimmte homeomorphe Figuren gibt, etwa die berühmte Möbius-Schleife, die in einen Raum eingebettet sind, aus dem wir sie nicht entfernen können, was uns aber nicht hindert, sie zu bauen, während andere Figuren nicht gebaut werden können, obschon sie sich darstellen lassen (auf diesem Phänomen haben Escher und Reutersward ihren Ruhm aufgebaut).

Normalerweise greifen diese Argumente nicht, so stark ist die Überzeugung, daß der Raum einer einfachen, praktischen Idee entspricht, also zum Umgang mit dem Raum seine in der darstellenden Geometrie enthaltene Kodifizierung (Monge, 1799) ausreicht. Nicht dieser Meinung waren Leute wie Gauß, Riemann und viele andere, die im Gegenteil meinten, daß „angesichts der Vielfalt möglicher Geometrien [...] die Erfahrung die Diskussion entscheiden kann"[11].

In einer Zeit schließlich, in der so viele Architekten sich in erster Linie als Künstler betrachten, obschon sie räumlich in sozusagen verjährten Begriffen denken, haben Künstler, die diesen Namen verdienen, mit Raummodellen experimentiert, die mit Perspektive oder dem absoluten Raum von Newton nichts mehr zu tun haben.

Richard Serra sei hier angeführt, denn er ist auch einer der wenigen Künstler mit der Fähigkeit, sein Vorgehen zu erklären. Über sein „Shift" (1970)

Richard Serra, Shift, 1970–1972

betiteltes Werk äußert er sich in einer Weise, die nützlich sein mag, um das in diesem Beitrag angesprochene Problem bewußt zu machen. Fünf Tage lang lief er über ein Feld. Das Gelände erstreckte sich über zwei Erhebungen, zwischen denen eine talartige Senke in der abgeknickten Form eines Hundebeins lag. Dabei entdeckte er, daß „zwei Leute, die über das Feld aufeinander zuliefen und trotz der Krümmung im Gelände Blickkontakt hielten, gemeinsam dessen Topologie bestimmten". Er „wollte die Dialektik zwischen der gesamthaften Wahrnehmung des Feldes und der beim Begehen erlebten Wahrnehmung definieren. [...] Die Länge, Richtung und Form jeden Elements ist von den Schwankungen in der Krümmung und im Profil der Erhebungen bestimmt [...]."[12] Es folgt eine detaillierte Beschreibung der plastischen Setzungen, bestehend aus niedrigen Mauern in Form von langgezogenen, spitzen Dreiecken. Aufschlußreich ist die im Experiment gemachte, außerordentlich vielfältige Wahrnehmung.

Hat man diese Beschreibung eines erlebten Raumes ganz gelesen, stellt sich unweigerlich die Frage, ob ein Architekt, Historiker oder Architekturtheoretiker je einen so überzeugenden Bericht über ein Bauwerk oder eine städtebauliche Anlage verfaßt hat ...

Ein derartiger Wandel in unserem Verhältnis zum Raum ist um so dringender, als die Probleme der unter unseren Augen im Entstehen begriffenen „Stadt" nicht mehr die Probleme von Zentren sind, sondern von Zonen, Anhängseln, Ausfransungen und Enklaven, die gemeinsam mit der Stadt in dem Bereich existieren, den wir Peripherie nennen. Die Zeit der Kahlschlaglösungen ist zwar abgelaufen, aber auch jene der Rückkehr zum Zentrum ist es, sei dies zwecks „Erhaltung" (weil historisch) oder zwecks Rekonstruktion (weil durch Krieg oder städtebauliche Erneuerung zerrissen). Eine auf Harmonie ausgerichtete Ästhetik, wie sie bislang für das Vorgehen bei städtebaulichen Eingriffen maßgebend war und für die der absolute Raum das ideale Modell bildete, läßt es nicht zu, die Beschaffenheit dieser Peripherie zu begreifen. Sie muß zu Mißverständnissen führen, das heißt die Peripherie verdammen. Mit einer wahrhaft postkubistischen Sensibilität, ausgebildet in Topologie und geprägt vom Kontakt mit Werken der zeitgenössischen Kunst – von Pollock und Beuys bis Turrell –, werden die Ausführenden des neuen Raums hingegen sehr viel besser gewappnet sein, um die vermeintliche Unordnung der Peripherie zu verstehen, und diese werden sie ohne Zweifel als eine „herauszuspürende Ordnung" (Edmond Gilliard) behandeln. Vergessen wir nicht, daß es wahrscheinlich für einen Florentiner Kaufmann von 1450 ebenso schwierig war, die Zentralperspektive zu „lesen", wie für einen französischen Bürger von 1930 die

Entzifferung eines kubistischen Bildes problematisch war. Es wird wohl Zeit brauchen, bevor eine topologische Sensibilität Fuß fassen kann.

Übersetzung: Heide Bideau

Anmerkungen

1 Vgl. Giulio Roisecco, Eintrag „Spazio" in: Dizionario enciclopedico di architettura e urbanistica, Rome 1969, VI., 46–49; Jeremy Gray, Ideas of Space, Oxford 1979; Patrick A. Heelan, Space-perception and the philosophy of science, Berkely 1983; Georg Germann, „Höhle und Hütte", in: Festschrift Bandi, Bern 1985; sowie „L'invention de l'espace architectural", in: Les cahiers de la recherche architecturale, 26, 2ᵉ trimestre 1990; Françoise Choay, Espace (Espace et architecture), Encyclopaedia Universalis, 1989
2 „L'espace, c'est ce qui empêche que tout soit à la même place" (Paul Virilio, „L'inertie polaire. Le contrôle de l'environnement", Paris 1990, 127)
3 Vgl. Mona Ozouf, La fête révolutionnaire 1789-1799, Paris 1976, passim
4 Isaac Newton, De Philosophiae Naturalis Principia Mathematica, Scolie des définitions, 2ᵉ point
5 Adolf Max Vogt, Boullées Newton-Denkmal. Sakralbau und Kugelidee, Basel-Stuttgart 1969, 301–314
6 Vgl. den wenig bekannten Text von Le Corbusier, „L'architecture et l'esprit mathématique", in: François Le Lionnais (Hg.), Les grands courants de la pensée mathématique, Paris 1948, 480–491
7 Daniel Wieczorek, Camillo Sitte et les débuts de l'urbanisme moderne, Bruxelles-Liège 1981; sowie André Corboz, „L'espace sous-entendu", in: Géopoint 90: Histoire, temps et espace, Avignon 1991, 117–123
8 Karl Friedrich Gauss, Recherches générales sur les surfaces courbes, 1827; Nicolaï Ivanovich Lobatchevski, Sur les principes de la géometrie, 1829-1839; Janos Bolyai, Science absolue de l'espace, 1832-1833; Bernhard Riemann, Sur les hypothèses qui servent de fondement à la géométrie, 1867
9 Vgl. Linda Dalrymple Henderson, The Fourth Dimension and Non-Euclidean Geometry in Modern Art, Princeton 1983, obwohl dieser Band sich nicht nur mit Architektur beschäftigt
10 Max Planck, Sur la théorie de la loi de la distribution d'énergie du spectre normal, 1900; Albert Einstein, Sur un point de vue heuristique concernant la production et la transformation de la lumière, 1905; Niels Bohr, quantification de l'atome, 1913; Louis de Broglie, Dissertation, 1923; Werner Heisenberg, mécanique des matrices, 1925
11 Amy Dahan-Dalmedico, Jeanne Pfeiffer, Une histoire des mathématiques, Paris 1986, 159
12 Richard Serra, Interviews, Etc., 1970-1980, New York 1980, 24ff

Zeitgenosse werden!

Amico amisso Jean Cuendet

Seit einigen Monaten ist in dem Gebiet, das von der DDR und Polen bis Rumänien und Bulgarien reicht und das die Nordsee mit dem Schwarzen Meer verbindet, ein unerwarteter Wandlungsprozeß eingetreten. Dieser dehnt sich jetzt auch auf die UdSSR aus.
Viele von denen, die den Eisernen Vorhang stets mit den übelsten Ausdrücken belegt haben, sind heute mehr erschrocken, anstatt sich über die eingetretene Situation zu freuen. (Man könnte hier einen Dialog von Robert Pinget in Erinnerung rufen: Also! Erklären Sie mir, warum ich befürchte, an die See zu gelangen. – Nur deshalb, weil Sie nicht fähig sein werden, sie zu beschreiben.) Sie haben tatsächlich keine bessere Vorstellung, als dieses Unbekannte mit Gefahren und Gespenstern befrachtet zu sehen. Zwar enthält jeder Krisenzustand Risiken, diese dürfen aber nicht mit dem Unvorhersehbaren verwechselt werden. Anders gesagt, falls eine Gefahr besteht, wird sie nicht – oder nicht nur – von dem verursacht, was gegenwärtig im Osten sich wandelt, und auch nicht von der bevorstehenden Wiedervereinigung Deutschlands (das nicht mehr das „gedemütigte" Deutschland von 1933 und auch keine kriegslüsterne Nation ist). Diese Gefahr hat ihre Ursache in den Vorstellungen der Völker des Abendlandes und vor allem in ihren Erwartungen. Denn die Abendländer fragen sich nicht, was sie zuerst einmal bei sich selbst ändern müßten, um den kulturellen Gewinn der Veränderungen erlassen zu können und sich – wenn ich es einmal so sagen darf – an die Spitze der Jahrhunderts zu setzen. Westeuropa denkt nur an die neuen Märkte, als wenn die Länder des Ostens nur den Wunsch hätten, wirtschaftlich kolonisiert zu werden. Westeuropa denkt nicht an die wiederentstehenden Kulturen, mißachtet die eigene Kultur und begreift seine eigene stumpfe Denkungsart nicht. Es denkt weiterhin in den Begriffen des Kalten Krieges, weil es glaubt, daß jetzt jede Art von Sozialismus veraltet ist. Es begreift überhaupt nicht, daß es auf die Veränderungen im Osten mit entsprechenden eigenen Veränderungen antworten muß.

Was war tatsächlich der Motor der Wandlung im Osten? Ein ungeheurer Drang nach Ehrlichkeit. Und welches Schauspiel bieten wir – die Rechtsstaaten und freien Demokratien? Eine schlaffe öffentliche Meinung, eine Kultur der Gewalt – ich denke dabei gleichzeitig an die Praktiken der Industrie und an die allzu vieler Staaten, die dem unsterblichen Gesetz des Dschungels folgen; ebenfalls eine Kultur der Lüge, weil sie die Kritik auszurotten und sich mit der Werbung zu identifizieren versucht. In eine Formel gebracht: Zynismus und gutes Gewissen.
Aber es ist klar, daß der Osten keinesfalls in die Warenmetaphysik umkippen darf. Zwar werden Sie einwenden, daß nicht alles im Westen so schwarz sei und die Zeichen einer Neuorientierung immer zahlreicher werden. Zum Beispiel machte Ralf Dahrendorf, der sich für die völlige Freiheit des Marktes und der Unternehmen eingesetzt hatte, im letzten Jahr eine Wendung um 180 Grad, weil er feststellen mußte, daß diese Freiheit das Wohlbefinden der Menschen nicht gewährleistete und der Gesellschaft schadete. Und James E. Meade, Nobelpreisträger für Wirtschaft, schlägt zum richtigen Zeitpunkt eine subkeynesianische „Agathotopie" vor.
Es ist aber zu befürchten, daß sich nur wirtschafts- und sozialpolitische Maßnahmen als unzureichend und letztlich tragisch erweisen werden. Es wird sehr viel von der Infusion von Energie und Kapital gesprochen, aber in einer Zeit der Krise und der Wandlung – d.h. in einer Zeit der Entscheidung – muß man vor allem in die Intelligenz investieren. Die große Pest hatte auch zur Folge, daß etwa 20 Universitäten gegründet worden sind.
Um diesen Überblick abzuschließen, erlauben Sie mir ein zweites Zitat: Ein geheilter Mensch, sagt C. G. Jung, ist nicht der gleiche Mensch *ohne* seine Krankheit, er ist ein völlig neu orientierter Mensch. Wenn wir uns einen bitteren Mißerfolg ersparen wollen, müssen wir uns das künftige Europa nicht wie das jetzige – nur ohne totalitäre Staatsformen –, sondern als ein vollkommen neu orientiertes Europa vorstellen. Dies einmal vorausgesetzt, müssen wir uns fragen, in welcher Richtung wir ein derartiges Projekt durchzusetzen versuchen können. Ich sehe nur einen einzigen Weg: Das kulturelle Niveau der gesamten europäischen Bevölkerung ist zu heben. Aber Achtung: Ich spreche nicht von der Summe der Kenntnisse, mit der das kulturelle Niveau sehr wenig zu tun hat (obschon es nicht immer nötig ist, ignorant zu sein). Der Zweck dieser Anstrengung ist es, die größtmögliche Zahl der Einwohner dieses Kontinents in den Zustand von Zeitgenossen zu erheben.
Dies muß erklärt werden.

Wenn die Politiker und die Medien ständig wiederholen, daß wir eine multikulturelle Gesellschaft bilden, verschleiern sie tatsächlich das Phänomen, das sie zu beschreiben versuchen, denn wir leben in einer Gesellschaft mit zahlreichen verschiedenartigen Mentalitäten, was etwas ganz anderes ist. Diese Mentalitäten umfassen Weltanschauungen, Vorstellungen über gesellschaftliche Beziehungen und Wertsysteme, die auf dem gleichen Territorium gleichzeitig existieren und doch unterschiedlichen und manchmal unvereinbaren Entwicklungsstufen entsprechen. In dieser Hinsicht also kann man als Zeitgenosse nicht diejenigen bezeichnen, die zur gleichen Zeit leben, sondern diejenigen, die die gleiche Weltanschauung teilen. „Der Seßhafte und der Nomade können Nachbarn sein, sie sind keine Zeitgenossen", sagte (glaube ich) René Grousset.[1] Es wäre zum Beispiel möglich, hier zwischen denen, für die die Zeit zyklisch, und denen, für die die Zeit linear verläuft, zu unterscheiden, oder zwischen denen, die den Raum differenziert, und denen, die ihn als isotrop empfinden. Aber jenseits dieser Grundkategorien unterscheiden sich Gruppen innerhalb der gleichen Gesellschaft. Diderot schrieb über die Enzyklopädisten: „Wir hatten Zeitgenossen unter Ludwig XIV."[2] – eine derart treffende Formulierung, daß sie einer echten Definition entspricht. Darüber läßt sich noch mehr sagen, daß die Grenze zwischen dem Zeitgenössischen und dem Nicht-Zeitgenössischen innerhalb desselben Menschen verläuft, wenn dieser einer Kultur angehört, die individuelles Bewußtsein kennt. Robert Maillart, der berühmte Ingenieur aus der ersten Hälfte dieses Jahrhunderts, konnte als führend beim Entwurf moderner Brückenbauten angesehen werden, aber Aufnahmen seiner Wohnung zeigen einen verblüffenden Trödel aus der Zeit Napoleons III. Dies zeigt, daß das Niveau seines tagtäglichen Bewußtseins einer Stufe entsprach, die durch den Ersten Weltkrieg schon überholt war. „Sogar bei zivilisierten Völkern", schrieb C. G. Jung, „ist das Unterbewußtsein der psychologisch unterentwickelten Schichten fast so primitiv wie das der Naturvölker. Die nächst höheren Schichten erreichen ein Bewußtseinsniveau, das demjenigen der ersten Zivilisationen der Menschheit entspricht. Das Niveau der entwickeltsten Schichten gleicht dem der gerade vergangenen Jahrhunderte. Nur derjenige, der in der unmittelbaren Gegenwart lebt, lebt wirklich heute, weil er sich der Gegenwart bewußt ist. Nur für ihn sind die Welten vergangen, deren Bewußtseinsniveau vergangen ist." Anders ausgedrückt, wir können nicht ganz Zeitgenossen sein, wenn wir einen festen oder zumindest vertrauten geistigen Ort, eine Art Verankerung in vorhergegangenen Stufen des menschlichen Bewußtseins brauchen; diese Welten sind verblaßt, aber nicht verschwunden. Man kann fast sicher behaupten, daß die Mehrheit der westlichen städtischen Bevölkerung noch im 19. Jahrhundert lebt; ihre Affekte wurzeln in der Romantik, während ihr Verstand den Positivismus als Schlüssel der Realität ansieht. Diese Koexistenz unterschiedlicher, ja sogar gegensätzlicher Mentalitäten hat keine großen Nachteile in lockeren Gesellschaftssystemen wie etwa dem k.u.k. Agrarstaat Österreich-Ungarn. (Natürlich nehme ich den Balkannationalismus davon aus.)

In der westlichen Welt am Ende des 20. Jahrhunderts ist dagegen das massive Vorkommen von Bevölkerungsteilen, die geistig außerhalb des durchschnittlichen kulturellen Standards stehen, viel beunruhigender; hier wird das Problem komplizierter, da sich Europa endlich mit diesem Teil seiner Bevölkerung auseinandersetzen muß, während es ihn bisher beiseite schob: in Deutschland leben mehr als drei Millionen Türken, in Frankreich mehrere Millionen Nordafrikaner und Schwarze; ähnlich ist es in Italien, Großbritannien usw.; im Osten hat das Wiederauftreten der alten Feindseligkeiten zwischen den Völkern sofort mit der Lockerung der Zentralgewalt Schritt gehalten.

Hier ist die Arbeit noch viel schwieriger als bei den am meisten zurückgebliebenen Bewußtseinsstufen der westlichen Bevölkerung (seien Sie unbesorgt, ich führe kein Beispiel an!); hier liegt das größte Problem, weil die Ideologie der Multikultur über einen innerlichen Widerspruch strauchelt: Auch wenn eine eingewanderte Bevölkerung das Recht besitzt, daß ihre Lebensart anerkannt wird – was geschieht, wenn diese mit der Kultur der Bevölkerung des Gastlandes nicht in Einklang zu bringen ist? In Frankreich hat kürzlich die Tschador-Affäre einen Fall von mentaler Zeitungleichheit offengelegt. Wir müssen folgendes verstehen: Manchmal ist Koexistenz unhaltbar (etwa zwischen dem Gleichheitsprinzip und dem religiösen Fundamentalismus); es ist schlicht unmöglich, alle und alles zu tolerieren, um die anderen zu respektieren. Oder sollte man darauf verzichten, die Mafia zu vernichten, weil sie ein wesentlicher Bestandteil der sizilianischen Kultur ist?

Hier dürfen wir uns nicht irren: Einige Entscheidungen, die wir treffen müssen, werden wohl drastischer ausfallen als erwünscht, denn sie sind uns noch durch die falsche Ansicht des „Multikulturellen" verborgen. Ich gebe gerne zu, daß solche Erwägungen den Xenophoben, die die Bezeichnung „Zeitgenossen" nicht wert sind, nützlich sein könnten. Doch besteht dieses Problem mindestens für alle diejenigen, die in ihrer historischen Entwicklung eine dem Jahr 1789 entsprechende Individualisierungsstufe noch nicht erreicht haben. Dieses Datum bleibt das Geburtsdatum der modernen Welt, gleichgültig, ob uns das gefällt oder nicht. Ich sage dies ohne Triumph aus Gründen, die sich auf den Anfang dieses Vortrages beziehen: Das Streben nach Demokratie (die fast immer mit dem wirtschaftlichen Liberalismus verwechselt wird) sollte uns die ursprünglichen Mängel dieses Liberalismus nicht verbergen.

Denn auch er ist verblaßt – oder vielleicht wäre es besser zu sagen, daß er auf drei „Credos" beruhte (wirtschaftlich, soziologisch, psychologisch), die so nicht mehr verteidigt werden können. Das sogenannte Gesetz von Angebot und Nachfrage, diese goldene Regel der Marktwirtschaft, ist dann kein Gesetz mehr, wenn es beliebig manipulierbar ist, sondern nur noch Ausdruck von Kräfteverhältnissen. Adam Smith dachte an gleichberechtigte Partner. Diese naive Konzeption war schon seit langem durch die Anwendung von Gewalt nach 1859 verdrängt worden. Denn der Liberalismus ist auf Individuen gegründet; er kann die kollektiven oder gemeinschaftlichen Werte kaum erfassen und glaubt, daß sich der Mensch gleich verhält, gleich ob er allein oder Mitglied einer Gruppe ist. Schließlich postuliert er, daß Vernunft und Ehrlichkeit herrschen und den Menschen leiten, während dieser normalerweise seinen Gefühlen und Trieben folgt und seinen Verstand meistens zur Erfüllung seines Machtstrebens benutzt.

Kurz gesagt, der Liberalismus ist auf einem vormarxistischen und vorfreudianischen Niveau stehengeblieben. Sie werden wahrscheinlich erwidern, daß diese Einwände bekannt seien. Wenn dies richtig ist, wäre es allmählich an der Zeit, sie zu berücksichtigen. Denn der Liberalismus muß auch seinen Urmythos in Frage stellen, um fähig zu sein, sich fortzuentwickeln. Zusammenfassend muß bei allen Systemen festgestellt werden, daß die Welt nicht mehr statisch ist und alle Wahrheiten unbequem und provisorisch sind.

Jetzt werden Sie fragen, welche Methoden angewandt werden müssen, um den qualitativen Sprung zu fördern, den ich befürworte. Bevor sie eingesetzt werden können, muß man sie entdecken. Erlauben Sie mir also, meine Gedanken noch eine Weile schweifen zu lassen. Es könnte zum Beispiel an Maßnahmen gedacht werden, bestehende Institutionen neu zu definieren und dadurch zu stärken; an Aktivitäten, die gefährliche und verallgemeinernde Einstellungen zerstören; an andere Aktivitäten, deren Zweck es ist, neue Verhaltensweisen zu fördern.

Die ersten Maßnahmen gelten den Ausbildungsmöglichkeiten. Das Bildungsniveau der Gymnasien läßt unstreitig nach, weil das Endziel des Schulbesuchs immer mehr im Hinblick auf reine Nützlichkeit und kurzfristige Effektivität definiert wird – aber wir brauchen eine Ausbildung, die

den epistemologischen Kurzschluß herbeiführt, durch den der Mensch zum Denken geboren wird. Sie muß nicht nur die Fähigkeit der Wiederholung lehren, sondern auch die Fähigkeit, zu lernen und zu verlernen – sie muß das Werden schaffen.
Die zweite Gruppe der Maßnahmen sollte nicht weniger erreichen, als in Europa die Vorurteile abzuschaffen. Das ist – wie das erste – ein riesiges Programm. Es erstreckt sich von den sogenannten Eigenschaften der Völker bis zu dem falschen Überlegenheitsgefühl, von dem fast alle geplagt werden. Nach vierzig Jahren Frieden ist dieses Unternehmen vielleicht nicht ganz aussichtslos. Es sollte bei den Schulbüchern beginnen und die Qualitäten der verschiedenen Komponenten Europas hervorheben. Dabei sollten die alten Feindschaften nicht vergessen werden, die ja vergangenen Bewußtseinsniveaus entsprachen. Die Medien müßten mitmachen. Doch ist zu befürchten, daß ihre Privatisierung sie für einen solchen Feldzug ungeeignet macht. Gleichzeitig mit dieser Anstrengung zur Ausrottung des Chauvinismus müßte der Rassismus ähnlich entschieden angepackt werden. Es ist nicht gemeint, daß ein europäischer Supranationalismus an die Stelle des alten Nationalismus tritt. Es wäre im Gegenteil nötig, die Solidarität mit der Dritten Welt energisch zu verstärken. Das Europa der Vorurteile darf nicht durch ein Europa der Abgrenzung ersetzt werden.
Die neuen Maßnahmen müßten sich mit Aufgaben befassen, die auf den ersten Blick auf der Linie des Verantwortungsbewußtseins der UNESCO liegen, von dem aber die UNESCO keine Ahnung hat: einerseits das Erlernen einer zweiten und dann einer dritten Sprache sofort bei Einschulung; andererseits ein ausgedehnter Jugendaustausch innerhalb Europas, beispielsweise mit zwei sechsmonatigen Aufenthalten in zwei Ländern unterschiedlicher Kultur.
Ich habe einige Aspekte einer Kulturpolitik erwähnt, die fast einen Programmentwurf bilden. Auf längere Sicht müßte diese Politik die Überschreitung der Grenzen der Nationalstaaten vorbereiten.
Erlauben sie mir zum Schluß noch drei Bemerkungen.
Die erste soll einem Einwand zuvorkommen, und zwar dem, daß eine solche Nivellierung dem Identitätsprinzip schaden könnte. Eine berechtigte Sorge. Diesmal wird mir Claude Lévi-Strauss' helfen, der in einer von der UNESCO bestellten Studie folgendes hervorhebt: „Die internationalen Organisationen haben bestimmt die Notwendigkeit erkannt, in einer von Gleichförmigkeit und Eintönigkeit gefährdeten Welt die Unterschiedlichkeit der Kulturen aufrechtzuerhalten. Um dieses Ziel zu erreichen, haben sie auch erfaßt, daß es nicht genügen wird, die lokalen Traditionen zu pfle-

gen und den vergangenen Traditionen eine Frist zu gönnen. Die Tatsache der Verschiedenheit muß erhalten bleiben und nicht der historische Inhalt, den ihr jede Epoche gegeben hat und der diese Epoche nicht überleben kann." Die Fähigkeit anders zu sein, muß erhalten werden, und nicht ein bestimmter Unterschied. Alle vorgeschlagenen Maßnahmen sind mit diesem Ziel vereinbar und würden zu seiner Verwirklichung beitragen.
Zweite Bemerkung: Ein solches umfassendes Programm kann als viel zu kostspielig erscheinen. Aber wenn man weiß, daß die Menschheit pro Minute 2 Millionen Dollar für Waffen ausgibt, muß man unaufhörlich diese offensichtliche Wahrheit wiederholen: die Kultur kostet vergleichsweise nichts.
Letzte Bemerkung: Wer könnte die Initiative zu einem solchen Feldzug der Reformen und Informationen ergreifen? Antwort: die Gesellschaft für europäische Kultur (SEC, Société Européenne de Culture). Wenn Sie mir antworten, daß dies nicht mit ihren Grundsätzen zu vereinbaren sei, werde ich erwidern, daß die SEC in der Zeit des Kalten Krieges gegründet wurde, um eine Brücke zwischen Ost und West zu schlagen. Sie hat diese Aufgabe in bewundernswerter Weise erfüllt. Heute aber ist der Kalte Krieg vorbei. Wir sind auf der Suche nach einem anderen Europa. Die Abendländer und insbesondere der Liberalismus müssen, wenn sie nicht Konkurs machen wollen, zur Umorientierung Europas beitragen. Die SEC muß zweifellos an dieser Umgestaltung mitarbeiten, sonst wird sie überholt.
Verzeihen Sie mir diese subversive Rede. Erinnern Sie sich, daß ich ja nur meine Gedanken schweifen lassen wollte.

Moskau, 15. Februar 1990

P.S. Ausgezeichnet! Könnte der Leser denken, jedoch: Was heißt eigentlich „Zeitgenosse werden"? Die Bestimmung dieses Konzepts ist ebenso schwierig wie etwa diejenige des durchschnittlichen Schamgefühls; hemmungslos betrachtet sich jedermann als allgemeingültigen Parameter. Folglich muß zugegeben werden, daß die Antwort nicht eindeutig sein kann, und dies schon deshalb, weil sich das Zeitgenossensein ständig verändert. Nichtsdestoweniger sollte man ein paar Züge nennen, die dem Konzept passen. Der Hauptpunkt scheint mir darin zu bestehen, daß die Aufklärung – so vage ihre Definition auch sein mag – als eine unwiderrufliche Wendung im Werden der Menschheit anzusehen ist. Das heißt ja nicht, daß sie auf die Vernunft zu reduzieren wäre. Unter Aufklärung sollte hier eher eine historische Erscheinung *mit allen ihren Konsequenzen* verstanden werden. Die Mentalitäten, die aus der Newtonschen, danach Einsteinschen Universumsdarstellung, aus den anderen Ergebnissen der wissenschaftlichen Denkweise und aus den industriellen Revolutionen (um nur die wichtigsten Merkmale zu nennen) entstanden sind, erweisen sich als mit den früheren Wertsystemen nicht vereinbar.

Es ist keine Frage der Überlegenheit: Man darf andere verschwundene Kulturen vorziehen, aber man kann diese Kulturen nicht mehr erleben oder beeinflussen. Die Überbewertung einer beliebigen, jedoch notwendigerweise zum Mythos erhobenen Epoche der Vergangenheit, die Ehrfurcht vor jenen Dogmen, die im Neolithikum aus heute vollständig untergegangenen Gründen aufgetaucht sind und, kurz gesagt, jede Sehnsucht nach einer Welt, in welcher die Erde im Zentrum des Universums steht, kommen einer falschen Vorstellung der Geschichte, der Gegenwart, ja der Sozietät gleich und hindern uns daran, Zeitgenossen zu werden.

Im Gegenteil dazu hat das Zeitgenossenwerden sehr eng damit zu tun, die heutige Zivilisation zu verinnerlichen, sei es um sie zu bejubeln oder aber zu kritisieren. Sicher ist lediglich, daß unsere Zivilisation nur nach der Feststellung ihrer Existenz begriffen werden kann. Sie mit ihren Unausgewogenheiten und ihrer unbekannten Zukunft in Kauf oder als Herausforderung zu nehmen, heißt sich als Zeitgenosse zu benehmen.

„Was kann die Ratte in der Falle tun? Den Speck fressen!" - so (jedoch nicht buchstäblich) Hebbel.[4] Ein Jahr nach meiner Ansprache in Moskau hat dieser Spruch an Aktualität kräftig gewonnen.

Anmerkungen

1 René Grousset, L'homme et son histoire, Paris 1954, 123f
2 Denis Diderot, 1713-1784, Schriftsteller und Philosoph, Herausgeber von Encyclopédie ou Dictionnaire raisonné des sciences, des arts et de métiers
3 Claude Lévi-Strauss, Race et histoire [1961], Paris 1970, 85
4 Jean Dissère, Dictionnaire encyclopédique des citations, Paris 1970, 66

II Die Stadt, die wir nicht wahrnehmen

Die Schweiz, Fragment einer europäischen Galaxie der Städte

Die städtebaulichen Veränderungen, die wir zur Zeit erleben, werden die Rolle dessen, was wir – in Ermangelung eines Besseren – weiterhin Stadt nennen, neu bestimmen. Das Festhalten am Begriff Stadt stellt uns vor Probleme, wenn wir die heutigen Megalopolen erfassen und beschreiben wollen. Dabei ist die Idee einer helvetischen Megalopolis keineswegs neu, und Instrumente für eine Veränderung der Wahrnehmung des Urbanen sind in unserer Kultur schon vor beinahe einem Jahrhundert entwickelt worden. Der Titel *Die Schweiz, Fragment einer europäischen Galaxie der Städte* versucht eine Realität zu beschreiben, derer sich viele von uns noch nicht bewußt sind, nämlich die Existenz eines baulichen Gewebes, das beinahe ganz Europa umspannt, von London bis Rom, von Barcelona bis Berlin und Prag. Wir befinden uns im Schnittpunkt dieser beiden Zonen, der beiden „Bananen", wie sie neuerdings auch genannt werden.
Die Idee einer helvetischen Megalopolis ist, wie gesagt, nicht neu. Armin Meili erwähnte sie bereits 1932, als er von der „weit dezentralisierten Großstadt Schweiz" sprach: anhand bestimmter Anzeichen – wie der ölfleckenartigen Siedlungsausbreitung und insbesondere der Entwicklung entlang den Verkehrswegen – hat er das System, in dem wir heute leben, vorausgesehen.
Wenn Meili einen Seherblick hatte, was ist dann erst von folgender Feststellung zu halten? „Die Schweiz ist gewissermaßen eine einzige, große Stadt, in dreizehn Quartiere aufgeteilt, von denen einige in Tälern, andere in hügeligem Gelände und wieder andere in den Bergen liegen [...]; die einen sind dicht, andere weniger dicht besiedelt, dicht genug jedoch, als daß man sich immer noch in der Stadt wähnt." Autor dieses Textes: Jean-Jacques Rousseau, verfaßt im Jahre 1763. Eigenartig, daß Rousseau, sonst ein Feind von Städten, das Phänomen positiv beurteilt. („...man hat nicht mehr das Gefühl, eine Einöde zu durchstreifen, wenn man zwischen den Tannen Kirchtürme, auf den Felsen Herden, in den Schluchten Fabriken und über den Wildbächen Werkstätten antrifft. Diese bizarre Mischung hat etwas Beseeltes und Lebendiges" usw.). Wenn wir (vielleicht etwas lang) zitieren, dann

deshalb, weil unsere Zeitgenossen am anderen Ende der Entwicklung – heute – die allgemeine Verstädterung mit äußerster Härte beurteilen.

Erste These

Dieses negative Urteil hindert uns daran zu erfassen, was vorgeht. Die Megalopolis Schweiz, das Ruhrgebiet, die Pariser Region oder die Peripherie Mailands als chaotisch zu bezeichnen und sie (widersprüchlicherweise) einer ihnen innewohnenden Monotonie zu bezichtigen bedeutet, sich in eine ideale Position zu begeben, von der aus kein Verstehen möglich ist. Man wird vielleicht entgegnen, daß es unter den Verächtern der Megalopolen Leute wie Lewis Mumford gibt, welche die Phase, in der wir uns gegenwärtig befinden, im voraus „Nekropolis" nennen. Machen wir jedoch geltend, daß die territoriale Entwicklung der Städte schon seit längerem die Aufmerksamkeit der Geographen auf sich gezogen hat: sie stellten vor dem Ersten Weltkrieg das erste Zusammenwachsen von Städten fest (so beispielsweise Roubaix-Tourcoing in Frankreich oder Elberfeld-Barmen, das 1930 zu Wuppertal wurde, in Deutschland); Geddes (1915) taufte die Gesamtheit benachbarter Städte, die ein System bilden, Ballungsräume; Gottmann (1961) brachte den Begriff Megalopolis ins Spiel, um die städtebauliche Verdichtung zwischen Philadelphia und Boston zu benennen. Doch wie wurden diese Veränderungen wahrgenommen? Sie sind überhaupt nicht wahrgenommen worden, weder vom Großteil der Bevölkerung noch von den Städtebautheoretikern. Die untersuchten Fälle wurden als das Resultat urbanistischer Mißbildungen abgetan.

Zweite These

Unser impliziter Begriff von Stadt rührt von einer falschen Vorstellung her. Solange der Städtebau – ganz wie die Architektur übrigens – nicht üblicher Bestandteil unserer Allgemeinbildung ist, beziehen wir uns – ohne uns dessen bewußt zu sein – auf eine *pathetisch-restriktive Konzeption* der Stadt. Wir verstehen unter Stadt ein kompakt gebautes Umfeld, das sich durch das Nebeneinander von Gebäuden wie auch einen einheitlichen Maßstab auszeichnet; sie weist folglich eine große Homogenität auf; des weiteren hebt sie sich deutlich vom Lande ab. Kurz, diese Definition entspricht noch durchaus derjenigen von Cicero und der Enzyklopädie von

Diderot und d'Alembert, mit Ausnahme eines Kriteriums: Wir beanspruchen für den Stadtbegriff heute keine Stadtmauern mehr. Eine solche Vorstellung führt uns selbstverständlich über die Renaissance zur Antike oder über die Romantik zum Mittelalter zurück. Leider ist diese Vorstellung – und zwar aus mehreren Gründen – nicht haltbar: Sie reduziert „die Stadt" auf ihr Zentrum und sehr oft sogar auf den historischen Kern (was nicht immer dasselbe ist); statistisch gesehen eliminiert sie mindestens drei Viertel der Stadtfläche, also neun Zehntel der Einwohner. Überdies ist es einer solchen Vorstellung unmöglich, die Mobilität einzubeziehen, die – seit langem – die städtische Lebensweise charakterisiert, sei dies, seit man nicht mehr am selben Ort arbeitet, wo man wohnt, oder umgekehrt. Anders ausgedrückt: Diese Vorstellung bezieht sich noch auf eine Art von *ville-surface* (Perimeter der politischen Gemeinde), die durch eine räumliche Nachbarschaft bestimmt ist, während wir in *villes-réseaux* (aufgrund ihres funktionalen Zusammenhangs durch die umliegenden Gemeinden netzartig erweiterte Städte) wohnen, bei denen die räumlichen Beziehungen der Nähe aufgesprengt worden sind (Piveteau, 1986). Schließlich muß man aus qualitativer Sicht eingestehen, daß man – wenn man der heutigen Stadt ein historisch idealisiertes Modell gegenüberstellt – alle Nachteile der alten Städte außer acht läßt, deren soziale, kulturelle, ökonomische und vor allem sanitäre Verhältnisse wir keinesfalls mehr tolerieren würden.

Dritte These

Ich habe wiederholt von falscher Vorstellung gesprochen. Weshalb ist es für die Mehrzahl von uns so schwierig, auf die Überbewertung der Vergangenheit zu verzichten, der Vergangenheit vor der industriellen Revolution, um es klar auszudrücken? Wohl deshalb, weil unsere Vorstellung der Stadt noch vom Begriff der Harmonie bestimmt ist. Folglich ist der Begriff der Harmonie überholt. Oder wenn man so will (was jedoch auf dasselbe hinausläuft), der Begriff der Harmonie trägt dazu bei, daß wir die aktuellen städtebaulichen Phänomene nicht erfassen. Ich sage das nicht aus Hang zum Paradoxen, sondern indem ich die gegenwärtige Kunst im weitesten Sinne betrachte. McLuhan (1965) erkannte die moderne Kunst als eine Art Frühwarnsystem: Die wirklichen Künstler seien wie Tiere, die ein Erdbeben wahrnehmen, bevor es stattfindet. Folglich sollte die Gegenwartskunst von Cézanne und vor allem von den Kubisten an über die Surrealisten, die

Expressionisten, die Abstrakten jeglicher Richtung, die Pop Art, die Arte povera, die Concept Art, die Fluxus-Bewegung, die Hyperrealisten, die Land Art usw. unser Empfinden darauf vorbereitet haben, nicht mehr in Begriffen der Harmonie, sondern des Kontrastes, der Spannung, der Diskontinuität, der Fragmentierung, der Montage und des Happenings wahrzunehmen, als dynamisches System, das auf keiner vorgängigen Ästhetik beruht. Es versteht sich von selbst, daß die gleichen Überlegungen auch für die Literatur und die Musik angestellt werden können. Die Zurückweisung des Begriffs der Harmonie heißt jedoch nicht, der Kakophonie oder dem Chaos das Wort zu reden, sondern positiven antagonistischen Werten, die uns durchaus entsprechen.

Vierte These

Der Begriff der Harmonie ist überholt, aber die Instrumente einer veränderten Wahrnehmung und selbst Mentalität sind seit fast einem Jahrhundert in unserer Kultur vorbereitet. Es geht jetzt darum, endlich die „Message" entgegenzunehmen, die unaufhörlich an uns gerichtet wird, seit Paul Klee die Aussage gemacht hat: „Die Kunst zeigt nicht das Sichtbare, sie macht sichtbar." Daher rührt ein zusätzliches Problem, auf das ich hier nur anspielen kann: das Zeitgenössische auf geistiger Ebene. Oder deutlicher: Was ist ein Zeitgenosse? Es ist nicht jemand, der zur selben Zeit lebt wie wir, sondern jemand, der dieselbe Kultur lebt wie wir, was außerordentlich verschieden sein kann. „Wir hatten Zeitgenossen unter Louis XIV", schreibt Diderot bezüglich der Enzyklopädisten. Wir alle kennen Leute, für welche die Musik mit Mozart, die Literatur mit Baudelaire, die Malerei mit den Impressionisten zu Ende geht. Diese Leute können durch die sich bildende Galaxie der europäischen Städte doch bestenfalls verwirrt sein. Man mag argumentieren, daß diese zurückhaltende, ja gar feindliche Haltung gegenüber der allgemeinen Verstädterung für Nichtspezialisten alles in allem normal sei, da der Städtebau nicht integrierter Bestandteil der Allgemeinbildung ist. Aber was, wenn diese Haltung unter Spezialisten verbreitet ist? So stellt Bernard Huet, Architekt, 1986 in einem Artikel unter dem Titel *L'architecture contre la ville* folgende Überlegungen an: „Die Fragmentierung als einen bleibenden Zustand und als Einheit des Entwurfs zu theoretisieren bedeutet, sich gegen die Idee der Stadt selbst zu wenden, die ungünstige Konjunkturlage als gegeben hinzunehmen und auf die Stadt als Entwurf und als Schicksal zu verzichten, sich zu weigern, eine

Vorstellung von Stadt zu haben. Denn keine Gesellschaft kann sich einer Vorstellung von Stadt entziehen". Eine solche Diskussion geht aus der postmodernen Schule hervor, die zum einen den Städtebau der Architektur angeglichen (ich will mich hier nicht auf eine Polemik einlassen) und zum anderen ihre Aufmerksamkeit auf die Stadtzentren gerichtet hat. Parallel dazu ergriffen die UNESCO und der Europarat Maßnahmen zur Erhaltung dieser Stadtzentren – in der Charta von Venedig im Jahr 1964, der Amsterdamer Erklärung von 1975 und der Charta von Noto im Jahr 1987; man hat in diesem Zusammenhang von der „Wiedereroberung der Stadt" gesprochen. Sehr gut! Außer daß man sich erst dann mit den Stadtzentren zu beschäftigen begann, als sich das Wesentliche bereits anderswo abspielte, nämlich an der Peripherie, zu einem Zeitpunkt, als die „kriechenden Städte" (Walter 1994) ihre Gemeindegrenzen schon längst überschritten hatten, mit anderen zusammenwuchsen, sich bis in die Alpentäler verästelten und jenseits der nationalen Grenzen auf andere stießen, kurz, als die Stadt sich in die Region ausdehnte!
Für die Leser des Buches *L'architettura della città* (Rossi 1965), Gründerbuch jener Richtung, nehmen die neuesten Urbanisationsprozesse wilde Formen an, bar jeder Morphologie, als regellose Collagen von Bauten und Funktionen nähern sich in ihren Augen die Städte einem zu verurteilenden Chaos. Dabei handelt es sich keinesfalls um ein Chaos. Um dies zu verdeutlichen, wollen wir einen kleinen Umweg über einen Vergleich aus der Geologie machen.
In den großen Parks im Südwesten der Vereinigten Staaten treffen wir häufig auf Gesteinsformationen und sogar auf ganze Landschaften mit höchst surrealistischen Formen: Das morphologische System ist von einer außergewöhnlichen Regelmäßigkeit, oder es ist im Gegenteil so eigenartig und in seiner plastischen Ausbildung so unerwartet, daß es uns willkürlich, ja „unmöglich" erscheint.
Es ist indessen gewiß, daß diese Formen nicht das Resultat einer Absicht sind, sondern einzig aus einem Spiel von Interferenzen zwischen der mehr oder weniger widerstandsfähigen Beschaffenheit der verschiedenen Gesteinsarten und des Bodens einerseits und der kontrastierenden Aktivität verschiedener Erosionstypen – glaziale, pluviale, äolische – andererseits hervorgegangen sind. Was also auf den ersten Blick willkürlich erscheint, erweist sich bei näherer Analyse als völlig deterministisch.
Es geschieht heutzutage etwas Analoges auf der Ebene der Bodennutzung. Wir haben den Eindruck, daß die urbane Verdichtung chaotisch ist, und entledigen uns ihrer mit ein paar Adjektiven. Dabei ist diese städtische Ver-

dichtung nicht weniger eine regellose Akkumulation als das geologische Spektakel in den Vereinigten Staaten. Die städtische Verdichtung ist das Resultat einer Vielfalt von Entscheidungen, die alle vernünftig sind oder zur Vernunft tendieren, jedoch unterschiedlichen, miteinander konkurrierenden Arten von Vernunft gehorchen. Im System des wirtschaftlichen Liberalismus, in den trotz einer weitreichenden Gesetzgebung die Tendenz der Deregulierung vorherrscht, verfolgt selbstverständlich jeder privat Intervenierende seine eigene Logik. Die Vielzahl der Interventionen ist jedoch dafür verantwortlich, daß das Resultat für eine Gegend als Ganzes unvorhersehbar ist. Einer der Hauptgründe für die Unvorhersehbarkeit liegt in der Tatsache, daß ein Teil dieser Entscheide von außen oder gar von weit entfernt liegenden Zentren aus getroffen wird – was je nach Sektor von größerer oder geringerer Bedeutung ist. Nehmen wir ein fingiertes Beispiel: Ein multinationaler Konzern mit Sitz in Toronto produziert in Korea, hat seinen europäischen Geschäftssitz in Luxemburg und eine Lagerhalle in Zürich. Er hat Zürich gewählt wegen der guten Koordination von Flughafen und Autobahn und der juristisch, steuer- und finanztechnisch günstigen Situation. An dem Tag, an dem eine oder mehrere dieser lokalen Vorteile verschwinden, wird das Zwischenlager oder die zentralisierte Geschäftsführung schnell und skrupellos an einen anderen Ort verlegt, je nach den von Toronto festgesetzten Vorgaben. Das behauptete Chaos wird also durch das Aufeinanderprallen von rationellen Entscheiden verursacht, die alle als gnadenlos und einengend bezeichnet werden können.
Im Prinzip müßten die Planungsinstanzen eingreifen, um die Wellen zu glätten, sie müßten bestimmte Entscheide favorisieren, für bestimmte Gebiete eine bestimmte Nutzung vorschreiben usw. Aber die Idee der Städteplanung, die sich nur mühsam durchsetzte (sie galt als bolschewistisch), hat keine Geltung mehr – und das Prinzip der Gemeindeautonomie in der Schweiz wird ihr gewiß nicht zur Auferstehung verhelfen!
Aus diesen sehr summarischen Erwägungen können wir vorerst ersehen, daß das behauptete Chaos der Vorstädte, sogar der Städte auf dem Land, eine eher schwer zu fassende Ordnung ist. Damit diese Ordnung erfaßbar wird, müssen wir an jedem Ort mehr über die Bedingungen wissen, die zum aktuellen Zustand geführt haben, und überdies zu einem typologisch-morphologischen Inventar der verschiedenen Komponenten gelangen, die für die *expansive Urbanisierung* (Léveillé, 1994) oder die *diffuse Stadt* (Secchi, 1989) verantwortlich sind.
Der Titel dieser Ausführungen bezieht sich zwar auf die Schweiz, aber ich habe offensichtlich sehr allgemein argumentiert. Die Schweiz unterschei-

det sich jedoch von der Höhe der Stratosphäre herab betrachtet, wie ich das getan habe, kaum von anderen europäischen Staaten. Es läßt sich höchstens eine konservative Haltung erkennen, die an der Illusion festzuhalten versucht, die Schweiz sei ein Agrarland, während die Bauern hierzulande doch weniger als fünf Prozent der Bevölkerung ausmachen. Erinnern wir zudem an die neuen Telefonbücher, auf deren Umschlägen selbst für die wichtigsten Handelszentren der Schweiz – Basel, Genf und Zürich – Wiesen und Getreidefelder abgebildet sind. Diese Vorstellung dauert fort, obschon die überbaute Bodenfläche der Schweiz von 1945 bis 1980 im Rhythmus von einem Quadratmeter pro Sekunde gewachsen ist, was vor dreizehn Jahren der Fläche des Kantons Jura entsprach.
Die dreißig Stadtregionen unseres Landes werden immer enger miteinander verbunden; sie verteilen sich entlang der beiden Achsen Genf–St.Gallen und Basel–Lugano, nehmen mehr als 15 000 km^2 ein und zählen über vier Millionen Einwohner. 1987 sprachen Bassand et al. in diesem Zusammenhang von einer „diskontinuierlichen und mehrköpfigen Metropolis". Kann davon heute noch die Rede sein?
Besonders interessant ist, daß die schweizerische Megalopolis nicht rein geographischen Kriterien folgt. Anders gesagt, sie ergibt sich nicht einfach aus der Besetzung von Grund und Boden. Bis in die sechziger Jahre wurden die Siedlungen durch Begriffe wie Einwohnerzahl, Güter, Gebäude und Einrichtungen erfaßt. Später hat sich das Interesse verlagert, um den Austausch innerhalb des betrachteten Umkreises, den Verkehr und jegliche Art von Verbindungen, einzubeziehen; damit gelangte man von einer statischen zu einer dynamischen Betrachtungsweise, und es wurde möglich, die Megalopolis als einziges und umfassend integriertes Ganzes zu verstehen, wo jede Art von internem Austausch gegenüber dem Austausch nach außen vorherrscht. Diese letztere Tatsache bestätigt, daß die Großstadt Schweiz nicht eine optische Täuschung, sondern eine wissenschaftlich nachweisbare Tatsache ist. Gleichzeitig versteht man, welches der neue Charakter des „städtischen Nebels" im Mittelland ist: Er ist typisch für die „Städte" (in Ermangelung einer besseren brauche ich diese Vokabel auch weiterhin) der Zukunft, die Kulturland, Berge und Seen einschließen werden.

Fünfte These

Ich habe oben etwas abstrakt die *ville-surface* der *ville-réseau* gegenübergestellt. Die Agglomeration Zürich ist ein gutes Beispiel, um deutlich zu machen, worin sich die beiden Konzepte unterscheiden. Zürich als Gemeinde im eigentlichen Sinn (aus zwei aufeinanderfolgenden Eingemeindungen hervorgegangen: elf Vorstadtgemeinden im Jahr 1893 und acht weitere 1934) platzt heute aus allen Nähten, und zwar in allen Richtungen. Aus der Vogelperspektive ist die Stadt im engen, herkömmlichen Sinn nicht auszumachen, da sie durch eine Menge von kranzförmig angegliederten Baugebieten, die zu anderen Gemeinden gehören, erweitert ist; auf einer politischen Karte hingegen verfügt sie über eine eindeutige Kontur. Diese Grenze ist indessen für die berufstätige Bevölkerung, die zum größten Teil von außerhalb kommt, keine eigentliche Grenze. Die S-Bahn trägt dieser Bevölkerungsganzheit dadurch Rechnung, daß beinahe alle ihre Endstationen in den benachbarten Kantonen, nämlich in Brugg, Schaffhausen, Frauenfeld, Rapperswil und Zug, liegen: Das Transportnetz ist mehrarmig angelegt (vom Hauptbahnhof ausgehend) und bewältigt einen Pendelverkehr von mehr als einer Million Einwohnern. Die *ville-réseau* ist folglich viel größer als die *ville-surface*, deren Einwohnerzahl sich auf ungefähr 350 000 beläuft.

Verweilen wir einen Augenblick bei dieser Doppelrealität, welche die politische Gemeinde dem, was wir symmetriehalber wirtschaftliche Gemeinde nennen könnten, gegenüberstellt, und registrieren vorerst, daß die alte Opposition Stadt-Land nach und nach durch die Opposition Zentrum-Peripherie ersetzt wird. Doch selbst bei dieser neuen Formulierung muß ein Unbehagen eingestanden werden, da die Rollen nicht mehr gleich verteilt sind wie zu Beginn des Jahrhunderts: auf der einen Seite das Zentrum mit seinen Dienstleistungs- und Verwaltungsfunktionen und auf der anderen die Peripherie mit der Produktion; das Wohnen war auf beiden Seiten präsent. Die Verteidiger der Stadtzentren, der historischen Quartiere und Stadtkerne haben lange nicht verstanden, daß es ineffizient ist, die historischen Bauten zu schützen, ohne deren Funktionen zu erhalten, und daß sich insbesondere die Dimensionen der Funktionen verändert haben. Während der Heimatschutz mit einem patriotisch-touristischen Diskurs versuchte, den Schein zu schützen, sah man sich bezüglich der Dienstleistungs- und Verwaltungsnutzungen eingeengt und dazu veranlaßt, jene an die Peripherie auszuquartieren, womit im Zentrum Nutzfläche für den Handel mit Luxusgütern frei wurde und nur noch Nutzungen dort blieben, denen man einen Prestige- oder Symbolcharakter zubilligen könnte: Der Stadtrat, der Kantonsrat, der Sitz dieser oder jener alteingesessenen Firma bleiben weiterhin im Herzen der Stadt – oder was sich als dieses ausgibt –, aber ihre Verwaltungen weichen aus auf die nähere Umgebung, wo eben gerade ein freies Grundstück oder ein günstiger Verkehrsknotenpunkt zur Verfügung stehen. Paradoxerweise gilt für das, was die Geographen zentrale Orte genannt haben, ab sofort zweierlei: Sie sind nicht mehr im Zentrum, und es sind keine Orte mehr. Warum sie nicht mehr im Zentrum sind, haben wir schon gesehen. Als Orte kann man sie nicht mehr bezeichnen, weil sie häufig irgendwelche übriggebliebenen und provisorischen Räume besetzen und sich daher nicht mit den emotionalen und symbolhaltigen Werten aufladen können, die man gemeinhin mit einem solchen Ort konnotiert.

Eine solche Situation – auch wenn ich sie zu unserem Zweck vereinfache – hat noch eine andere Konsequenz: Wenn die alten Zentren ihre Zentrumsfunktion verlieren, läßt sich daraus der mathematische Schluß ziehen, daß auch die Peripherien keine solchen mehr sind, setzt doch die Vorstellung der Peripherie einen Mittelpunkt voraus.

Daraus folgt, was eine fünfte und letzte These sein könnte, die nichts Großartiges an sich hat: Die Begriffe für Stadt, Zentrum, Vorstadt, Peripherie, Agglomeration, Innenstadt usw. vermögen den Phänomenen nicht mehr gerecht zu werden, die zu bezeichnen sie vorgeben. Wir wissen nicht mehr, wovon wir sprechen – das einzig Sichere in diesem lexikalischen Vakuum ist, daß wir wieder bei null anfangen müssen. Wir gleichen diesbezüglich dem Piemont, das Bonaparte zufolge immer „um ein Jahr, eine Armee und eine Idee im Rückstand war". Die veralteten Wörter bezeichnen Konzepte, die ihrerseits bereits überholt sind, während – wie Rimbaud es ausdrückte – „die wirkliche Stadt anderswo ist".

Literatur

Bassand, M. & Joye D. & Schuler M. (1987), Une Suisse métropolitaine?, Polyrama, 75, März 1987, 14
Geddes, P., „Cities in evolution", London 1915
Gottmann, J., „Megalopolis". Twenties Century Fund New York 1961
Huet, R., L'architecture contre la ville, Architecture, mouvement, continuité, Dez. 1986
Léveillé, A., L'urbanisation extensive de la vallée du Rhône, Quaderno della ricerca sulle trasformazioni dell'habitat urbano in Europa, 2, 1994
MacLuhan, M., „Understanding media", New York 1965

Meili, A., Fragen der Landesplanung. Landesplanung für die Schweiz, *Die neue Stadt* 6–7, 1932, 142–155

Mumford, L., La cité à travers l'histoire, Paris 1964

Piveteau, J.-L., Le fait urbain en Suisse depuis le milieu du XIX' siècle: Rétrospective et vues contemporaires successives, in: Géographie historique des villes occidentales, tome II (Claval P.ED.) (Publications du Departement Géographie de l'Université Paris-Sorbonne, n° 14, Paris)

Rossi, A., Architettura della città, Padova 1966

Rousseau, J.-J., Lettre au maréchal de Luxembourg, Œuvres complètes, Pléiade, I, Paris 1763

Secchi, B., Un progetto per l'urbanistica, Torino 1989

Walton, F., La Suisse urbaine de 1750 à 1850, Genève 1994

Die Geschichte des Städtebaus als Bedeutungsforschung

Wer sich in der heutigen Stadt bewegen muß, spürt, daß er es mit einem Raum zu tun hat, in welchem er als ein Objekt behandelt wird. Am Boden liest er gekrümmte oder gerade Pfeile, weiße, gelbe oder blaue, kontinuierliche oder gestrichelte Linien, während er ringsum in einer ideellen Schicht, die sich parallel zur Straßenfläche über seiner Kopfhöhe ausdehnt, runde, viereckige und dreieckige, bunte, unbescheidene Schilder bemerkt, die manchmal wie Ohren aus der Mauer herausspringen, meistens am oberen Ende einer Stange stehen, schließlich farbige Lichter, die in ungleichem Rhythmus rasch an- und ausgehen.
Besonders das Stadtzentrum ist durch diese Schraffierung oder Tätowierung des öffentlichen Raumes gekennzeichnet. Durch dieses Labyrinth von Warnungen und Befehlen wird der Stadtraum außerdem in unzählige kleine Einheiten aufgeteilt, von denen jede ihre eigene Satzung besitzt (sich bewegen! anhalten! Einbahnstraße! reservierte Fahrbahn!) und die untereinander fein gegliedert sind. Anhand dieses Zeichennetzes werden nicht nur die räumlichen Verhältnisse tiefgreifend umgewandelt, sondern auch die zeitlichen, weil diese eng nebeneinander liegenden Territorien unterschiedlichen Bedingungen unterworfen sind: Der Raum ist in 30 Minuten, einstündige oder fünfzehn Stunden lange Bruchteile zerschnitten.
Was die Regeln des Verkehrsspiels weiter kompliziert, ist, daß dieses Zeichensystem – welches über die Stadt gelegt wurde, um den Bewegungsraum zu kontrollieren – sich mit dem Netz des privatwirtschaftlichen Reklamesystems überlagert oder gar mit diesem verschmilzt, so daß sich daraus oft Lesehemmnisse und visuelle Überfüllung ergeben.
Die Umstrukturierung des Stadtraumes in ein sich immer in Bewegung befindendes System, das eine ganze Bevölkerung zu disziplinarischen Reflexen erzieht und dem sie sich anpassen muß, kann unter gewissen Umständen eine ungewöhnliche, unvorhergesehene Dimension gewinnen. Auch wenn es ein Irrtum wäre, den visuellen Oberbau des Verkehrssystems mit einer künstlerischen Gestaltung der Stadt zu verwechseln, muß man zugeben, daß zum Beispiel die Vision des Stadtzentrums in nächtli-

chen Stunden, in denen es leer ist, d.h., in welchem die Funktionen des Systems aufgehoben scheinen, den Eindruck einer Freiheit der Zeichen vermittelt. Der gewaltige Gegensatz der in der ganzen Stadt blinkenden gelben Lichter und deren zeitweiliger Nutzlosigkeit ergibt einen Bedeutungsüberschuß. Es passiert etwas, das als widersinnig oder als zauberhaft empfunden wird, eine Dimension der Stadt tritt in Erscheinung, die sonst kaum spürbar wäre. Plötzlich ist die Stadt kein rein utilitaristisches System mehr.
Seit der Aufklärung haben die Kenntnisse hinsichtlich der Stadt als komplexem Mechanismus enorme Fortschritte gemacht. Am Ende des 18. Jahrhunderts beginnt der Abbruch: Das Auseinandernehmen der Stadt in ihre Bestandteile ergibt feiner und feiner werdende Analysen, die immer neue Aspekte der Stadt einschließen und das Ganze quantifiziert zu beschreiben versuchen. Die Größe der Probleme, ihre entmutigende Vermehrung, ihre beständige Veränderung und vor allem ihre Dringlichkeit haben dazu gezwungen, ihre Lösung ohne Verzug in Angriff zu nehmen.
Diese verständliche, aber äußerst gefährliche Reduktion des Phänomens Stadt wurde durch den *Verlust der Bedeutung* bezahlt. Alles, was bis dahin die Betrachtung der Stadt als ein Wesen (und nicht als ein Durcheinander von Funktionen) ermöglichte, wurde eliminiert. Die vorindustrielle Siedlung förderte eine persönliche Beziehung mit diesem Wesen (das im Altertum sogar Gegenstand eines Kultus war: Dea Roma, Dea Genava). Eine derartige Beziehung erlaubte gemeinsame Identifikationen jenseits der Ungleichheit, jenseits des Klassenkampfs (darum wurde sie vom Marxismus als mystifizierend eingeschätzt). Als Ersatz hat das 19. Jahrhundert Nationalismus und Chauvinismus erfunden, die aber beide nicht dieselbe positive Integrationsfunktion besaßen, weil sie symbolisch schwach besetzt sind.
Nachdem die antike Mythologie nicht mehr Teil der allgemeinen Bildung ist und auch die christliche zu verschwinden scheint, ist es schwer geworden, das Netz der Absichten, Anspielungen und Mitteilungen zu verstehen, die die Selbstdarstellung der führenden Gruppen in Fassaden und Grundrissen mittels kombinierter, mit Sinn beladener Formen möglich machte. Für unsere Zeitgenossen sind derartige Überlegungen ebenso seltsam oder irreführend wie die Medizin von Paracelsus.
Allerdings haben schon seit dem Anfang dieses Jahrhunderts zwei voneinander unabhängige Gruppen von Forschern dieses Problem der Bedeutung in die Hand genommen. Die ersteren haben in der Kunstgeschichte gewirkt, vornehmlich in der Geschichte der Malerei: Diese Ikonologen heißen Aby Warburg, Fritz Saxl, Erwin Panofsky, Ernst H. Gombrich; erst in

den fünfziger Jahren wurde die Architektur durch Günter Bandmann in dieses Forschungsfeld (und darauf in der Schweiz durch Adolf Reinle) einbezogen, während die Italiener Enrico Guidoni und Marcello Fagiolo innerhalb kurzer Zeit den Rückstand der Geschichte des Städtebaus wieder eingeholt haben. Die Wiederentdeckung der Bedeutung in der Malerei wurde zu Beginn durch Werke erleichtert, deren Programm bekannt war: Der Vergleich eines Bildes und eines mit ihm verknüpften früheren Textes diente als Ausgangspunkt der Forschung; dann folgte das viel schwierigere Entschlüsseln von Bildern, die nicht von einem Text begleitet sind; schließlich sogar von Nicht-Bildern, beispielsweise von Netzen und Zeichen im städtischen oder topographischen Maßstab, mit anderen Worten: von ziemlich abstrakten, nicht sofort augenscheinlichen Elementen und Verhältnissen.
Bei der zweiten Gruppe handelt es sich um Ethnologen: Bronislaw Malinowski, Marcel Griaule, Maurice Leenhardt, Amos Rappoport, deren Methode mit derjenigen der Ikonologen vergleichbar ist, da sie in einer gegebenen Kultur Beziehungen zwischen der Überlieferung und der gestalteten Umwelt zu erkennen versuchen.
Weder die Forschungen der Ikonologen noch die der Ethnologen haben die Planer und die Behörden bisher beeinflußt, die die Stadträume, in denen wir leben, gestalten und verwalten. Erscheinungen wie die gegenwärtige Neigung zum Okkultismus zeigen aber, daß sich der Hunger nach der Bedeutung als eines der größten psychologischen Probleme unserer Zeit zu erkennen gibt.
Um die Entwicklung in der Geschichte des Städtebaus in wenigen Worten zu schildern, kann man drei Phasen oder aufeinanderfolgende Ansätze unterscheiden. Die ältere betrachtet die Stadt als eine *Form*. Mit Hilfe der Geographen einerseits und der Ästhetik andererseits versuchten die Pioniere der neuen Disziplin meistens, die sogenannten Grundformen der Stadt analog der botanischen oder zoologischen Lehre zu klassifizieren.
Die zweite Welle wird von Historikern soziologischer und nationalökonomischer Herkunft verkörpert, so daß die funktionelle Analyse die formale verdrängt und einen entscheidenden Fortschritt mit sich gebracht hat. Auf die Stadt als Form folgt die Stadt als *Prozeß*, die Stadt als dynamisches Phänomen, in welchem die meßbaren Kräfte, die die Stadt gestalten, einen höchst komplexen Mechanismus bilden. Bestandteile der Stadt als Ort, Gegenstand und Ergebnis von Prozessen sind die Stellung, die Lage und die Topographie der Siedlung, die Zusammensetzung der lokalen Regierung und der Umfang ihrer Zuständigkeit, die öffentlichen und privaten Einrichtungen, die Produktionsmittel und die Güterverteilungssysteme, das Ver-

kehrsnetz, der Ursprung, Art und Umfang der Investitionen, die Eigentumsverhältnisse, die soziale Zonierung der Stadt, die Struktur des Alters und der Einkommen, die Politik der Gewerkschaften und Arbeitgeberverbände, die kulturellen Bedingungen usw.

Die – notwendige – Betrachtung der Stadt als Form und als Prozeß erschöpft jedoch nicht die Wirklichkeit des städtischen Phänomens. Die Kriterien, die die Stadt zu zerlegen und ihre Anatomie zu beschreiben erlauben, können über Inhalte, die nicht unmittelbar zu erfassen sind, kaum Auskunft geben. Dafür ist eine dritte Forschungsrichtung unentbehrlich geworden, die die Stadt (um Bandmanns berühmte Formel zu gebrauchen) als *Bedeutungsträger* betrachtet. Selbstverständlich ersetzt die Bedeutungsformel die anderen bestehenden Methoden nicht; sie ergänzt sie. Sie prüft nicht mehr die praktisch-phänomenologischen Aspekte der Stadt, sondern jene Charakteristiken, die (wenigstens in der vorindustriellen Stadt) zur Schaffung des Wesens einer Ansiedlung dienten.

Die Bedeutungsforschung soll nicht nur beschreiben, messen, vergleichen, sondern vor allem auslegen. Die Interpretation, das heißt die Erzeugung der Bedeutung, besteht darin, das Beziehungssystem zu erkennen, welchem das untersuchte Objekt angehört. In ähnlicher Weise geht der Geometer vor, wenn er ein Volumen mittels einer Ebene durchschneidet, um bestimmte versteckte Eigentümlichkeiten offenzulegen. Im Unterschied aber zur Geometrie, die absolute Rationalität besitzt, sind die Erscheinungen der Bedeutung, obschon sie ihrer eigenen Logik unterworfen sind, nicht von der cartesianischen Mentalität geprägt und weisen daher sehr oft ziemlich überraschende Strukturen auf.

In dieser Hinsicht betreffen verschiedene Beispiele die Umwandlung oder die Schaffung einer Stadtstruktur durch die Anordnung von Bauten, die im topographischen oder gar im territorialen Maßstab ein Symbol auf den Boden schreiben. Mit dem Kolosseum als Zentrum errichtete Konstantin der Große über dem kaiserlichen Rom mit den vier patriarchalen Basiliken ein Kreuz, das (etwa wie in der heutigen Konzeptkunst) nur geistig zu lesen ist; die Stellung der anderen primären Basiliken wurde so gewählt, daß sie mit den schon bestehenden und mit bestimmten wichtigen Ortschaften (z.B. Ponte Milvio, wo Konstantin Maxentius besiegt hat) virtuell einen riesigen, sich über die ganze Erde ausdehnenden Chrismon bildete. Der neuen Bedeutung Roms als Hauptstadt des Christentums entsprechen also Eingriffe, die damals nicht physisch miteinander verbunden wurden. (Die entsprechenden Straßen wurden erst vom 16. Jahrhundert an gebaut.) Eine so verborgene Struktur, die die Stadt langfristig determiniert hat, ist weder

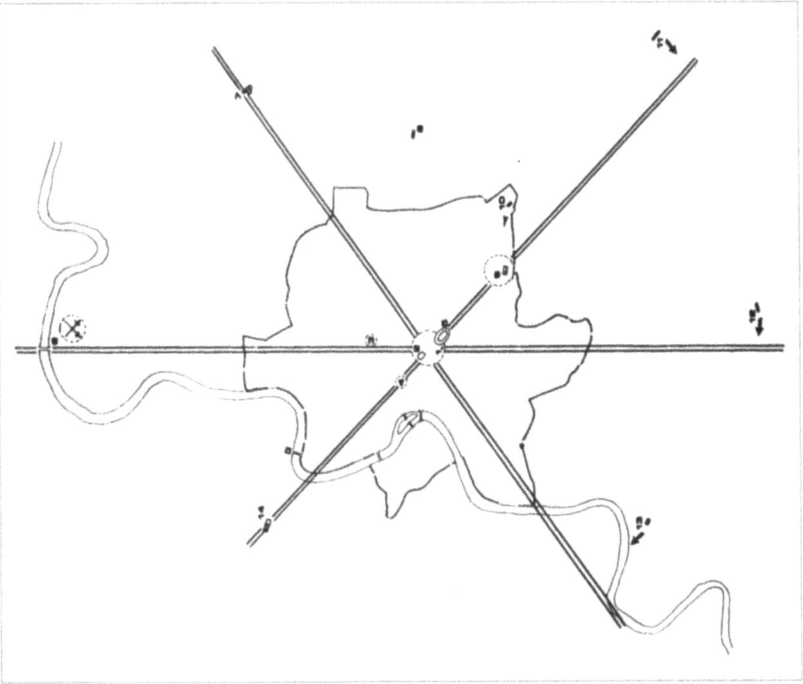

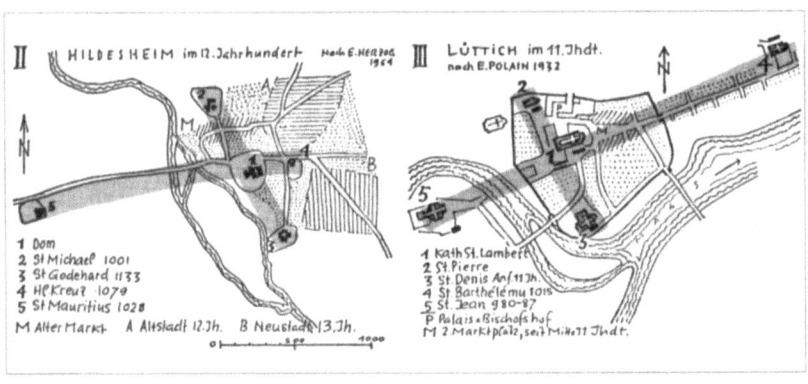

Der Chrismon als Struktur von Rom unter Konstantin (nach Fagiolo)

Archipelstädte und Verteilung der Kirchen als Kreuz auf dem Stadtgebiet: Hildesheim und Lüttich (nach Hofer)

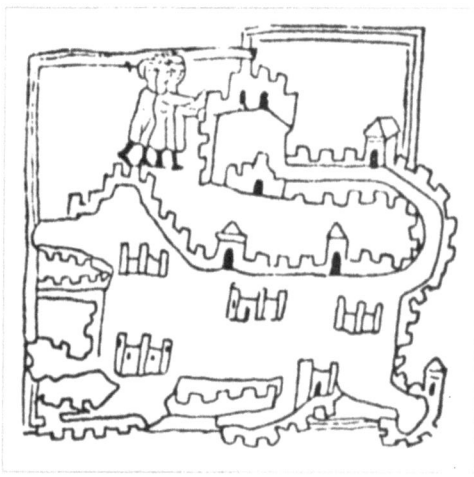

Rom als Löwe, 14. Jahrhundert (nach Baltrusaitis)

Antonio Tempesta, Vogelschaubild von Rom, 1593, Ausschnitt: Kopf des Löwen: Borgo Vaticano oder Leonino als Zunge, Piazza del Popolo als Nase, Piazza di Spagna als Auge (nach Insolera)

durch die traditionelle formale Analyse noch durch die funktionelle aufzudecken. Entgegen der verbreiteten Meinung ist der mittelalterliche Dom nicht unbedingt mitten in der Stadt gelegen, sondern oft unmittelbar an die Mauer am Rand der Siedlung gebaut worden. Der Ursprung dieser Stellung ist wahrscheinlich auf die Lage des Tempels von Jerusalem zurückzuführen; im Fall von Pisa handelt es sich sogar um ein Resümee der Heiligen Stätte: Die Taufkirche stimmt mit dem Heiligen Grab überein, der Dom selbst mit dem Tempel (darum die seltsame Kuppel), die Grünfläche mit der Tempelterrasse. Der schiefe Turm entspricht wohl einer der beiden Tempelsäulen, was vermuten läßt, daß das Projekt einen zweiten symmetrischen Turm vorsah.

Die Nachahmung Roms oder Jerusalems und die implizite Einschreibung von Zeichen ins Territorium sind während des ganzen Mittelalters normale städtebauliche Maßnahmen, so daß sich die Deutung der seltsamen polyzentrischen Siedlungen, die als Archipelstädte zu benennen wären, wahrscheinlich auch aufgrund einer gleichen Geisteshandlung erklären läßt: Die Verteilung der Kirchen kennzeichnet das Stadtgebiet fast immer durch ein großes Kreuz. Es wäre vielleicht nützlich, in der Schweiz eine Forschung zu unternehmen, die dem Vorhandensein gleicher Gestalten nachgehen könnte. Als mögliches Beispiel wäre der Chrismon zu erwähnen, der am Ende des Mittelalters aus den Hauptkirchen innerhalb und außerhalb der Mauern von Genf gebildet wurde.

Mit der Renaissance ändern sich die Methoden kaum. Die Bauten und Verkehrsachsen Pius IV. zeigen das Verlangen, durch kalkulierte Abstände entlang der Strecken Verhältnisse zu schaffen. Das Grundmotiv bleibt das Kreuz, auch wenn sich von nun an persönliche, emblematische und auch politische Anspielungen mit sakralen vermischen.

Wie es für die analogische Mentalität bezeichnend ist, leben Darstellungssysteme miteinander, die kaum auf einen Nenner zu bringen sind: Rom ist auch ein Löwe. Diese fast totemistische Überlieferung ist schon eine Deutung der Stadtform. Am Ende des 16. Jahrhunderts (das heißt nachdem die großartige Planung von Sixtus V. und Pius IV. in die Hand genommen wird) ist dieser Gedanke noch lebendig genug, um den berühmten Plan von Tempesta gestalten zu lassen. Bei den nicht-abendländischen Völkern ist diese physische Gleichsetzung der Stadt mit einem Tier oder mit einem Urmenschen sogar üblich. Die älteste Darstellung Timbuktus zeigt ein Durcheinander von Häusern, bei dem eine Struktur kaum zu erkennen ist. Was uns aber sehr erstaunt, ist, daß nach Meinung der Bevölkerung die

Stadt doch eine klare, sogar offenbare Struktur hat: diejenige eines Menschen mit Kopf, Bauch, Armen und Füßen. Timbuktu *ist* also das Universum als lebendes Wesen. Ein anderes Beispiel wäre der unlesbare olmekische Stadtgrundriß von San Lorenzo (Mexiko), der den Archäologen wegen des Zustandes des Stadthügels ein Rätsel aufgab. Nach geometrischer Analyse und Bearbeitung hat Henri Stierlin entdeckt, daß der Plan dem Antlitz eines Jaguars entspricht.

Diese Beispiele weisen eine Rationalität auf, die (genau wie bei uns) von der grundlegenden Wertskala der untersuchten Kulturen abhängig ist. Zweifellos kann eine derartige Forschung wissenschaftlich fragwürdig erscheinen, weil die Objekte, welche der Forscher zu beobachten hat, nicht leicht erfaßbar sind; weil die Werkzeuge, die die Bedeutung erfassen sollen, erst noch zu finden sind und weil die Prüfung der Ergebnisse oft heikel und folglich das Risiko des Dilettantismus groß ist. Dem möchte ich hinzufügen, daß dieses Gebiet bei jenen, die sich mit den sogenannten konkreten Problemen befassen (und denen nicht immer bewußt ist, daß Konkretheit ein philosophischer Begriff ist), einen schlechten Ruf hat. Für viele Techniker und Ingenieure sind die Bedeutungsprobleme kaum spürbar, nicht faßbar und folgenlos. Um diese Forschungsrichtung zu rechtfertigen, ist es demnach notwendig, Vorsichtsmaßregeln zu treffen und auf die Frage zu antworten: *Hat die Bedeutungsforschung selbst eine Bedeutung?*

Vom Städtebauhistoriker war schon verlangt worden, Kunstgeschichte, Archäologie, Wirtschafts- und Sozialgeschichte und was weiß ich noch alles zu beherrschen, und nun soll er auch noch die Ikonologie, die Ethnologie, die Religionsgeschichte, die analytische Psychologie usw. seinem Rüstzeug hinzufügen! Das Mißtrauen ist verständlich. Es kann aber nützlich sein zu unterstreichen, daß die tägliche Arbeit des Historikers sowieso Probleme mit sich bringt, die seine Kompetenz oft weit überschreiten und die er pragmatisch lösen muß, weil er sich notwendigerweise ins Unbekannte hineinwagt. Die Forschungen meines Vorgängers Paul Hofer haben gezeigt, daß die *condition historienne* durch derartige Bedingungen keineswegs verhindert, sondern im Gegenteil durch sie gefördert und angespornt wird.

Die Beweisführung darf sich nicht mit Allgemeinheiten begnügen, das Mittelalter etwa insgesamt als mystisch zu bezeichnen (es war sicher ebenso materialistisch wie unsere Zeit) oder eine Stadt ohne weiteres dem himmlischen Jerusalem gleichzustellen. Es ist jedesmal nötig zu zeigen, in welcher Art und Weise die Überlieferung Form annimmt, um genau sagen zu können, welches Vorbild gewählt wurde, und wenn möglich: warum es ge-

wählt wurde; allerdings sind die Umwandlungen eines Vorbildes praktisch unzählbar, so daß eine Vergegenwärtigung meistens unerwartete Erscheinungsformen ergibt.
Die Frage nach der Bedeutung dieser Forschung scheint mir ernst, vor allem an einem Ort, der nicht auf das abstrakte Denken, sondern auf die Wirksamkeit des Wissens ausgerichtet ist. Die Bedeutungsforschung ist unter verschiedenen Blickpunkten als notwendig zu bezeichnen.
Im Rahmen ihres eigenen Gebietes erlaubt die Bedeutungsforschung besser, die tiefsten Gründe zu verstehen, die die Planer einer gegebenen Stadt motivierten; sie erlaubt, die Tätigkeit der Planer nicht auf eine einfache Übernahme und Bearbeitung von demographischen oder wirtschaftlichen Quantitäten zu reduzieren, kurz, den elementaren Determinismus zu vermeiden. In dieser Hinsicht sollte nie vergessen werden, daß die große Mehrheit der europäischen Städte aus Stadtkernen des 11. bis 14. Jahrhunderts gewachsen ist und daß diese Stadtkerne keineswegs nach den heutigen Kriterien der Stadtbehörden geschaffen worden sind.
Auf dem Feld der Planung selbst könnte die Bedeutungsforschung auch jenen Planern behilflich sein, die sich anschicken, in der Dritten Welt einzugreifen. Dort herrschen die traditionellen Begründungen immer noch vor: Die bloße Anwendung unserer Planungsbegriffe führt meistens zur Katastrophe, auch wenn es wahr ist, daß die Eingeborenen daran oft nicht unschuldig sind.
Es wäre aber irrig zu denken, daß diese Forschungsrichtung bei uns im Abendland als nutzlos zu betrachten sei. In einer pluralistischen, *de facto* atheistischen Gesellschaft, die in tertiären Städten lebt, wäre es ja zweifellos lächerlich, beispielsweise als Lösung vorzuschlagen, mandalaähnliche Viertel zu bauen. Die alten Städte befriedigten das Bedürfnis nach Bedeutung (so gut wie möglich: ihre Leistungen sollen nicht übertrieben werden) auch durch die Mauern, die Wehr- und Glockentürme, die ihre Identität verkörperten. Stadtkultus und Stadtpatron sind heute vorbei, während das Bedürfnis, das sie befriedigten, nicht verschwunden ist: Ursprünglich religiöse oder sakrale Erscheinungen, sind sie nun zu einem psychologischen Bedürfnis geworden. Zugleich hat sich die Stadt in ein System von Systemen umgewandelt. Sie hat viele Bedeutungen, nicht nur *eine*. Sie ernährt kaum das Unbewußte ihrer Bewohner. Die Empfindlichsten unter ihnen ertragen die Situation schwer und machen die ungenügende Fähigkeit der Stadt sichtbar – darum Krawalle?
Schließlich könnte die Bedeutungsforschung erlauben, eine größere Bescheidenheit in der Bestimmung der Bedürfnisse und der Beschlüsse, die

die Amtsführung der Stadt betreffen, zu entwickeln. Die Reduktion der Stadt auf das Technisch-Funktionelle wird heute bekämpft oder abgelehnt, oft aber aufgrund rein subjektiver Überlegungen. Diese Forschungsrichtung könnte also die Ausweitung der städtischen Problematik fördern. Wenn es wahr ist, wie ich glaube, daß die Natur nur das ist, was die Kultur als solche bezeichnet, wird klar, daß sich die Natur unserer Städte erst verändern wird, wenn es unserer Kultur gelungen ist, sich zu verwandeln. Das also ist der Wirklichkeitshorizont der Bedeutungsforschung. Um ein Wort von Ruskin zu zitieren: „Wir brauchen eine Botanik, die das Vorhandensein der Blumen nicht in Zweifel zieht" – und, wie ich hinzufügen möchte, die ihren Wohlgeruch nicht vergißt. In ähnlicher Weise wäre eine Geschichte des Städtebaus wünschenswert, die das Wesen der Städte nicht mehr als *quantité négligeable* betrachtet. „Dichterisch wohnt der Mensch", so Hölderlin in einer geheimnisvollen Formel. Wird es eines Tages möglich sein zu bestätigen, daß sogar die Stadt dichterisch bewohnt sein kann?

Die vier Phasen der theoretischen Auseinandersetzung mit der Stadt im 20. Jahrhundert

Der Begriff „Jahrhundert" hat keinen eigentlichen Bezug zur Wirklichkeit. So beginnt das 19. Jahrhundert 1789 und endet 1914. Daraus läßt sich ableiten, daß die Ereignisse der Jahre 1989 bis 1991 vielleicht einmal als wahrer Beginn des 21. Jahrhunderts betrachtet werden. Es kann also sein, daß das 21. Jahrhundert schon begonnen hat. Oder auch, ganz im Gegenteil, daß das 20. Jahrhundert sich noch bis ins 21. Jahrhundert hinzieht, bis noch radikalere Ereignisse als die, die wir vor kurzem erlebt haben, einen endgültigen Wendepunkt markieren.
In unserem Fachgebiet stammt der grundlegende Text aus dem Jahre 1859; dem Jahr, in dem der Katalane Ildefonso Cerdà seine *Teoría general de la construcción de las ciudades* niederschreibt. Das 20. Jahrhundert beginnt also mit vierzig Jahren Vorsprung auf den Kalender in Barcelona.
Beschäftigt man sich näher mit dem Städtebau des 20. Jahrhunderts, so stellt man fest, daß dessen Einteilung in Zeitabschnitte unabhängig von politischen Zeiteinteilungen bleibt. Viel eher hat man es mit zwei unterschiedlichen und doch miteinander verbundenen Erscheinungen zu tun: der Praxis des Städtebaus einerseits und dessen Theorie andererseits. Die Realität zeigt beträchtliche Abweichungen zwischen den beiden – denn das Stadtbild eines Geographen unterscheidet sich wesentlich von dem eines Historikers, der sich mit den Vorstellungen über die Stadt beschäftigt.
Im weiteren muß das Gesamtbild je nach Kontinent, Land und Region stark nuanciert werden. An dieser Stelle soll jedoch nur über Europa gesprochen werden. Mein Beitrag beschränkt sich darauf, die großen Trends und die Hauptlehren vorzustellen. Ich werde besonders die nacheinander auftauchenden neuen Ideen behandeln. Auf Widerstände oder auf diese und jene administrativen oder technischen, überlebenden Verfahren werde ich nicht eingehen.
Um den Städtebau des 20. Jahrhunderts in einem Wort zusammenfassen zu können, muß erst einmal gesagt werden, daß er von der Kraft einer Idee beherrscht wird: dem Planungskonzept. Und welches die Inhalte dieses Konzeptes auch immer seien – Inhalte, die natürlich enorm verschieden sein

können, je nachdem ob das Konzept von der Regierung Roosevelt (im Rahmen der Tennessee Valley Authority in den dreißiger Jahren) oder von der stalinistischen Diktatur gehandhabt wird –, welches also die angewandten Mittel der Planung auch immer seien, das Ziel bleibt immer dasselbe: die optimale Verteilung von Personen, Gütern und Dienstleistungen auf einem vorgegebenen Gebiet. Nur die Kriterien dieser Verteilung variieren je nachdem, welche politische Ideologie sie in die Tat umsetzt.
Diese weitgefaßte Definition Planung unterstreicht, daß es sich hierbei in erster Linie um einen Akt sozio-ökonomischer Natur handelt. Danach folgt die Verwirklichung der Absichten: Im zur Verfügung stehenden Gebiet werden diese Absichten in Bauten und Räume umgesetzt und schließlich in Betrieb genommen. Es muß also zwischen Planung und *urban design* unterschieden werden – wenigstens bis in die jüngste Zeit, denn die Angelegenheit ist in den letzten zehn Jahren etwas vertrackter geworden.
Die Idee einer Planung ist nicht einfach einer Laune einiger Intellektueller entsprungen, sondern hat sich als Antwort auf eine unhaltbare Lage durchgesetzt. Unter dem Einfluß einer Vielzahl von Faktoren – worunter als die drei wichtigsten die massive Urbanisierung, die industrielle Revolution und die Revolution des Verkehrs zu nennen sind – sind die Städte explodiert, haben auf das umliegende Land übergegriffen und haben ihre alten administrativen Grenzen gesprengt. Das chaotische Größerwerden wird in der ersten Hälfte des 19. Jahrhunderts zunächst einmal als ein gesundes Zeichen angesehen. Danach begreift man es als eine schwere Krankheit, die mit enormen sozialen Kosten verbunden ist. In der zweiten Hälfte des Jahrhunderts tauchen die ersten Theorien auf, die dann erst zu Beginn des 20. Jahrhunderts angewandt werden und die sich alle als ganzheitliche und allumfassende Lösungen verstehen. Und da wir schon einmal beim Allgemeinen sind, brauche ich kaum zu erwähnen, daß es nicht sehr nützlich ist, diese Theorien im einzelnen vorzustellen, denn es befinden sich darunter einige, die ziemlich verschroben sind. Beschäftigen wir uns lieber damit, wie sich diese große Planungsidee, das heißt die Bändigung der Stadtentwicklung, in die Tat umsetzen ließ. Darin liegt der Schlüssel zu einer viel effizienteren Lektüre. Es können vier Phasen unterschieden werden, deren gemeinsames Kriterium der Ort des Eingreifens ist.
Das Jahrhundert beginnt mit dem außerordentlichen Erfolg eines Neuerungskonzepts, dem der *Gartenstadt,* das etwa von 1900 bis 1930 Anwendung findet. Es geht von der Annahme aus, daß es möglich ist, die Vorzüge der Stadt mit denen des Landes zu verbinden, ohne zugleich deren Nachteile in Kauf nehmen zu müssen. Diese Idee taucht zuerst in Spanien bei Artu-

ro Soria y Mata auf *(La ciudad lineal, 1882)* und setzt sich dann in England mit Ebenezer Howard durch *(Tomorrow: A Peaceful Path to Real Reform, 1898)*. Vieles ist dem Österreicher Camillo Sitte *(Der Städtebau nach seinen künstlerischen Grundsätzen, 1889)* entlehnt. Den beiden letzteren Autoren ist die Gewißheit gemeinsam, daß die mittelalterliche Stadt, und vor allem die der Kommunen, zwei Ideale in sich vereinigt: die gemeinschaftliche und staatsbürgerliche Harmonie und die unregelmäßige Stadtstruktur, die geeignet ist, das Geflecht von Straßen und Plätzen abwechslungsreich zu gestalten. Eine solche Sicht des Mittelalters ist nur ein bißchen weniger summarisch und naiv als die Absicht ihrer Autoren. Sie glauben, daß die Gartenstädte die bestehenden Städte, mit denen sie sich gar nicht beschäftigen, rasch ersetzen werden.

Der Ort des Eingreifens liegt also nicht in der Stadt. Es handelt sich um einen Städtebau neben der Stadt oder außerhalb der Stadt.

Der Generation der Gartenstadturbanisten folgt eine radikalere Generation, die 1928 die CIAM gründet. Diese heterogene, kämpferische und doktrinäre Gruppe weigert sich, das Problem so anzugehen, wie es bis dahin angegangen wurde. Sie schlägt eine einzigartige und kompromißlose Lösung vor: die bestehende Stadt durch eine „rationale" Stadt zu ersetzen. Konfrontiert mit der enormen Komplexität städtischer Phänomene, schreiten die Mitglieder der CIAM zu einer drastischen Verringerung der Anzahl der Parameter, die das bebaute Gebiet bestimmen.

Diese Verringerung ist für sie gleichbedeutend mit einem einzigen rationalen Kriterium: der Funktion im Sinne von Nützlichkeit. Ein verspäteter Text, die *Charta von Athen* (in der Fassung von Le Corbusier, 1943), bekräftigt, daß die Stadt aus nur vier Funktionen besteht: „Wohnen/Arbeiten/Freizeit/Verkehr". Jede Funktion erhält ihren städtischen Bereich zugewiesen – außer dem Verkehr (der ließ sich leider unmöglich in einer Ecke parken). Es handelt sich hier also um das bekannte Prinzip der Aufteilung der Funktionen. Gewiß, die *Charta* gibt nicht das ganze Denken der CIAM wieder, aber sie versinnbildlicht doch die extremen Absichten und den jakobinischen Geist hinter der Idee.

Dieser Idee haben wir alle Stadtviertel, den ganzen Wiederaufbau und alle Satellitenstädte zu verdanken, in welchen die städtische Substanz einzig und allein aus Scheiben und Turmhochhäusern besteht, die in einem zu weiten Raum schweben. Die Reaktion auf die „Korridor-Straße" führte zu einer Art Auflösung der Stadt im Grünen oder zu einem auf allen Seiten offenen Gebiet. Brasilia bildet in diesem Zusammenhang sowohl die Apotheose dieser Phase als auch deren Schlußpunkt (1960).

Diese zweite Phase ist diejenige des Städtebaus wider die Stadt. Nun folgt eine ununterbrochene Serie unkoordinierter Reaktionen auf dominante Thesen und administrative Abläufe, die sehr schwierig einzukreisen und zu beschreiben ist. Die dritte Phase erweist sich als heterogen. Es ist kein wirklich grundlegender Text vorhanden, außer man betrachtet Aldo Rossis *L'Architettura della città* (1966) als solchen. Nicht zu vergessen auch das Thema der CIAM 1951 („Das Herz der Stadt"), die Kritiken des Teams X ab 1955 und das formalistische Manifest von Rob Krier (*Stadtraum*, 1975). Die Aufgabe der CIAM-Thesen – die auch das Resultat eines Generationenkonflikts ist – demonstriert die Gemeinsamkeiten der verschiedenen Gruppen:

Ablehnung des Nullzustandes der Stadt, der Tabula-Rasa-Politik

Zwangsläufige Folge: Rehabilitierung der geschichtlichen Dimension. Die Erfahrung des Zweiten Weltkriegs zeigte, daß die Stadt kein Objekt ist, das man nach Belieben manipulieren kann, sondern daß sie ein sinnvolles Ganzes bildet. Andererseits hat die Renovierung ganzer Stadtviertel, die ab 1950 in verschiedenen Ländern beginnt, mehr zur Zerstörung historischer Bausubstanz beigetragen als der ganze Krieg.

Die vollständige Entmischung der Funktionen führt ins Absurde: Die Funktionen müssen also wieder gemischt werden, auch wenn die neue Mischung von der alten gehörig abweicht. (Es kommt beispielsweise nicht mehr in Frage, die Schwerindustrie und die Wohngebiete zu durchmischen.)

Der Begriff „Funktion" wird erweitert. Funktion wird nunmehr qualitativ verstanden und nicht mehr nur von ihrer Nützlichkeit her betrachtet. („Wohnen" bedeutet nicht einfach, nur eine Anzahl täglicher Verrichtungen auszuführen, sondern ist in erster Linie eine kulturelle Erscheinung.)

Schließlich erweitert sich auch das formelle Repertoire: Zwischen der Korridor-Straße und der unendlich gewachsenen Stadt gibt es eine Menge Zwischenlösungen, die ausprobiert werden können.

Die Postmoderne gehört in diese dritte Phase, die nicht mehr und nicht weniger die des Städtebaus in der Stadt ist. Ihren Todestag festzulegen ist gar nicht so einfach, besonders deshalb, weil die vierte Phase, die man heute schon erahnen kann, gerade erst begonnen hat und dies erst einigen wenigen aufgefallen ist.

Diese vierte Phase ist noch schwieriger zu beschreiben als die vorangegangene, weil uns, erstens, der Abstand fehlt, weil sie, zweitens, noch nicht grundlegend beschrieben worden ist und weil sie schließlich und vor allem einen viel größeren Maßstab anlegt. Diese Maßstabsänderung in den angesprochenen Bereichen wird unsere Vorstellungen von der Stadt revolutionieren. In der zweiten und dritten Phase galt das Hauptaugenmerk der historischen Stadt – erst sollte sie von Grund auf neu erbaut, dann aufgewertet werden –, dabei wurde aber außer acht gelassen, was sich außerhalb der „Stadt" abspielte.

Die Städte wirken aber nicht nur wie ein Magnet auf die Bevölkerung (70 Prozent der Bevölkerung Westeuropas lebt in Städten), sondern rücken einander auch immer näher, verschweißen sich zu einem riesigen Ganzen, das nach und nach ohne Rücksicht auf die Landesgrenzen das ganze Territorium in Anspruch nimmt. „Städte" im eigentlichen Sinne hören zu bestehen auf. Urbanisierte Regionen bilden Ketten. Moderne Riesenstädte (Megalopolen) bedecken immer größer werdende Flächen. Bald wird Europa nur noch ein einziges Stadtübel darstellen. Auf diesem Stadtübel nimmt, was wir Stadtzentrum, alte Stadtviertel, historische Stadt nennen, wahrscheinlich weniger als ein Prozent der gesamten Fläche ein. Es ist daher absolut notwendig, die neue Problematik zu umreißen.

Die erste Feststellung, die sich aufdrängt, lautet, daß der alte Gegensatz Stadt-Land keinen Sinn mehr hat; das soll nun aber nicht heißen, daß die Landwirtschaft (die nur gerade 5 Prozent der erwerbsfähigen Bevölkerung zu Einkommen verhilft) zu existieren aufhört. Sie wird aber einen entscheidenden Wandel erfahren (und erfährt ihn schon): Der Bauernstand wird verschwinden und einer technokratischen Verwaltung der Ressourcen Platz machen. Die bewirtschafteten Flächen werden sich, wie auch Wälder, Berge und Seen, im Innern des Stadtübels befinden.

Denn die Städte haben sich nicht darauf beschränkt, sich rund um ihren Kern auszubreiten; sie sind auch ausgeschwärmt, um Orte zu erschließen, die noch vor dem 19. Jahrhundert als unbewohnbar gegolten hätten. Sie waren es, die die Meeresufer kolonisierten, was zu deren Betonierung geführt hat, und sie waren es, die Sommer- und Wintersporteinrichtungen in bislang öden Gebieten entstehen ließen. Sie waren es auch, die begonnen haben, gierig das Hinterland an Küstenstrichen zu verschlingen, sobald diese übersättigt waren. Und das alles für einige Wochen Belegung im Jahr! Diese Eingriffe wurden von Städtern für Städter durchgeführt. Das nötige Verkehrsnetz für diese jahreszeitlich bedingten Völkerwanderungen wurde ebenfalls von ihnen entwickelt. Entlang dieses Netzes entstanden dann wie-

derum Dienstleistungsunternehmen, Produktionseinheiten und Entscheidungszentren.
Das ist aber noch nicht alles. In der neuen Problematik müssen noch andere Entscheidungen berücksichtigt werden.
Die historischen Zentren selbst leiden unter den Konsequenzen des peripheren Aufplatzens der Städte. Auch wenn ihre architektonische Substanz gut erhalten ist, verlieren sie doch an Funktionalität. Auch die Maßnahmen, die ergriffen wurden, um diese Funktionalität zu erhalten, haben sich nicht bezahlt gemacht, weil die sogenannten zentralen Funktionen der historischen Stadtkerne, die noch bis zum Zweiten Weltkrieg intakt waren, heute nicht mehr genügend Raum haben. Diese öffentliche und private Richtfunktion des Zentrums wurde in die Peripherie verpflanzt und je nach verfügbaren Gebäuden und Flächen verteilt. Es ist wohl paradox, dies anmerken zu müssen, aber die von den Geographen sogenannten zentralen Orte weisen nunmehr zwei charakteristische Merkmale auf: Sie sind keine Orte mehr, und sie befinden sich auch nicht mehr im Zentrum. Sie befinden sich deswegen nicht mehr im Zentrum, weil der Begriff „Zentrum" selbst immer mehr verblaßt, vielleicht mit Ausnahme der Hauptstädte. Und sie sind von dem Moment an keine „Orte" mehr, indem sie nach reinen Ertragskriterien auf Neubauflächen erstellt werden; sie sind räumlich nicht charakterisiert und daher nicht in der Lage, symbolische Bedeutungen anzunehmen. Aber auch der Begriff „Peripherie" wird immer unangebrachter, denn wenn die Zentren ihre zentrale Funktion verloren haben, kann man daraus folgern, daß der Begriff „Peripherie" ebenfalls sinnentleert ist. Bald wird man – wie in den Vereinigten Staaten – sagen können: the actual town is the suburb! Die wahre Stadt ist die „Peripherie".
Diesem quantitativen Wandel, das heißt der Ausbreitung der „Stadt" auf ein ganzes Territorium, entspricht ein qualitativer Wandel: Der städtische Lebensstil, die städtischen Werte- und Wertlosigkeitssysteme setzen sich über die Medien und vor allem über das Fernsehen durch. Was in den landwirtschaftlich genutzten Gebieten des Flachlandes und in den Bergtälern noch an Traditionellem oder sogar Archaischem bleibt, macht mehr und mehr gleichartigen Verhaltensmustern Platz; aber die alten Verhaltensmuster in den Städten verschwinden ebenfalls und machen einem Verhalten Platz, das man wohl als megalopolitan bezeichnen muß.
Kurz gesagt, die vierte Phase wird die der territorialen Stadt, die des Städtebaus in einem gänzlich urbanisierten Territorium sein. Und gerade zu einem Zeitpunkt, an dem die Aufgabe unendlich komplexer erscheint als in den vorangegangenen Phasen, in dem die Instrumente, die nötig sind, um

in den Prozeß einzugreifen, ja sogar die Ziele selbst erst noch gefunden oder erfunden werden müssen, befinden wir uns mitten in einer Planungskrise. Die Kraft dieser Idee der Planung, die unsere Gedanken während eines Jahrhunderts leitete, erscheint im Westen erschöpft zu sein. Aber auch im Osten, wo unter dem Banner der Deregulierung, besser bekannt auch unter der Bezeichnung „Gesetz des Dschungels", gegen den Staat weiterhin Sturm gelaufen wird. Niedergeschlagene Planer, gescheiterte Planung, vor allem weil sie Spekulanten benutzen, um ihre Absichten schneller in die Tat umzusetzen – eine negative Bilanz also. So negativ, daß man Angst haben muß, wieder einmal das Kind mit dem Bade auszuschütten.
Um aus dieser Sackgasse herauszukommen, müssen wir eine kopernikanische Wende einleiten. Wichtig ist, daß wir von unserer europäischen, ursprünglichen Darstellung der Stadt ausgehen, die man ohne weiteres in drei Punkten zusammenfassen kann:

1 Die Stadt ist ein kollektives Artefakt, das dem Land gegenübersteht, das heißt einer Fläche, die spärlich besiedelt ist und auf der eine primäre Tätigkeit ausgeübt wird: Landwirtschaft (oder Weidebewirtschaftung).

2 Das Artefakt selbst zeichnet sich durch einen starken architektonischen Zusammenhalt aus. In einer Stadt, die diesen Namen verdient, regiert das Doppelprinzip der aneinanderstoßenden Bauten und der einheitlichen Höhe. Abweichungen von der geltenden Regel sind symbolischen, religiösen oder weltlichen Orten, wie etwa Kathedralen und Rathäusern, vorbehalten.

3 Das Artefakt übernimmt zentrale Funktionen – als politisches Zentrum (für ein gegebenes Gebiet), als wirtschaftliches Zentrum (Austausch und Produktion von Gütern, Finanzplatz) und als kulturelles Zentrum (Schulen, Bibliotheken, Museen, Konservatorien, Theater usw.).

Wie bereits ausgeführt, wissen wir aber, daß diese Darstellung zum pathetischen Anachronismus wird.
Und wie steht es mit unserer Wahrnehmung der „Peripherie"? Die Peripherie bringt uns in Rage, weil wir in ihr keine Logik erkennen können. So verwerfen wie sie als ein visuelles Chaos. Die Peripherie ist eine einzige skandalöse Unordnung, wohingegen die Stadt – die alte Stadt – eine einzige freudige harmonische Einheit ist. Aber gerade hier beginnt der Schuh zu drücken. Offensichtlich halten wir es für naturgegeben, daß die Stadt in einer perfekten Harmonie erklingen muß, die durch keinerlei Dissonanzen getrübt werden darf; daß sie, in einem Wort, homogen ist. Allein, die indu-

strielle Revolution, die das Idealbild der Stadt gründlich veränderte, hat alles verdorben.

So zu denken heißt, die Moderne – was auch immer deren Definition sein mag – zu verwerfen, einmal davon abgesehen, daß die mittelalterliche Stadt oder die Stadt des „Ancien Régime" weit davon entfernt war, so auszusehen, wie wir uns dies vorstellen. Die Megalopole, die vor unseren Augen entsteht, hat nichts mit einer wie auch immer gearteten Ästhetik der Harmonie zu tun (sei sie von der Antike via Renaissance oder vom Mittelalter via Romantik überliefert). Sie entspricht vielmehr der Schönheit, wie sie Lautréamont beschrieb: „schön wie das zufällige Aufeinandertreffen einer Nähmaschine und eines Regenschirms auf einem Seziertisch" (1869!), heißt aber auch: Die Megalopolis ist, wenn man so will, nicht schwieriger zu verstehen als ein Bild des analytischen Kubismus; sie gleicht einem abstrakten Aquarell von Kandinsky, einem Bündel gegensätzlicher Kräfte; sie läßt uns an die „all over"-Technik eines Pollock denken, an die Dekonstruktionen eines Gehry oder an die von Coop-Himmelb(l)au; sie ist nicht chaotischer als eine Beuys-Installation, als ein Jim-Dine-Happening, als eine Fluxus-Performance, als die Musik von John Cage oder von Mauricio Kagel. Alles Phänomene, die auf den ersten Blick (aber nur auf den ersten) als seltsame Ansammlungen unvereinbarer Objekte abqualifizierbar sind.

All diese Werke schlagen uns eine Annäherung an die Megalopolis vor; wir verstehen sie aber immer noch als Ausnahme, als Grenzfall. Durch die Visionen der Künstler dieses Jahrhunderts sind wir in der Lage, das angebliche Chaos zu erkennen. Erinnern wir uns an Paul Klee, der sagte, daß die Kunst das Sichtbare nicht zeigt, sondern sichtbar macht.

Diese Annäherung soll nun aber auch in einer weniger metaphorischen (und vielleicht auch weniger frivolen) Art formuliert werden: Wir müssen dringend ein neues Verständnis des Begriffs „Stadt" als Ort des Unzusammenhängenden, des Heterogenen, des Bruchstückhaften und der ununterbrochenen Umgestaltung erarbeiten. Anstatt die städtischen Phänomene in implizit fortschrittlichen, ja sogar in teleologischen Begriffen zu erklären, sollte man die Kräfte, die in der Stadt spielen, als Abdriften begreifen, mit anderen Worten als etwas, das sich von jeglichem Projekt unterscheidet, als etwas, das sich sofort von der Bewegung löst, die es eben hervorrief. Seit der industriellen Revolution kann man alles unter dem Stichwort des Abrückens analysieren. Wir müssen das Problem unter dem Stichwort „Auflösung der Stadt" betrachten.

Doch damit nicht genug. Nach der Kritik an den Harmonievorstellungen, die unserer ursprünglichen Konzeption der Stadt als Grundlage dienen, muß nun versucht werden, diese neue Wahrnehmung der städtischen Realität in Begriffen auszudrücken, die von der Planung angewendet werden können. Was war den verschiedenen Positionen in den ersten drei Phasen gemein – und vor allem denen der zweiten, die in der *Charta von Athen* gipfelten? Es ist die Idee der Rationalisierung, im Sinne einer absoluten Kontrolle, der Ausschaltung des Unvorhersehbaren und der gleichzeitigen Errichtung einer ebenso perfekten wie definitiven Ordnung. Alles weist darauf hin, daß das Scheitern der Planung, im Osten wie im Westen, im wesentlichen dieser positivistischen Vision der Mittel und Ziele zuzuschreiben ist.

Anstelle einer Strategie entwickelten die Modernen Programme. Der Städtebau ist aber der Spieltheorie zugehörig, der zufolge die Spieler sich entscheiden, ohne die einzelnen Gegebenheiten des Problems zu kennen, von denen einige bekannt sind, andere zufallsbedingt, wieder andere unbestimmbar. Städtebau ist nicht einfach nur die erzwungene Umsetzung einer Folge vorherbestimmter Handlungen. Edgar Morin hat in einer äußerst bemerkenswerten kurzen Abhandlung mit dem Titel *Pour la pensée complexe* (1983) einige interessante Überlegungen angestellt. Darin zeigt er unter anderem, daß die Rationalisierung den Zufall ausschließt und sie somit als magisch und primitiv bezeichnet werden muß, während die Beschäftigung mit der Unordnung eines viel weiter entwickelten Vorstellungsvermögens bedarf.

Die Aufgabe ist besonders schwierig zu lösen, denn sie bedingt, daß man gleichzeitig in Kategorien der Ordnung wie auch der Unordnung denkt, die Morin im Begriff der Organisation zusammenfaßt. Das Ganze mag abstrakt erscheinen, der Ausweg aus der Sackgasse führt aber zweifellos über das Abstrakte. Um mit Morin zu sprechen: „Es ist sehr schwierig, einen Vorgang zu begreifen, der gleichzeitig die Unordnung duldet, schafft und bekämpft" – genau das also, was im sogenannten liberalen Städtebau geschieht. Bliebe noch zu bestimmen, welches die Empfänger dieses Städtebaus sind.

Vielleicht wird nun besser ersichtlich, weshalb man in diesem Bereich davon sprechen muß, eine kopernikanische Wende einzuleiten. Um die Probleme zu lösen, vor die uns das Stadtübel stellt, das bald den ganzen Kontinent bedecken wird, bedarf es einer radikalen Änderung des Denkens – und im Augenblick scheint es doch ziemlich übertrieben zu sein, auf seiten der Planer (von ein paar Ausnahmen abgesehen) davon zu sprechen, daß sich eine solche Änderung der Denkweise abzeichnet.

Ich danke an dieser Stelle Alain Léveillé, Lehrbeauftragter an der Ecole d'Architecture der Universität Genf, der den Gedanken der ersten drei Phasen dieses Textes formulierte.

Übersetzung: Matthias Becker

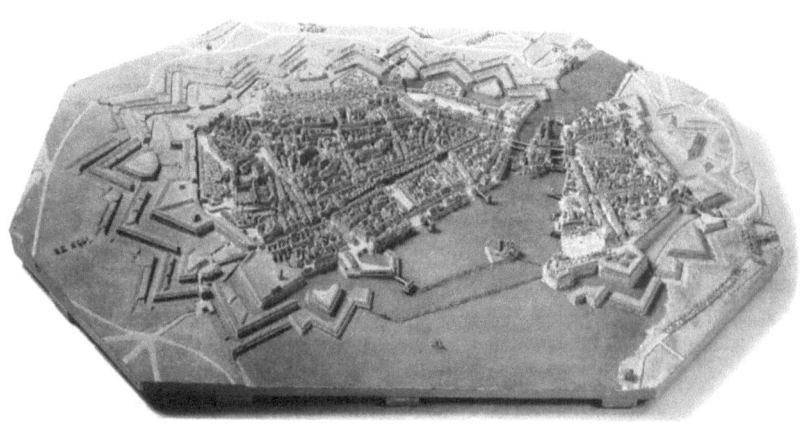

Genf, Stadtmodell (Pierre Matthey, 1815)

Zur Wiedergründung – oder Stadtkernforschung einmal anders

Die Stadtgeschichtsschreibung krankt an Arbeitsteilung. Zwischen den beiden großen, sich damit befassenden Forschergruppen bestehen so gut wie keine Beziehungen. Damit meine ich einerseits die Geographen, Planer, Soziologen, Demographen, Wirtschaftsgeschichtler und Historiker *tout court*, andererseits die die Stadtumwandlung untersuchenden Städtebauhistoriker und Architekten. Die Erstgenannten arbeiten meist ohne Berücksichtigung der Tatsache, daß die Stadt ein dreidimensionales Artefakt ist; die Letztgenannten analysieren vor allem die Stadtmorphologie, die Gebäudetypologie und ihre wechselseitigen Beziehungen und kümmern sich allzu wenig um deren sozioökonomische Ursachen.
Die einen können sich oft des Eindrucks nicht erwehren, daß die anderen die Stadt wie *in absentia* behandeln. Jene könnten hingegen erwidern, daß diese kaum Fragen zur gesellschaftlichen Natur der beobachteten Phänomene stellen. Der Abstand zwischen den beiden Gruppen ist so groß, daß sich zum Beispiel ihre Bibliographien nicht vergleichen lassen.[1]
Um diese heikle Situation bewältigen zu können, sollten die Stadtforscher nicht nur Querverbindungen innerhalb ihrer Disziplin aufbauen, sondern sich pluri- oder interdisziplinär zu verhalten suchen, und dies trotz der Risiken, die hieraus erwachsen könnten.
Am Anfang dieses Aufsatzes steht eine ausführliche, jedoch unentbehrliche Analyse, die die Erkenntnisse einer bereits erforschten städtebaulichen Operation überprüft und aussondert. Danach werden die Gründe all jener Eingriffe untersucht, die schließlich zur Gestaltung eines neuen Stadtteils geführt haben. Üblicherweise ist damit auch einer vergleichbaren Aufgabenstellung Genüge getan. Aber der hier studierte Fall ist nicht zufällig gewählt worden. Weil sich dieser von Anfang an als reich an allgemeiner Bedeutung erwiesen hat, haben sich Überlegungen anschließen lassen, die die Ergebnisse aus vorherigen Analysen zu verallgemeinern erlauben; sodann werden die hier am Einzelfall geschilderten Phänomene in einem Begriff zusammengefaßt, um weitere, bislang nicht als gleichwertig erkannte Fälle auf einen gemeinsamen Nenner bringen zu können.

Das Bergues-Unternehmen

Das erste auf schweizerischen Gewässern verkehrende Dampfschiff, die von der Firma Mauriac in Bordeaux für den Amerikaner Edward Church in Genf erbaute „Guillaume Tell", läuft am 28. Mai 1823 vom Stapel. Noch im selben Jahr baut der zukünftige Kantonsingenieur und General Guillaume-Henri Dufour (1787-1875) die erste öffentliche Drahtseilhängebrücke Europas über den Stadtgraben. Sie wird am 1. August 1823 dem Fußgängerverkehr übergeben. Sein Schüler Samuel Vaucher hatte bereits 1822 in einer Ecke derselben Befestigungsanlage das früheste Panoptikon-Gefängnis des Kontinents zu errichten begonnen. Diese Anzeichen von Modernität werden sowohl von der aristokratischen Kantonsregierung als auch von der Bevölkerung Genfs positiv eingeschätzt.²
In dieser Epoche werden verschiedene technisch-utilitaristische Maßnahmen getroffen, die die städtebauliche Substanz, ja sogar die Anordnung der Stadt berühren. Dufour hatte schon 1819 im Kantonsparlament geltend gemacht, daß das äußere Erscheinungsbild der Stadt Genf dem vom See Herkommenden alles andere als befriedigend erscheinen mußte: „En arrivant, par le lac, dans notre ville, en voyant les choses dans l'état où elles sont et en pensant à ce qu'elles pourraient être, on ose à peine avouer qu'on est Genevois! Quel contraste entre l'admirable contrée où lac et fleuve, rivages, forêts, collines, vallées et montagnes font un jardin de Dieu, au moins dans ses traits principaux [...] et ces murs noirs, en ruines, ces bâtiments construits sans symétrie et sans but, qui donnent une petite idée du reste de la ville! Non! Cela ne peut rester ainsi! Cet état de chose n'est pas en rapport avec le développement intellectuel et le sentiment artistique de notre population! Le contraste frappant de cette partie de la ville avec la beauté des environs, ce dédain des règles de l'esthétique et des conditions principales de la salubrité [...] tout cela doit s'arranger de manière à former un ensemble harmonieux qui réjouira le cœur et attirera les regards!"³
Die Rede Dufours zieht ästhetische und hygienische Argumente in Betracht: Wahllos hingestellte, nicht symmetrische und ungesunde Bauten zeigen Genf von der Seeseite her. Sie müssen verschwinden! Ohne weiteres lassen sich hier die üblichen Gemeinplätze erkennen, aufgrund derer die Kritiker des 18. Jahrhunderts die bestehenden Städte als häßlich und gefährlich, darüber hinaus auch als verkehrsuntauglich taxiert haben. Dabei handelt es sich um eine Neuformulierung, die keineswegs nur als eine ästhetische verstanden werden will: das „Embellissement" ist vielmehr ein kom-

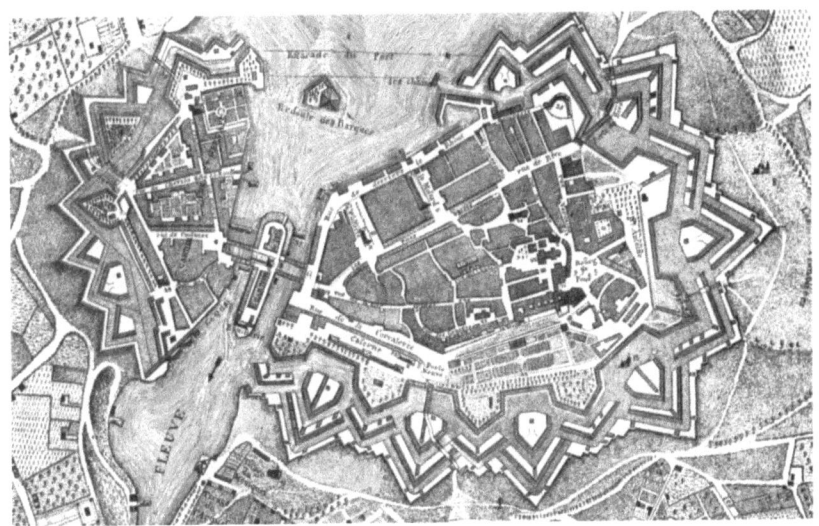

Topographischer und historischer Plan von Genf und Umgebung (Plan topographique et historique de la ville de Genève e de la banlieue) Pierre Escuyer, 1825

plexer Prozeß und nicht nur eine oberflächliche Verzierung im städtischen Maßstab.⁴

1827 verfaßt Dufour ein erstes Projekt zur einheitlichen Gestaltung des rechten Rhôneufers⁵ unter teilweiser Einbeziehung des dahinterliegenden Terrains der Familie Fazy. Die Fazys hatten hier im 18. Jahrhundert ihre Kattundruckerei aufgebaut, die jedoch nach 1810 – damals mit 1200 Arbeitern die größte Manufaktur dieser Art in Genf – auch der französischen Konkurrenz wegen unter Druck geraten war.⁶ James Fazy (1794-1878), der nachmalige Anführer der Radikalen (Freisinnigen), hat sich später in seinen Memoiren selbst zum Urheber dieser Konzeptidee erklärt.⁷

Die erste Immobiliengesellschaft Genfs, die Société des Bergues⁸, wird 1827 ins Leben gerufen. Sie zählt vier Mitglieder, darunter Dufour. Die Gesellschaft, deren Kapital der Höhe des jährlichen Kantonsbudgets entspricht, erwirbt die Terrains zum Aufbau eines neuen Musterviertels. Ihr Ziel ist die Errichtung eines Quartiers für achthundert Einwohner in fünfundzwanzig sechsstöckigen Miethäusern, deren Erdgeschosse und Mezzanins als Geschäftsräume bestimmt sind. Hinzu kommt das geradezu ideal gelegene Hotel des Bergues – „der erste große Hotelbau auf Schweizer Boden"⁹ –, das Augustin Miciol, der Gewinner des 1829 organisierten Wettbewerbs, zwischen 1830 und 1834 errichtet. Der Quai wird zwischen 1833 und 1838 gebaut. Die Initianten erreichen übrigens 1834, daß ihre Gesellschaft als gemeinnützig anerkannt wird. Armand Brulhart verweist auf die drei Leistungskriterien der Société des Bergues, nämlich die maximale Ausnützung des zur Verfügung stehenden Terrains, die bestmögliche Verkehrserschließung und die Integration des Viertels in die gebaute Umgebung.¹⁰

Die Société des Bergues befaßt sich nur mit dem rechten Ufer. Dufour beabsichtigt aber auch die Umstrukturierung der gegenüberliegenden Seite. Die Kantonsregierung erteilt ihm bereits Ende 1827 den Auftrag, gegenüber dem künftigen Quai des Bergues eine ähnliche Anlage zu entwerfen. Diesen Auftrag nimmt er im März des folgenden Jahres – nun zum Kantonsbaumeister avanciert – an. Zwischen 1829 und 1835 plant und baut Dufour den Grand Quai (heute: Quai Général Guisan), der wegen seiner kommerziellen Ausrichtung wesentlich breiter ist als der Quai des Bergues. Es gelingt Dufour sogar, die Hauseigentümer von der Notwendigkeit einer Umgestaltung ihrer Straßenfassaden zu überzeugen: im für Ladengeschäfte reservierten Ergeschoß werden Rundbögen vorgesehen, so daß das Gesamterscheinungsbild im Bereich der Seemündung einigermaßen einheitlich erscheint.¹¹ (Eine derartige Maßnahme zu treffen ist vermutlich schon

Genf, Grand Quai (Jean DuBois, ca. 1834)

Genf, Quai des Bergues (1991), im Vordergrund Hôtel des Bergues (nach der Aufstockung 1917). Foto: André Corboz

Genf, Pont des Bergues und asymmetrische Hängebrücke zur Insel (Alexandre Faizan, ca. 1840)

deshalb nötig geworden, weil sonst die Bewohner auf der linken Seite die schöne Aussicht, jene aber auf der „guten" nur die „schlechte" Aussicht hätten genießen können.) Zu der Zeit ist es ohne weiteres möglich gewesen, daß ein hoher Beamter Projekte leitete und gleichzeitig als Privatmann an dazu im Widerspruch stehenden Operationen teilnahm: Dufour sitzt sowohl im Direktorium der Société des Bergues als auch in jener öffentlichen Kommission, die das Bergues-Projekt diskutiert und verabschiedet.

Damit sind wir keineswegs am Ende der Schilderung des Bergues-Projekts, denn dieses umfaßt auch eine neue Brücke zwischen den beiden Quais. Bis zu dem Zeitpunkt gibt es nämlich in Genf nur eine Brücke, den Pont de l'Ile, der den Fluß über die Rhône-Insel mit zweimal zwei Brücken überwindet. Ab 1828 arbeitet Dufour an verschiedenen Lösungen[12] und konstruiert schließlich eine Hängebrücke ganz neuer Art, die 1834 eröffnet wird. Erstmals wird hier eine Brücke durch Ketten getragen, die *unter* der Fahrbahn verlaufen, denn die bis dahin gängigen Hängekonstruktionen hätten große Steintore erfordert, die im urbanen Kontext als ungeeignet erachtet wurden. Daher ist Dufour gezwungen gewesen, nach neuen Spannungskonzepten zu suchen, die er zum Teil bei zeitgenössischen englischen Brückenbauten gefunden hat.[13] Die Brücke verläuft übrigens nicht geradlinig; sie war über Jahrzehnte durch eine weitere, asymmetrisch gebaute Hängebrücke mit der sich mitten in der Seemündung befindenden Bastion aus dem 16. Jahrhundert, der sogenannten Ile des Barques (Kahninsel), verbunden gewesen – nach Tom Peters wohl die erste Hängebrücke dieser Art überhaupt.[14]

Die bislang angeführten Eingriffe weisen eine erstaunliche Folge einzigartiger technischer Leistungen auf. Obwohl sie alle als Teilmaßnahmen von quasi-technokratischer, aber zweckorientierter neutraler Natur und zugleich als ästhetisch-patriotische Forderungen vorgestellt werden, schließen sie weitgehende Folgen für die Stadt mit ein. Um für die Quais Platz zu schaffen, müssen bestimmte bisherige Nutzungen verlegt werden: Die Fischereieinrichtungen werden stromabwärts, die Holz- und Warenhafenplätze stromaufwärts verschoben. Darüber hinaus werden die alten Häfen von Fusterie und Molard zugeschüttet, Baggerarbeiten zugunsten der Schiffahrt ausgeführt, ein Kanalisationssystem gegraben – alles von Dufour entworfene, kalkulierte, koordinierte und geleitete Unternehmungen. Bislang war die Stadt mit ihren Hintergebäuden über die Ufer hinaus ins Wasser gebaut worden. Jetzt sollten alle auf den neuen Quais spazieren und die schöne Aussicht genießen können.[15] Die Quais werden nach 1835 beidseits des Flusses nach Westen verlängert.[16] Dadurch hätte der Eindruck

Genf, Hôtel de l'Ecu mit Aussicht des Hôtel des Bergues (anonym)

Genf, Bachofener Stadtplan mit den hervorgehobenen Hôtels des Bergues und de l'Ecu

entstehen können, Genf kehre endlich nicht mehr dem Wasser den Rücken zu, sondern öffne sich der „Natur". Das Gegenteil ist jedoch der Fall. Bevor die Quais angelegt wurden, stand die Stadt in einem engeren Zusammenhang mit dem Fluß, weil die Bauten und Häfen durch das dort angesiedelte Gewerbe eine aktive Beziehung zum Wasser voraussetzten. Diese Beziehung ist durch den Bau der Promenaden unterbrochen worden. Die neuen Geschäftsräume an den Quais und die Bewohner des Bergues-Quartiers haben mit dem Fluß kaum mehr etwas zu tun, so daß die Quaimauer eine wirkliche Trennung, ja einen eigentlichen Bruch bildet. Die Wasserfläche wird zu einer Art Schauspiel für die Passanten. Die neuen, langen und regelmäßigen Fassaden ließen sich auch als ein bandförmiges Belvedere auffassen.

Diese Maßnahmen werden aber nicht nur für die lokale Bevölkerung getroffen, sondern ebenso für die Touristen, vor allem für jene, die mit der „Guillaume Tell" oder der „Winkelried" (1824), der „Léman" (1826) oder der „Helvétie" (1840) in Genf ankommen und diesen einmaligen Anlaß benutzen, die Stadt betreten zu können, ohne durch Stadttore fahren zu müssen.[17] Durch die Dampfschiffahrt wird Genf praktisch zu einer offenen Stadt, dies erst recht, nachdem die Bastion der Kahninsel durch die Errichtung des Rousseau-Denkmals entmilitarisiert worden ist. Unter den zahlreichen Ausländern, die nach Genf reisen, sind es vor allem die englischen Touristen, die „La Nouvelle Héloïse" oder „Die Alpen" gelesen haben, also nicht Calvins, sondern Rousseaus, teilweise vielleicht auch Horace-Bénédict de Saussure wegen kommen. Als Absteige dient ihnen selbstverständlich das Hôtel des Bergues, aus dessen Fenstern wenigstens während ein paar Tagen im Jahr das Mont-Blanc-Massiv bestaunt werden kann. In der Hotelwerbung wird dies immer wieder herausgestrichen[18], aber auch in der städtischen Ikonographie steht dieser Aspekt deutlich im Vordergrund.

1840 lassen sich zwei technische Neuerungen dem Gesamtprojekt hinzufügen: Eine neue hydraulische Anlage, die die ganze Stadt mit Trinkwasser versorgen soll, wird am Seeende auf der Rhôneinsel erstellt und ein Steg zwischen der Place Chevelu und der Petite-Fusterie errichtet, der zusammen mit den Quais und dem Pont des Bergues über dem Wasser ein Pentagon bildet.

Aus der Verwirklichung des Bergues-Projekts ergibt sich eine ganze Reihe von Konsequenzen. Verschiedene, seit Jahrhunderten hier angesiedelte Betriebe müssen weichen und an anderer Stelle neu aufgebaut werden. Die ersten Quaianlagen werden allmählich verlängert, bis sie sich dem Fluß ent-

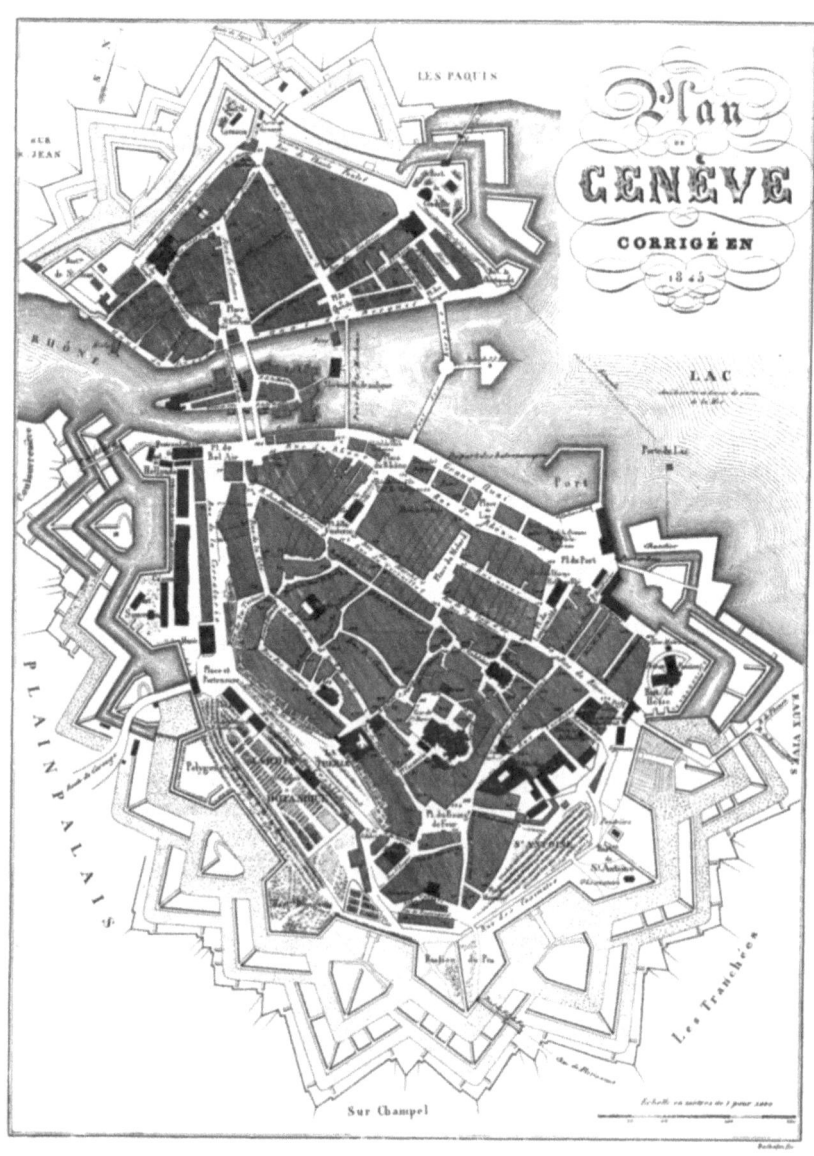

Genf, korrigierter Plan von 1845 (Plan de Genève corrigé en 1845),
Johann Heinrich Bachofen

lang durch die ganze Stadt hindurch erstrecken, nach der Schleifung der Befestigung auch beidseits des Seeufers; die von Dufour und Vaucher für das Bergues-Quartier entworfenen normierten Haustypen dienen später als Muster für die weitere Quaibebauung und teilweise für die neuen Ringquartiere. Mit dem Bergues-Unternehmen treten erstmals in Genf die Mechanismen der Bodenrendite in Erscheinung, die für alle weiteren Überbauungen als musterhaft angesehen und nachgeahmt werden. Um dem rasch zunehmenden Fremdenverkehr entgegenzukommen, werden spezielle Einrichtungen geschaffen, wodurch sich neue Marktmöglichkeiten eröffnen, die die durch die verschwundenen Textilmanufakturen entstandenen Lücken füllen und der traditionellen Uhren- und Emailindustrie einen neuen Wirtschaftszweig hinzufügen. Das Bergues-Unternehmen bringt also tatsächlich eine grundlegende Änderung der städtischen Struktur Genfs mit sich, sei es hinsichtlich der Nutzung oder des äußeren Erscheinungsbildes. Nach zehn Jahren ist die Stadt nicht wiederzuerkennen.[19]
Bei dieser Schilderung fehlt noch ein letztes Element, das dem Gesamtbild seine Bedeutung verleiht. Es befindet sich wie vorbestimmt an einer der Spitzen des Pentagons. Dank eines genialen Einfalls wird aus der Kahn- die Rousseau-Insel. Wem diese Idee zuzuschreiben und wann sie lanciert worden ist, ist bis heute leider ungeklärt geblieben. Am 14. Juli 1828, ein Jahr nach dem Abbruch des mutmaßlichen Geburtshauses von Jean-Jacques Rousseau und ein Jahrzehnt nach der Entfernung der 1794 eingeweihten Büste des Philosophen im Jardin des Bastions, wird die Genfer Bevölkerung von Marc-Antoine Fazy-Pasteur, James Fazys (liberalem) Cousin, zur Errichtung des Rousseau-Denkmals aufgerufen. Mit einem ausführlichen Werbeprospekt, der einem politischen Glaubensbekenntnis gleichkommt, ruft ein elfköpfiges Komitee zu Geldspenden auf. In diesem Prospekt ist zu lesen, daß „der Tag der Gerechtigkeit naht" und Rousseau in seiner Heimat endlich die ihm gebührende Ehre erwiesen werden müsse. Unter den Komiteemitgliedern finden sich auch drei Bergues-Aktionäre, darunter Dufour.[20]
Erst nach 1830 reift die Idee, daß die Ile des Barques für das Denkmal der geeignete Standort wäre[21], weil sie „in der Nähe des Quartiers liegt, in welchem [Rousseau] geboren wurde und gegenüber [sic!] der Straße, die [allerdings erst seit 1828!] seinen Namen trägt"[22]. Der isolierte Ort weist überdies große Ähnlichkeit mit der Pappelinsel von Ermenonville auf, wo sich die Rousseau-Grabstätte befindet – man hat deshalb auf der Kahninsel ebenfalls Pappeln gepflanzt, um den romantischen Aspekt der Anlage hervorzuheben.

Auferstehung Rousseaus (Christian Gottlob Geissler, 1794)

Genf, Rousseau-Denkmal auf der Rousseau-Insel (James Pradier, 1834). Foto: André Corboz

Auferstehung Rousseaus (Pernette Dufour, Stickerei, 1803)

Brulhart macht auf eine von Dufours Mutter 1803 angefertigte Stickerei aufmerksam, die die Auferstehung Rousseaus in Ermenonville darstellt[23] und auf die enge Verknüpfung von Guillaume-Henris Kindheit und Jugend mit Rousseau und dem damals betriebenen Rousseau-Kult hinweist. Nach Brulhart muß dem Kantonsingenieur die Wahl des Standorts für das Denkmal und die Umbenennung der Insel zugeschrieben werden. Diese Hypothese ist durchaus glaubwürdig; es wäre jedoch wichtig zu wissen, ob die anderen Protagonisten nicht auch nach denselben Idealen erzogen worden waren. Immerhin geht das Motiv der Stickerei auf einen kolorierten Stich des in Genf lebenden Christian Gottlieb Geissler zurück, der um 1794 veröffentlicht worden ist.[24]
Der in Paris tätige Genfer Bildhauer James Pradier erhält 1830 den Auftrag für das Denkmal, das am 25. Februar 1835 feierlich eingeweiht werden kann.[25] Die Statue, die heute auf den See hinausblickt, schaute ursprünglich flußabwärts.[26] Dieses letzte Faktum macht deutlich, daß die Errichtung des Rousseau-Denkmals nicht als ein isolierter, zufälligerweise im selben Bereich stattfindender Eingriff zu sehen ist, sondern eher als Schlußstein des gesamten Bergues-Unternehmens. In das aufgeschlagene Buch, das Rousseau in der Hand hält, scheint der Philosoph eben den Satz aus *Emile* geschrieben zu haben: „Si la vie et la mort de Socrate sont d'un sage, la vie et la mort de Jésus sont d'un Dieu."[27] Die Insel, inmitten des renovierten Stadtgebietes gelegen, wird noch im ausgehenden 19. Jahrhundert als „orgueil de la cité", als Stolz der Stadt Genf angesehen.[28]

Die politischen Hintergründe

Ausgangspunkt unserer Schilderung war ein beschränkter Eingriff mit dem Ziel, einige Wohnhäuser in einem bis dahin vernachlässigten Stadtteil zu bauen. Am Ende finden wir jedoch eine vollständig neugebaute Front, die den See im Bereich des Rhôneausflusses einrahmt. Es scheint eine Genfer Gepflogenheit zu sein, auf dem Gebiet des Städtebaus[29] alles durch Teilmaßnahmen zu lösen, denn von einer Gesamtplanung kann zu keinem Zeitpunkt die Rede sein. Es fehlen theoretische Überlegungen, die zur Errichtung eines sogenannten Leitbildes führen könnten. Dies würde bedeuten, daß man entweder tatsächlich ohne jegliches Konzept von Fall zu Fall neu plante, oder aber, daß gewisse Protagonisten zwar eine längerfristige Vorstellung der gewünschten Änderungen hatten, diese jedoch nicht publik machten.

Immerhin scheint klar zu sein, daß es sich nicht einfach darum handeln konnte, ein zum Teil unerfreuliches Stadtbild zu korrigieren, sondern vielmehr darum, für Genf ein neues Zentrum zu schaffen. Und genau so ist es denn auch aufgefaßt worden, wie die oben erwähnten Reaktionen der Jubiläumsbesucher des Jahres 1835 deutlich machen. Das neue Stadtzentrum ist eine Wasserfläche, die überraschenderweise aus einem Bruch entstanden ist, welcher den Stadtraum umzukehren scheint. Dieses Zentrum ist naheliegenderweise leer, kann von niemandem in Besitz genommen werden und bildet somit einen idealen Raum. Angesichts dieser Gegebenheiten kommt dem Pont des Bergues neben dessen bescheidener verkehrstechnischer Aufgabe insbesondere die Bedeutung zu, eine eindeutige Begrenzung des Stadtgebietes gegen den See hin zu markieren: Die Brücke ist vor allem für Fußgänger gedacht. Nach der Errichtung des vor der hydraulischen Anlage vorbeiführenden Stegs ist es sogar möglich, um diese Art Temenos herumzugehen.

Eine neue, keinesfalls nur auf touristische Aspekte reduzierbare Stadtikonographie scheint diesem Zentrum einen Aufschwung gebracht zu haben: Genf ist nunmehr durch diese Umgestaltung gekennzeichnet. Vor dem 19. Jahrhundert hat kaum eine lokale ikonographische Tradition bestanden. Erst ziemlich spät gewinnen Straßen- und Platzansichten gegenüber den Gesamtansichten an Bedeutung.[30] Ab etwa 1835 erscheinen vermehrt Ansichten des neuen Zentrums, die meist mittels Perspektivtricks die in der Ferne liegenden erhabenen Schneeberge näherrücken und als Symbol der Modernität ein Dampfschiff in den Vordergrund stellen.

Daß in der Zeit der Ausgestaltung des „Pentagons" keine rein politischen Argumente vorgebracht worden sind, macht die Umsicht der Initianten, die als Gegner der Restauration einzustufen sind, deutlich. Ob das neue Zentrum das alte ersetzen und/oder verdoppeln sollte, scheint wahrscheinlich zu Beginn nicht klar gewesen zu sein. Wenn man sich jedoch vergegenwärtigt, wo die Akzente *vor* der Revolution und *nach* der Errichtung des Rousseau-Denkmals liegen, dann werden die möglichen Absichten besser verständlich. Bis dahin ist die obere Stadt, die Kathedrale, das Rathaus und nicht zuletzt der Kranz der aristokratischen *hôtels particuliers*, die „akropolartig" den Domhügel umstehen, dominierend gewesen. Am Fluß liegt die untere Stadt mit den Rues Basses auf dem linken und dem turbulenten Saint-Gervais-Quartier auf dem rechten Rhôneufer. Hier wohnt das „Volk". Die ziemlich aufmüpfigen *représentants, natifs und habitants* hatten im 18. Jahrhundert die politische Lage der Republik genutzt, um in zahlreichen Aufruhren, Tumulten und Krawallen ihre Rechte zurückzuge-

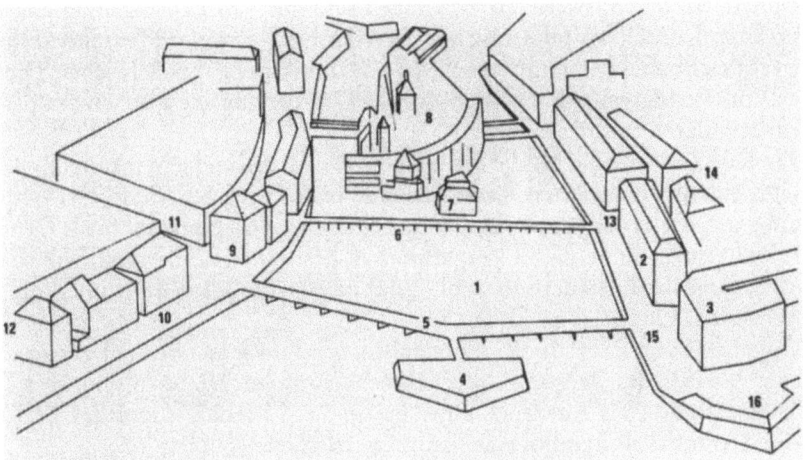

1 Der "Wasser-Temenos"
2 Baublock der Société des Bergues
3 Hôtel des Bergues
4 Rousseau-Insel
5 Pont des Bergues
6 Pont de la Machine
7 Machine hydraulique
8 L'Ile
9 Hôtel de l'Ecu
10 Grand Quai
11 Place de la Fusterie
12 Place du Molard
13 Place Chevelu
14 Rue Rousseau
15 Quai des Bergues
16 Bastion de Chantepoulet

Genf, Stadtmodell von Magnin, Ausschnitt: das Gebiet des Bergues-Unternehmens

winnen, beziehungsweise zu erzwingen und die – in Ermangelung einer Art amerikanischer Verfassung oder von der Erklärung der Menschenrechte vergleichbaren Bestimmungen – Rousseau auf ihre Fahne schrieben. Dieses Volk verfügte nun über einen eigenen Ort, der genau zwischen den beiden populären Stadtteilen liegt.
Das neue Zentrum hat für die Stadt eine Art ausstrahlender Wirkung. Es bereitet einen privilegierten Raum für eine erstrebte gesellschaftliche Ordnung vor, die es damals noch nicht gegeben hat. Das Herz der Stadt Genf ist nicht mehr durch deren Vergangenheit bestimmt, für die nach wie vor das Regime der Restauration steht – jetzt ist es in der Mitte der vom „Volk" bewohnten Quartiere zu finden.
Ausgehend von Fazys Investitionspolitik wird im folgenden auf verschiedene Aspekte des Bergues-Unternehmens zurückzukommen sein, so auf die Architektur als Ausdruck einer bestimmten Ideologie und das Rousseau-Denkmal als Symbol einer künftigen Sozietät.

Zum einen ist unbestreitbar, daß wirtschaftliche Erwägungen die wirklichen Auslöser der Umstrukturierung waren. Statt im Ausland zu spekulieren, ist es nach James Fazy[31] vernünftiger, das Geld in lokale Bauunternehmen zu investieren. Nach gerade überwundenen Schwierigkeiten in der familieneigenen Manufaktur will er sein Vermögen nicht in den industriellen Aufbau stecken, sondern die situationsbedingte Rendite seines Besitzes risikolos nutzen. Sein Cousin Fazy-Pasteur hatte 1821 in einer Broschüre geschrieben: „Si vous voulez exciter le rire inextinguible, proposez à nos capitalistes de s'intéresser dans une entreprise industrielle […]."[32] Die parasitäre Bodenrendite, die James Fazy abschöpfen will, ist somit wohl soziologisch bedingt. Und tatsächlich wird sich die Stadt bis weit in die zweite Hälfte des Jahrhunderts hinein ohne moderne Industrie entwickeln, denn die Genfer hatten vor der Unsicherheit ebenso Angst wie vor der „gefährlichen Klasse". Schließlich steht im bronzenen Buch des Rousseau-Denkmals auch nicht der erste Satz des II. Teils des „Discours sur l'origine et les fondements de l'inégalité", nämlich „Le premier qui, ayant enclos un terrain, s'avisa de dire, ‚ceci est à moi', et trouva des gens assez simples pour le croire, fut le vrai fondateur de la société civile."[33]
Der von der Société des Bergues betriebene Städtebau stützt sich auf die Privatinitiative, die den Staat entsprechend der heuchlerischen Doktrin des Liberalismus als Mittel zum Zweck betrachtet. Die verhaßte Regierung trägt das ihre dazu bei – wahrscheinlich ohne begriffen zu haben, was aus dem Projekt mittel- oder langfristig noch entstehen könnte. Erleichtert wird al-

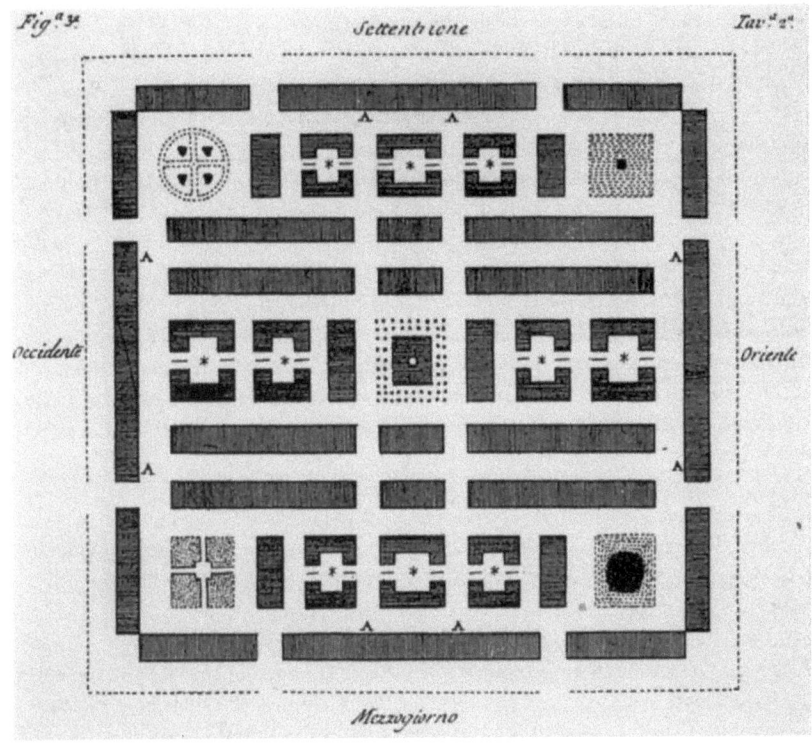

Plan einer neuen Stadt für einen ebenen Raum (Pianta di una nuova città, per uno spazio piano), Vincenzo Marulli, 1808

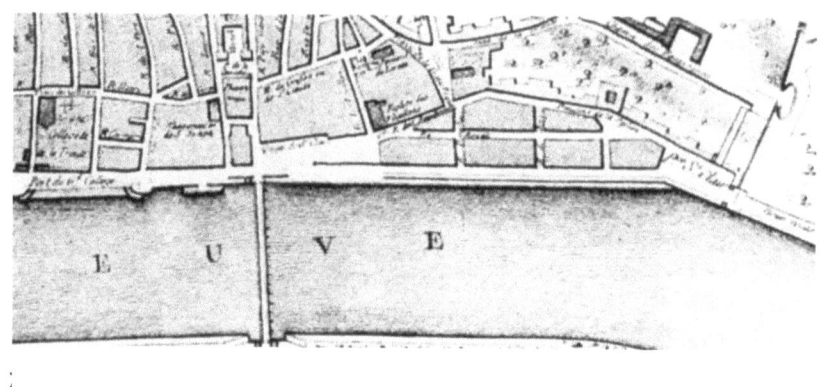

Besançon, Qaui Vauban, Ende des 17. Jahrhunderts

les dadurch, daß dieselben Personen verschiedene Ämter bekleiden und dieselben Interessen vertreten.

Dieser Städtebau präsentiert sich denn auch in einer Architektur, die ganz spezifische Züge aufweist. Der Baublock am Quai des Bergues hat in Genf Vorläufer, beispielsweise an der Corraterie (Vaucher, 1827), an der Rue Beauregard (Matthey, 1774) oder sogar schon im Stadterweiterungsprojekt von Micheli du Crest von 1730.[34] Es ist auch schon darauf hingewiesen worden, daß das Bergues-Unternehmen große Ähnlichkeit mit demjenigen des Quartiers Saint-Clair hat, das Germain Soufflot 1745 entworfen und ab 1754 in Lyon ausgeführt hat.[35] Weitere Beispiele ließen sich anführen, so der Quai Vauban in Besançon, dessen beide, mit runden Bögen und Mezzanins versehenen, sehr langen Häuserzeilen Anfang des 18. oder bereits Ende des 17. Jahrhunderts gebaut worden sind, oder die parallelen Zeilen der Addizione Lambertina in Senigallia aus der Mitte des 18. Jahrhundertes.[36] Dufour schlägt 1843 eine Stadterweiterung Genfs an den Tranchées, den ehemaligen Stadtgräben, vor, die ausschließlich aus solchen Zeilen bestehen soll.[37] Dieser Städtebau, dessen Gestalt auf nebeneinanderliegenden quaderförmigen Bauvolumen aufbaut, ist bis dahin noch nicht untersucht worden. Es ist aber unbestritten, daß die Genfer Lösung zu der Zeit unzweifelhaft Aktualität besessen hat. Auf theoretischer Ebene bestärkt das Traktat von Vincenzo Marulli, *Su l'architettura e su la nettezza delle città* (Florenz, 1808) diese Meinung. Den darin aufgeführten Stadtvorschlägen kann eine gewisse Ähnlichkeit zur Morphologie und Typologie der Gebäude, die nach der Jahrhundertmitte am Genfer Ring errichtet werden, nicht abgesprochen werden. Dieser Städtebau, der auf der Addition identischer Bauten beruht, ist von Isomorphismus und Raumhomogenität gekennzeichnet: Die Reihen der *staccato* angeordneten Quader sind nicht hierarchisiert, sondern folgen dem Gleichheitsprinzip.[38] Die minimalisierte Architektur entspricht nicht nur den üblichen Programmen, sondern auch den neuen Nutzungen: Hotel, Gefängnis, hydraulische Anlage. Die Wohnung, die hygienischen Anforderungen entsprechend organisiert wird, bleibt aber das wichtigste Anliegen.

Das Quartier auf dem rechten Ufer ist bislang nur von Arbeitern bewohnt gewesen. Die Société des Bergues baut dort aber bürgerliche Häuser, was eine Änderung der Bewohnerstruktur im Quartier zur Folge hat. Die Gesellschaft orientiert sich selektiv an Praktiken aus dem 19. Jahrhundert, die zunächst in London und später in Paris vorherrschten: Das Stadtzentrum soll einer soliden Bürgerschaft vorbehalten sein. Das Gleichheitsprinzip ist also restriktiv zu verstehen.

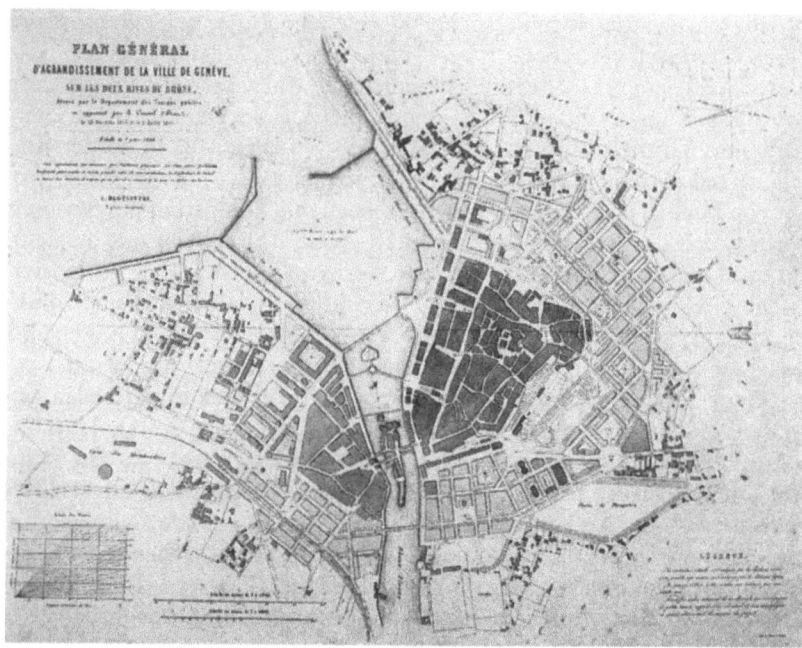
Der Genfer Ring, der nach 1850 den barocken Befestigungsgürtel ersetzte (Leopold Blotnitzki, Département des Trauvaux Publiques, Genf 1855)

Der neue Stadtraum, der im ausgehenden 18. Jahrhundert von der Newtonschen Raumkonzeption abgeleitet worden ist[39], weist in seiner Durchsichtigkeit und Offenheit „utopiane"[40] Züge auf. Mit dem Ersatz des spätmittelalterlichen Stadtgewebes, das aus vermeintlich untypisierten, mit ihren Anbauten „verklumpten" Bauten bestanden hat, wird das erste Kriterium, die Durchsichtigkeit, erfüllt. Mit der Räumung der Wasserfläche nach der Neubestimmung der Uferbereiche wird auch das Kriterium der Öffnung bestätigt und damit der Blick in die Weite der Seelandschaft möglich. Die künftige Stadt soll geistig vollständig erfaßbar sein.
In dieser ersten Phase werden die übrigen Stadtteile nur am Rande tangiert. Die Überbauung der durch die Schleifung frei gewordenen staatseigenen Terrains ist eine erste Möglichkeit, das Muster entlang des Genfer Rings auszudehnen. Bei der nachfolgenden Haussmannisierung der Rues Basses, die bis nach dem Ersten Weltkrieg dauert, wird dieses Muster jedoch nicht mehr streng angewandt. Man könnte aber den sogenannten Plan Braillard (1931) als eine letzte, durch den CIAM-Rationalismus geläuterte Wiederaufnahme desselben Gedankens betrachten.
Technische Neuerungen, wirtschaftliche Bodenbeherrschung, zeitgemäße Raumvorstellungen sind bisher angesprochen worden. Was noch fehlt, ist der grundlegende Faktor einer entsprechenden politischen Ordnung. Die Genfer Restaurationsregierung bejaht die Umgestaltung der Stadtmitte, läßt die Ehrung Rousseaus geschehen und erkennt wahrscheinlich nicht, daß sie dadurch ihren eigenen Untergang vorbereitet. Aus heutiger Sicht ist freilich klar, daß ein Weiterbestehen dieses Regimes mit der die Umgestaltung voraussetzenden Ideologie unvereinbar gewesen wäre.
Die politischen Elemente, die im eigentlichen Bergues-Unternehmen nur mittelbar zum Tragen kommen, lassen sich in den Umständen, die zur Errichtung des Rousseau-Denkmals führen, viel klarer erkennen. Drei Hauptaspekte sind dabei zu unterscheiden: die Bedeutung der Rousseau-Veranstaltungen hinsichtlich des Calvinismus, der Restaurationsregierung und Rousseaus selbst.
Es mag Zufall oder Absicht sein, daß die Statue kurz vor der Dreihundertjahrfeier der Reformation eingeweiht wird. Die Protestanten, die aus aller Welt in der Calvinstadt zusammengeströmt sind, müssen sich fragen, was denn dieser unglaubliche Rousseau-Kult auf der Rhôneinsel zu bedeuten hat.[41] Die Initianten sind sich durchaus bewußt, daß zwischen den Ideen von Jean-Jacques insbesondere der *Profession de foi du Vicaire savoyard* und dem Calvinismus – geschweige denn dem Katholizismus – gewisse, nicht unwesentliche Unterschiede bestehen. Trotz ihrer calvinistischen Ab-

stammung vertreten sie die Meinung, daß der berühmte Genfer „zelebriert" werden müsse. Der Wandel der religiösen Empfindung hin zum liberalen Protestantismus, der kaum mehr als ein Gefühlswandel sein kann, hat in breiten Schichten eingesetzt. Was im Buch der Statue geschrieben steht, ist jedenfalls als deistische Erklärung zu lesen. Der presbyterianische Pfarrer Malan, der als erbitterter Gegner des Denkmalprojekts aufgetreten ist, reagiert teils mit theologischen, teils mit sozialen Argumenten.⁴² Beide Gruppen reden jedoch aneinander vorbei. Wer schließlich siegt, ist die „falsche Weise" (so Malan) – weniger über den Calvinismus, als vielmehr über die Nachwirkungen des Ancien Régime, das ihn verfolgt hatte.
Die Statue hat jedoch nicht einfach nur Gedenkcharakter, sondern vor allem deklarativen Charakter. Die Einweihungszeremonie vom 24. Februar 1835 hat denn auch nicht zum Inhalt, die Auferstehung Rousseaus zu feiern, wie dies die Stickerei von Dufours Mutter tat. Sie soll vielmehr das Wiederaufleben eines schon erfolgreich benützten Symbols bestätigen, das gleichzeitig Ablehnung der Vergangenheit und Wille zu einer hoffnungsvollen und gerechten Zukunft verkörpert. Sie kann also nur als Bekundung verstanden werden, eine neue Gesellschaft zu schaffen. Im übrigen verläuft sie nach dem Muster revolutionärer Veranstaltungen, streicht verschiedene Errungenschaften heraus, ruft zu Einheit und Gleichheit auf und erreicht so die Sakralisierung eines ansonsten kaum zur Gedenkstätte gewordenen Ortes. „La plus grande partie de la population était sur pied pour l'inauguration de la statue de J.-J. Rousseau. De bonne heure, le nouveau quai du Rhône, le pont des Bergues et le bastion de Chantepoulet, où la foule s'élevait en amphithéâtre, étaient couverts de monde. Toutes les croisées des belles maisons de ces quartiers étaient garnies de dames [...]. L'île était ornée avec un goût infini, les feuillages et les fleurs s'entrelaçaient en guirlandes heureusement disposées. La statue était recouverte d'un voile vert semé d'étoiles d'or, là se trouvaient réunis les membres du comité de souscription, James Pradier, des officiers et sous-officiers de la milice, toutes les personnes faisant partie des corps d'élite de la nation, qui avaient voulu assister à cette fête. A deux heures, au sein des détonations de l'artillerie et au bruit [sic] d'une excellente musique, le voile a été enlevé [...]. Alors Fazy-Pasteur prononça un discours [...]."
Am Abend folgt dann ein Volksfest: „Des feux d'artifices partaient de l'île et des bateaux à vapeur; des pétards, des cris de joie éclataient au milieu d'une foule pressée [...] le tout sans le moindre tumulte, sans le plus léger froissement [...]." Und weiter: „Les trois partis rétrogrades de Genève ont eu chacun leur mot dans cette circonstance; les méthodistes ont prétendu

que c'etait une profanation; les catholiques fanatiques ont dit qu'on élevait le veau d'or, et les doctrinaires [lies: Calvinisten, ebenfalls fanatisch] ont assuré que Rousseau n'était pas un homme extraordinaire."⁴³

Der Berichterstatter will den Eindruck vermitteln, daß mit wenigen Ausnahmen ganz Genf der Einweihung beigewohnt habe. Die Feierlichkeiten hätten also implizit die *volonté générale* widergespiegelt, hätten somit laut Rousseau die Voraussetzungen zur Demokratie erfüllt. Die Bevölkerung ist, beinah wie in einem Amphitheater, rings um die Insel versammelt, die hier zum ersten Mal die Funktion eines Stadtnabels übernimmt – ein Charakteristikum, das Mona Ozouf für eine derartige Veranstaltung als besonders typisch ansieht.⁴⁴ Nur so ist die gemeinsame Aneignung des nassen Temenos, des neuen Zentrums, möglich – ein weiterer typischer Zug, bei dem sich der Fluß als ideale Stätte für ein Volksfest herausstellt.⁴⁵ Zudem liegt der Ort im Freien „unter der Himmelskuppel", und so „zaubert die Feier die Stadt hinweg"⁴⁶, weil auf dem eigentlichen Schauplatz nur mehr die Ergebnisse der beschränkten Umgestaltung, nicht aber die restliche Stadt sichtbar ist. Hier überragen „die Elemente der ‚utopianen' Stadt, nämlich gerade Linien, Lesbarkeit, Symmetrie, Transparenz, mit ihrer spontanen Auswirkung: die Gegenseitigkeit der Herzen"⁴⁷ – wenigstens während des Festes –, weil „jede Streitigkeit aus einer richtig geplanten ‚utopianen' Stadt verschwindet"⁴⁸. Es ist, als ob der Stadtkern nicht mehr aus der Akropole bestünde, sondern sich auf der lange vergessenen, im ehemaligen Festungskranz liegenden, von einer spiegelnden Wasserfläche umgebenden Insel befände.

Daß die Feier nicht nur das „Volk" herbeigelockt hat, beweisen die Präsenz von Offizieren und Unteroffizieren und – vor allem – der Einsatz der Artillerie. Gerade dieser letzte Punkt zeugt von einem sehr wichtigen Zugeständnis der Regierung, die sich noch wenige Jahre zuvor gegen ein Rousseau-Denkmal ausgesprochen hatte, weil „les citoyens [lui] ont élevé un monument dans leur cœur"⁴⁹. Die Veranstalter hoffen zweifellos, daß die Bürger Rousseau nicht nur ihre Herzen, sondern auch ihre Köpfe öffnen würden, und inszenieren diesen feierlichen Akt, der fast ganz Genf zu mobilisieren vermochte, als Mahnung und Zeichen einer politischen Wende. Die Bemerkung, daß der ganze Tag ohne jeden Zwischenfall verlaufen sei, kann als gutes Omen für die angestrebte Gleichheit verstanden werden: Wo keine sozialen Spannungen herrschen, ist die Gleichheit nahe. Um dies zu belegen, wäre es unbedingt nötig, die erhalten gebliebenen Dokumente zu analysieren, auch wenn sich aus der schlichten Beschreibung des Journa-

listen eine derartige Tendenz heraushören läßt. Daß mit dem Rousseau-Fest der Aufbruch in eine neue Zeit markiert werden sollte, beweist die Tatsache, daß das Fest jedes Jahr am Geburtstag des Philosophen (28. Juni) wiederholt wurde – bis 1846, dem Jahr der radikalen Revolution von James Fazy, die der Restauration ein Ende setzte.[50] Bis zu diesem Bruch schien es geboten, im politischen Bestreben nach Übereinstimmung zwischen Regierten und Regierenden, das Fest durch Wiederholung bis zum Gemeinplatz werden zu lassen. Der Sprung von der Utopie in die Geschichte vollzieht sich 1846. Danach wird das Fest bis zu einem noch nicht restlos geklärten Zeitpunkt an einem anderen Ort abgehalten.
Zur Verlegung des Festortes haben wahrscheinlich ein Ereignis und tiefgreifende Meinungsverschiedenheiten beigetragen. Die Genfer Konstituante von 1841, danach die Kantonsverfassung von 1842, hatten das Ancien Régime durch die Anerkennung der Volkssouveränität entmachtet, ohne jedoch daraus die rechtlichen Konsequenzen zu ziehen. Eine effektive, politisch begründete Vertretung des ganzen Volkes besteht nicht. Die Schaffung einer den Vorstellungen Rousseaus entsprechenden Gesellschaft wird dadurch verhindert, daß die ehemals gegen die Restauration verbündeten Liberalen und Radikalen ihre Vorstellungen nicht in Übereinstimmung bringen können und somit zu Gegenspielern werden[51]: Für die Radikalen ist das Gleichheitsprinzip, das die Homogenität der Sozietät gewährleisten soll, grundlegend, die Liberalen hingegen legen mehr Gewicht auf das den Individualismus fördernde Freiheitsprinzip.
Diese widersprüchliche Deutung der Demokratie erklärt, weshalb die mit der Rousseau-Ehrung verbundenen Absichten von Anbeginn auseinanderdriften: Jean-Jacques Rousseau selbst liefert Stoff sowohl für die Verfechter des Kommunismus als auch des Bürgertums, von Idylle und von Terror. Es drängt sich deshalb die Frage auf, welcher Rousseau letztlich geehrt wurde, jener, der schreibt, das Individuum sei nichts, der Staat hingegen alles, oder jener, der eine gerechte politische und soziale Ordnung fordert, die Individuum und Gesellschaft gegen die Willkür der Machthaber schützt und zugleich die Schwächsten unterstützt? Oder jener, der das Eigentum als Übel anprangert oder dieses gerecht verteilen will, ja sogar die Meinung vertritt, daß es zuweilen wichtiger als die Freiheit sei? Oder aber der Autor des *Contrat social* oder der Vertreter der *Profession de foi*? Geschickt läßt die Zeremonie des 24. Februar 1835 diese Frage offen und versucht, die Rousseau-Vorstellungen mit vagen, jedoch starken Gefühlen zu befrachten. Das Ergebnis ist eine Art profaner Vergöttlichung, was die Analyse des Zeitungsberichts bestätigt. Die Art und Weise der Bildverhül-

lung ist weder zufällig noch völlig absichtslos[52], denn darunter verbirgt sich die Statue eines Grand Homme, eines sozio-religiösen Propheten. Die Hülle verdeckt eine Nachbildung, die sozusagen geoffenbart werden muß, ein Akt, der für einen Neubeginn steht. Die Hülle ist grün, spielt damit wohl auf die Natur an, weist zugleich aber auch darauf hin, daß die Gestalt eine erleuchtete, ja sogar geweihte Person darstellt: Die Sterne symbolisieren gleichsam diese himmlische Eigenschaft; sie sind aus Gold und bestätigen daher das überirdische Licht der Weisheit.

Durch diese etwas pompöse Allegorie bemühen sich die Menschen im Zeitalter des Utilitarismus, das außergewöhnliche Wesen des Denkers und geistigen Führers herauszustreichen. Die Blumengirlanden, die Fülle der Blüten und des Laubwerks – Ende Februar! – verknüpfen darüber hinaus das Thema der Wiedergeburt Rousseaus mit dem der politischen Regeneration, die Genf allerdings erst mit der Verfassung von 1842 in die Wege leitet. Schon 1830 hatte die Hälfte der Kantone ihr Grundgesetz im demokratischen Sinne geändert. Es gibt zwischen der schweizerischen Regenerationsbewegung und der moralischen Regeneration im Sinne Rousseaus eine enge Beziehung[53], die zur Schaffung einer neuen Vision der Schweiz beiträgt. Um zu einer patriotischen, gesamtschweizerischen Denkweise zu finden, greift man auf die Natur als Mittel zur geistigen Vereinheitlichung des Landes zurück: Ziel der Verfechter der Regeneration ist nach Hans-Ulrich Jost[54], „den Boden in Bodeneigentum und das Territorium in Heimat umzuwandeln".

Zum Begriff

Einem überholten Verständnis von Städtebau entsprechend müßte hier erwidert werden, daß diese ausführlichen Überlegungen zu Rousseau und seiner Insel kaum etwas mit den Gegebenheiten um die Genfer Ufergestaltung zu tun haben.[55] Daß eine Geschichte des Städtebaus bedeutungslos wäre, wenn zwar die Phänomene, nicht aber deren Bedeutung untersucht würden, liegt auf der Hand. Erst dann kann von Geschichte die Rede sein, wenn die einzelnen Bedeutungsfaktoren berücksichtigt werden. Und nur so wird es überhaupt möglich, den hier untersuchten Fall begrifflich zu fassen.

Wir haben vermutet und zu beweisen versucht, daß die zeitlich gestaffelten, getrennt betrachteten und vom rein technisch-ästhetischen Standpunkt aus bewerteten Teilunternehmen (Bergues-Quartier, Quais,

Brücke, Rousseau-Insel), die in weniger als einem Jahrzehnt ausgeführt worden sind, in Wirklichkeit ein Ensemble bilden, ein sogenanntes *grand dessein*. Mit diesem Vorhaben wurden politische Ziele verfolgt. Es ist gezeigt worden, daß es sich dabei auch um den Versuch einer Verlagerung des Stadtzentrums gehandelt hat, der weitgehend gelungen ist. Um die Folge nicht-homogener, jedoch miteinander verbundener und gleich orientierter Eingriffe, Maßnahmen und Absichten auf einen gemeinsamen Nenner bringen zu können, ist es nötig, die „Wiedergründung" als einen in der Städtebaugeschichte bisher nicht verwendeten Begriff einzuführen.
Obwohl „Wiedergründungen" relativ häufig sind, wurde eine solche Kategorie – soweit dem Autor bekannt – seltsamerweise nie geschaffen.[56] Pierre Lavedan hat zwischen gegründeten und gewachsenen Städten, das heißt zwischen ex-novo-Schaffungen und den sogenannten spontan gewachsenen Siedlungen unterschieden. Wenn eine Stadt blüht und sich aufgrund geplanter Etappen ausdehnt, spricht man von einander folgenden Erweiterungen; wenn sie beispielsweise nach einem Erdbeben an einem anderen Ort, jedoch für dieselbe Bevölkerung unter derselben Gesetzgebung wieder aufgebaut wird, ist von Stadtverschiebung die Rede. Von Umstrukturierung hingegen spricht man, wenn ein mehr oder weniger vollständiger Wiederaufbau erfolgt auf der Grundlage eines neuen Stadtplans, wofür das Paris Haussmanns ein mustergültiges Beispiel geworden ist.
Keines dieser Konzepte läßt sich jedoch im Zusammenhang mit den zahllosen Eingriffen anwenden, die nur als beschränkte Änderungen oder Retuschen im Stadtgrundriß spürbar sind: Sie treten oft nur als punktuelle Berichtigungen, Ergänzungen, Reparaturen und Beseitigungen auf, jedoch mit tiefgreifenden Auswirkungen auf die städtebauliche Substanz. Obgleich in ihrem Ausmaß relativ gering, bedingen diese Eingriffe tatsächlich eine Neuverteilung der innerhalb der bestehenden Siedlung als Bedeutungsträger bestehenden Orte, so daß die Stadt nach der Operation als andersartig einzuschätzen ist.
Die Wiedergründung setzt eine erste Gründung oder eine gewachsene Stadt voraus, in welche sie ihre Korrekturen einschreiben kann. Somit schafft die Wiedergründung aus der vorhandenen Siedlung und innerhalb deren Grenzen eine neue Stadt. Sie bezweckt die Modifikation des Stadtzentrums, sei es durch dessen Verlagerung oder Verdoppelung. Verlagerung bedeutet soviel wie Entmachtung der bisherigen Gewalt, während Verdoppelung des Stadtzentrums meist einer Gegenüberstellung von neuer und alter Macht gleichkommt.

Zwei Bedingungen müssen also zur Verwirklichung einer Wiedergründung erfüllt werden: zum einen eine politische, sei es durch einen Machtwechsel oder das Auftauchen einer neuen Macht, die fähig ist, zur herrschenden Macht ein Gegengewicht zu bilden; zum anderen eine städtebauliche, worunter physische Eingriff zu verstehen sind, die infolge der neuen politischen Verhältnisse als Korrekturen in die urbane Struktur eingeschrieben werden.

In Genf setzt sich ein teilweise zum wirtschaftlichen Ansporn initiiertes sozio-politisches Projekt durch, das das Stadtgewebe durch neue Einrichtungen, Versammlungsplätze oder gar einen symbolischen Ort zu prägen versucht. Wenn die Bevölkerung das neue Stadtzentrum aufsucht, so deshalb, weil dieses den bürgerlichen Erwartungen entspricht. Besonders bemerkenswert erscheint aber der antizipatorische Charakter der Wiedergründung Genfs; sie wird lange vor der Machtübernahme durch die Restaurationsgegner in Angriff genommen.

Zur Erarbeitung des Begriffs

Üblicherweise fällt die Wiedergründung mit einer Machtergreifung zusammen oder erfolgt kurz danach. Zürich bietet dafür ein schönes Beispiel. Die abgeänderte Kantonsverfassung von 1831, aufgrund welcher das Zunftsystem aufgelöst wird, kann den politischen Kämpfen zwischen Stadt und Land jedoch kein Ende setzen. Die liberale Bewegung fordert ihrerseits eine Modernisierung in dem Sinne, daß sich Zürich öffnet und den Zugang zu ausländischen Märkten sucht. Sie treibt daher nicht nur die Entwicklung der Volkswirtschaft, die Gründung von Banken und die Industrialisierung voran, sondern in den Jahren 1853-1865 auch den Bau eines ersten Bahnnetzes[57], da sie die Bedeutung der Bahn zur Durchsetzung dieser Forderungen erkannt hat.

Eher als die Zürcher Liberalen sollte man jedoch einen Mann der Tat anführen, der als wahrer Motor der Umwandlung aufgetreten war: Alfred Escher (1819-1882). Mit außerordentlichem Machtwillen gelingt es ihm, Zürich zur führenden Wirtschaftsmetropole der Schweiz zu machen. Escher ist Mitbegründer und Direktionsmitglied der Nordostbahn (1853), des Polytechnikums (heute Eidgenössische Technische Hochschule, 1855), der Schweizerischen Kreditanstalt (1856) und schließlich der Gotthardbahn (1872). Er „bewies eine unübertroffene Meisterschaft im Aufnehmen und Durchsetzen von in der Luft liegenden Ideen"[58]. Daneben ver-

"Malerischer Plan und Ansicht der Stadt Zürich und ihrer Umgebung" von Nordwesten
(J.(?) Siegfried, um 1850)

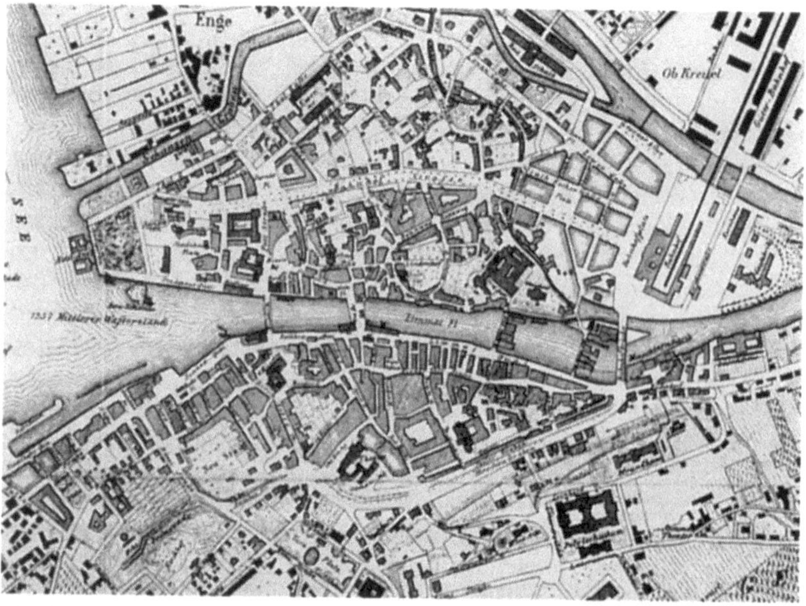

Plan der Stadt Zürich mit Umgebung, Ausschnitt: Bahnhofstrasse als Sackgasse
(Hermann Alexander Berlepsch nach Heinrich Weiss, 1867)

läuft seine politische Laufbahn kometenhaft: 1844-1882 ist er Mitglied des Zürcher Kantonsparlaments, 1845 Tagsatzungsabgeordneter, 1847 Staatsschreiber des Kantons Zürich, 1848-1855 Regierungsrat, 1848 Präsident des Kantonsrats, 1849 Präsident des Regierungs- und des Erziehungsrats, 1849-1850 Präsident des Nationalrats. Obwohl er ab 1855 nicht mehr dem Regierungsrat angehört, übt er seine Macht durch seine Anhänger bis zum Ende seines „persönlichen Regiments" im Jahre 1868 weiter aus.
Alfred Escher hatte kein kulturelles Interesse an der Stadt als solcher. Er überläßt es Leuten seiner Equipe, Zürich den neuen wirtschaftlichen Verhältnissen städtebaulich anzupassen. Dabei besteht jedoch kein Zweifel, daß die Erbauung der Bahnhofstraße mit dem Escherschen Konzept der Modernisierung völlig übereinstimmte, ja seinen Erwartungen eines dynamischen, zukunftsorientierten Zürichs ganz und gar entsprach. An der Limmat sind jedoch das politische Projekt und die Umwandlung des Stadtzentrums nicht so eng verknüpft wie in Genf. Es besteht auch keine Personalunion von Politikern und Planern, wie dies in der Rhônestadt der Fall war: Arnold Bürkli-Ziegler (1833-1894), seit 1860 Zürcher Stadtingenieur und verantwortlich für den Bau der Bahnhofstraße, des Bahnhofquartiers und später der Quaianlagen am See, ist zwar ein hervorragender Techniker, verfügt aber weder über ein ähnlich vielfältiges Repertoire noch über das Format eines Dufour. Zudem war die Umstrukturierung Zürichs Folge und nicht Voraussetzung des politisch-wirtschaftlichen Wandels. Ansonsten sind das Bergues-Unternehmen (einschließlich der Rousseau-Insel) und der Bau der Bahnhofstraße durchaus vergleichbar: Das herkömmliche Stadtzentrum wird in Zürich zugunsten eines bis dahin untergeordneten Stadtrandgebiets verlagert.

Bis zu Eschers Zeiten liegt das Hauptgebiet mit der Achse Oberdorf-Niederdorfstraße als Rückgrat der Stadtorganisation auf der rechten Limmatseite, wo sich auch das Münster und das Rathaus befinden. Nach der Fertigstellung der Bahnhofstraße entsteht hier der Kern der künftigen City, wohin auch alle wichtigen Tätigkeiten der neuen liberalen Gesellschaft verlegt werden und somit die alte Stadthierarchie zerstört wird. Die Kreditanstalt wird am Paradeplatz errichtet, der Sitz der Gotthardbahn-Gesellschaft an der Ecke zur Augustinergasse eröffnet, etwa auf halbem Weg zwischen Hauptbahnhof und See, also im Herzen der neuen Anlage. 1863 wird ein Straßenprojekt ausgearbeitet, das am Ende der neuen Verkehrsader, vor dem Bahnhof, auf dem ehemaligen Schützenplatz, das heißt auf öffentlichem Grund, ein ganzes Geschäftsviertel vorsieht. Im Gegensatz dazu beschränkt sich das Projekt für das Gebiet zwischen Rennweg und See lediglich auf die Festlegung der Fahrbahnbreite, obwohl die großzügig konzipierte Stadterweiterung aus dem 18. Jahrhundert, die westlich der neuen Straße geplant war, noch kaum in Angriff genommen worden ist; die Gründe dafür sind jedoch privatrechtlicher Natur. Die Diskussion um das Kratzquartier, das am seeseitigen Ende der Straße liegt und 1858 Gegenstand einer gesonderten Planung wird, behindert zunächst die Ausführung des Bahnhofstraßenprojekts. Über die Weiterführung der Straße bis zum See wird erst 1876 entschieden.[59]

Die Bahnhofstraße ist in einen residualen Stadtraum eingebettet worden, nämlich den Graben der mittelalterlichen Stadtbefestigung (daher rührt auch der längst überlebte Spottname der Fröschengrabenstrasse[60]). Mit dem Wiederaufbau des Bahnhofs 1865-1871 wird gleichzeitig auch dessen Aufgabe als Tor zur Stadt durch einen Triumphbogen in der Achse der Bahnhofstraße hervorgehoben. Unmittelbar vor dem Bogen wird mitten auf dem Bahnhofplatz, in der Achse der Bahnhofstraße, 1889 Richard Kisslings Escher-Denkmal aufgestellt, das als Schlußstein des ganzen Unternehmens betrachtet werden kann. Die Statue ist zwar nicht wie in Genf von mehrdeutiger, numinoser Natur, kann aber doch einigermaßen dem Zweck der fortschrittlichen bürgerlichen Identifikation dienen.[61]

Die Bahnhofstraße ist im Stadtgrundriß, obschon für die Umwandlung Zürichs im liberalen Sinne grundlegend, kaum erkennbar. Ihre Trasse wirkt nach deren Fertigstellung eher als Retusche denn als Durchbruch, die Kriterien der Wiedergründung sind also erfüllt.

Vom städtebaulichen Gesichtspunkt her erscheint die Umstrukturierung Zürichs gelungener als jene des Bergues-Quartiers, weil die Verknüpfung von Eisenbahn und Stadt viel wirksamer ist als von Stadt und Dampfschiff. Auf dem Zürichsee fährt 1835 das erste Dampfschiff, die „Minerva", die Idee zu parkähnlichen Quaianlagen taucht jedoch erst zwischen 1882 und 1887 auf. In der Zürcher Planung fehlt denn auch die Absicht, die Stadt zur Landschaft hin zu öffnen, beziehungsweise die Aussicht auf den Alpenkamm dafür zu nutzen, eine für den Fremdenverkehr bestimmte Hotellerie aufzubauen. Daß Luzern, das schon 1835 mit dem Bau von Quaihotels begonnen hat, den Zürchern in dieser Hinsicht zuvorgekommen ist, erklärt das Fehlen einer ähnlichen Entwicklung in Zürich ebensowenig wie die allzu große Entfernung der Alpen (auch Genf ist vom Mont-Blanc weit entfernt). Die Geschichte der Bahnhofstraße zeigt, daß die ästhetischaffektive Dimension der Landschaft in den 1860er Jahren, also eine Generation nach der Neugestaltung des Bergues-Quartiers, nicht mehr denselben

Zürich, Bahnhof mit Triumphbogen und Alfred-Escher-Denkmal (1889), um 1930

Wert hat: Eisenbahn und Industrie sind die Triebkräfte der Stadtumstrukturierung (und nicht, wie in Genf, mehr oder weniger manipulierte, romantische Vorstellungen und die Bodenspekulation).
Dieser Umstand mag vielleicht ein Grund sein für die sich hinauszögernde Vollendung der Bahnhofstraße im südlichen Bereich: Bis zum Bau der Quaibrücke (1883) und zur Eröffnung der beiden weiterführenden Straßen – dem Uto- und Alpenquai (1887) (heute General-Guisan-Quai) – ist sie nur eine Sackgasse. War der Bau der Quaianlagen somit nicht die Konsequenz des Bahnhofstraßenkonzepts?
Noch eine Bemerkung müßte hier angeschlossen werden: Die Entstehung von Bahnhofstraße und -viertel läßt sich unmittelbar auf die Entwicklung des Eisenbahnverkehrs zurückführen. Eine ähnliche Erscheinung läßt sich in Genf nicht feststellen. Dort hat die Eisenbahn, da Genf kein Knotenpunkt ist, nicht dieselbe Bedeutung, so daß entlang der Rue du Mont-Blanc, welche seit 1862 den Bahnhof mit See und Hauptbrücke verbindet, kein neues Stadtzentrum geschaffen wird. Ein solches Zentrum entsteht zwischen 1860 und 1920 infolge einer Haussmannisierung der Rues Basses, der unteren Stadt auf dem linken Ufer[62]; es überflügelt denn auch bald den Quai des Bergues und die Rousseau-Insel.
Das Phänomen der Wiedergründung ist selbstverständlich nicht erst im industriellen Zeitalter zu beobachten. Florenz im 13. und 14. Jahrhundert liefert ein Musterbeispiel einer Zentrumsverdoppelung.[63] Die florentinische Stadtgemeinde wählt für ihren Sitz – Palazzo del Popolo oder dei Priori (heute Palazzo Vecchio oder della Signoria) – einen Ort, welcher denjenigen des Doms in bezug auf den Decumanus symmetrisch widerspiegelt. Am äußeren südlichen Rand der ehemaligen römischen Gründung wird ein Palast gebaut und durch Hausabtragungen in vier Etappen ein entsprechender Versammlungsplatz, also eine Art Forum eingerichtet. Gleichzeitig wird am inneren nördlichen Rand desselben Stadtkerns der Wiederaufbau der Kathedrale in Angriff genommen und der umgebende Raum neu bestimmt. Die östlich, unmittelbar außerhalb der neuen Stadtmauer gelegene Franziskanerkirche Santa Croce wird durch einen großen Vorplatz erweitert, ähnlich wie die westlich, ebenfalls außerhalb der Stadtmauer liegende Dominkanerkirche Santa Maria Novella – bezüglich des Cardo also fast symmetrisch zu Santa Croce –, deren Platz ebenfalls neugestaltet wird. Schließlich wird die direkte Verbindung zwischen der Dominikanerkirche und dem Dom einerseits und der Franziskanerkirche und dem Palazzo del Popolo anderseits durchbrochen. Zentrum der neuen ausgewogenen Stadtanlage wird der im Schnittpunkt von Cardo und Decumanus schon

längst bestehende Marktplatz. Durch die Freilegung der (heutigen) Piazza della Signoria kommt auch der nachträglich verbreiterten Via dei Calzaiuoli, die den Cardo in östlicher Richtung verdoppelt, neue Bedeutung zu, da sie den Domplatz mit der Piazza geradlinig verbindet.
In politischer Hinsicht haben die Oberen Zünfte (Arti maggiori) durch ihren Sieg die Möglichkeit gewonnen, die Stadtgewalt zu beeinflussen. Ihnen gelingt es, nach 1283 die Rechte des Adels (Magnati) de facto einzuschränken und diesen zehn Jahre später durch Justizverordnungen (Ordinamenti di Giustizia) de jure zu entmachten. Trotz eines allzulangen, mehr als zwei Jahrhunderte dauernden Bürgerkriegs zwischen päpstlichen Guelfen und kaiserlichen Ghibellinen (kurz: aller gegen alle) entwickelt sich Florenz in dieser Epoche wirtschaftlich, militärisch und demographisch stetig, so daß 1284 mit der erst 1333 vollendeten dritten Stadtmauer begonnen werden kann. Innerhalb dieser letzten Stadtmauer hat sich die Stadtfläche gleichsam versiebenfacht. Um 1300 ist Florenz eine der fünf Städte Europas mit mehr als 100 000 Einwohnern, zur Zeit der großen Pest (1348) steigt die Zahl sogar auf 120 000.[64]
Dieser Erfolg und die Machtübernahme durch die Zünfte ermöglichen die Erneuerung der Stadtstruktur, die sich nunmehr auf zwei Ebenen – einer politischen und einer religiösen – abspielt (sie gilt zugleich als eine Leistung der gesamten florentinischen Selbstdarstellung und Überlegenheit).[65]
Die zur Verwirklichung des großen Vorhabens vorgenommenen städtebaulichen Eingriffe sind bescheiden: einige Ausräumungen, einige Straßendurchbrüche, etliche Neubauten – Retuschen also, die im Stadtgrundriß nicht besonders hervortreten.
Die wichtigsten Unternehmungen sind vermutlich dem erstrangigen Stadtbaumeister Arnolfo di Cambio (ca. 1245-1302) zuzuschreiben. Er tritt in Florenz 1283 oder 1284 auf, also unmittelbar nach dem Sieg der Arti über die Magnati. In diesen Jahren beginnen die Florentiner die neue Stadtmauer zu bauen, den neuen Dom zu planen, und 1285 wird entschieden, den Palazzo del Popolo zu errichten. Tatsächlich wandelt di Cambio zuerst den alten Friedhof zwischen Dom und Taufkirche in einen städtischen Platz um. Das Baptisterium erhält eine Marmorverkleidung nach seinem Entwurf. 1296 wird die neue, riesige Kathedrale Santa Maria del Fiore seinen Plänen entsprechend begonnen, aber erst anderthalb Jahrhunderte später mit der kolossalen Kuppel von Brunelleschi beendet. 1294 wird mit dem Bau der neuen, großen Franziskanerkirche Santa Croce begonnen. 1299 beginnen die Bauarbeiten am Palazzo del Popolo.[66]

Florenz, Luftbild des Stadtzentrums

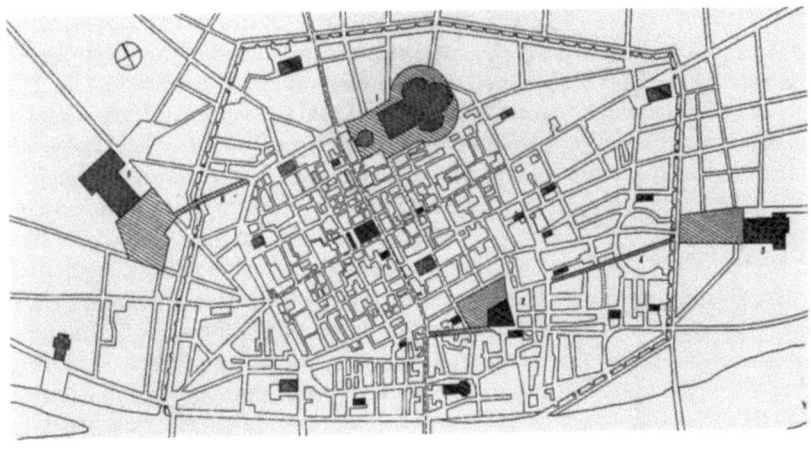

1 Kathedrale und Santa Maria del Fiore mit Baptisterium
2 Palazzo del Popolo
3 Santa Croce
4 Borgo de' Greci
5 Santa Maria Novella
6 Via dei Bianchi
— Cardo und Decumanus
… Via dei Calzaiuoli

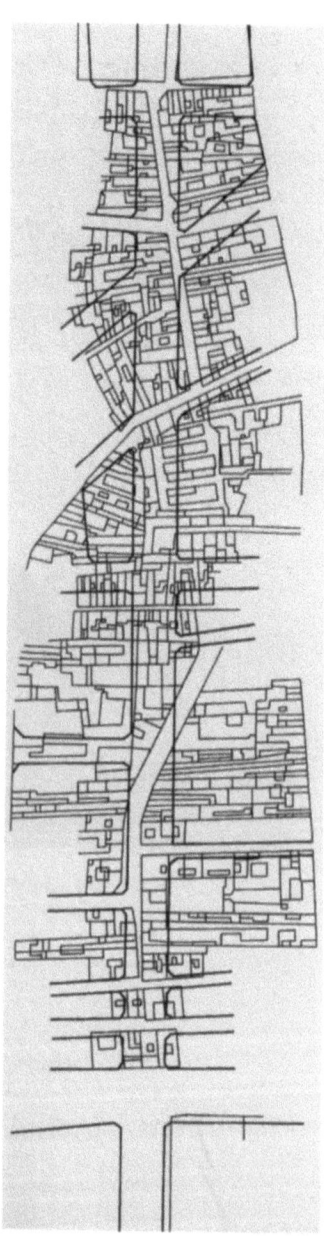

Paris, Gebiet des Boulevard Sébastopol
vor und nach dem Eingriff Haussmanns,
Ausschnitt (Zeichnung: Johannes Käferstein)

Daß die verhältnismäßig kleinen städtebaulichen Eingriffe in Florenz einer Wiedergründung gleichzusetzen sind, ist also kaum zu bestreiten. Sicherlich gibt es weitere Fälle, bei welchen der Begriff Retusche, das heißt der Umfang des Eingreifens, seiner Unbestimmtheit wegen nicht eindeutig anwendbar ist. Es ist nicht immer möglich, von vornherein und klar zwischen Wiedergründungen und drastischen Eingriffen zu unterscheiden. Haussmann zum Beispiel strebt ein Ziel an, das zugleich politisch und städtebaulich ist: Er will, damit Paris mit der Modernität Schritt halten kann, die Nutzungs- und Bevölkerungsverteilung ändern, den Boden aufwerten, die Verbindungen innerhalb der Stadt verbessern, den Truppen- beziehungsweise Artillerieeinsatz erleichtern. Dafür ist aber das Konzept der Wiedergründung ungeeignet, weil es sich von Anfang an um einen vollständigen Neubau der Hauptstadt handelt. Würde man die einzelnen Unternehmen getrennt betrachten, könnte der Eindruck entstehen, es handle sich im Grunde genommen lediglich um eine besonders reiche Serie von Retuschen. Wer aber die Stadtgrundrisse vor und nach der Haussmannisierung vergleicht, muß deren Unterschiedlichkeit feststellen. Man könnte gar daran zweifeln, daß es sich bei den Plänen bestimmter Quartiere tatsächlich um dieselbe Stadt handelt, so weit weichen sie voneinander ab. Eine derartige Feststellung ist mit einer Wiedergründung unvereinbar.
Das Paris Napoleons III. liegt außerhalb dieser Begriffsbestimmung, nicht aber der Städtebau der französischen Revolution. Zwischen 1789 und 1799 verfügen die verschiedenen Regierungen nicht über die nötigen Mittel, um die Hauptstadt umstrukturieren zu können. Auch haben sie vordringlichere Probleme zu lösen. Das heißt aber nicht, daß sie auf jegliches Eingreifen verzichten. Mona Ozouf hat in einer Analyse ausführlich dargelegt, wie die Republikaner die Stadtvorstellung beziehungsweise die geistige Wahrnehmung zu ändern versuchten.[67]
Wenn wir nach den Mitteln fragen, müßten in erster Linie die Festzüge durch die Stadt angeführt werden. Aus Anlaß revolutionärer Feierlichkeiten, die eine neue Tradition begründen sollten, oder der Beerdigung eines Revolutionstribuns oder der Überführung irgendeines Nationalhelden ins Pantheon werden die Festzüge nach einer ganz bestimmten Route festgelegt. Jedesmal wird sorgfältig geprüft, ob bestimmte Orte für den entsprechenden Anlaß mit positiven oder negativen Bedeutungen behaftet sind und in die Route aufgenommen oder besser umgangen werden. Der eigentliche Sinn der jeweiligen Streckenabfolge wird durch ephemere Einrichtungen, kurze Halte an für den Anlaß bedeutsamen Orten und einschlägige Reden unterstrichen.

Diese neue Art der „Stadtlektüre" macht ein imaginäres Paris spürbar, das aus vorhandenen, teils betonten, teils verdrängten Stätten zu schaffen beabsichtigt gewesen ist: eine Art Null-Wiedergründung, weil damit lediglich politische Ziele verfolgt werden, die physische Stadtsubstanz jedoch unberührt gelassen wird. Es ist eine epistemologische Operation, die Akzente verlegt, metaphorisch erhöht und erfinderisch verknüpft, um die alten Inhalte abzulösen. Die revolutionäre Praxis strebt Ziele an, wie sie ähnlich schon mit den fürstlichen Einzügen in der Renaissance *in nuce* verfolgt worden sind, nämlich die ideale Stadt innerhalb der Alltagsstrukturen sichtbar zu machen.[68]

Der „Plan des Artistes" von 1793, der die Vorschläge zu einer Umwandlung von Paris zusammenfaßt, zielt darauf ab, die bestehenden Stadtverhältnisse den neuen revolutionären Institutionen anzupassen.[69] Er wäre das Instrument zu einer Wiedergründung gewesen, die allerdings nie stattgefunden hat, ein Instrument also, das unter anderem die Erlebnisse und kollektiven Experimente der Festzüge subsumierte.

In diesem Zusammenhang kann noch eine Wiedergründung angeführt werden, deren Umfang noch bescheidener ist, ist sie doch über den Stand eines graphischen Vorprojekts nicht hinausgekommen: nämlich der Stadtplan von Padua. Nach Lionello Puppi entspricht die Herausgabe dieses Stadtplans von Giovanni Valle im Jahre 1784, der erstmals Andrea Memmos brandneuen Vorschlag für den Prà della Valle (1775) zeigt, einem möglichen Gesamtprojekt für die Stadt. Die Publikation ist ein „programma d'ampio respiro [...] i cui contenuti et le cui prospettive di rifondazione (di ricostruzione)", zugleich eine „affermazione del massimo di allusività simbolica nel massimo di esattezza descrittiva"[70]. Wir werden hier mit der persönlichen Meinung des venezianischen Patriziers und Freimaurers Girolamo Zulian konfrontiert, der anläßlich der Reaktivierung der Universität den Staat nach aufklärerischen Prinzipien zu reformieren vorschlägt. Die Anfang des 19. Jahrhunderts teilweise ausgeführten Projekte von Giuseppe Jappelli (Schlachthaus, 1829; Gefängnis, o.J.; neue Universität, 1824; Regierungsgebäude, 1827-1831) lassen sich in dieselbe Gedankenfolge einschreiben.

In dieselbe Kategorie wäre Jean-Michel Billons handschriftlicher Katasterplan von Genf (1726) einzureihen, der die Vorstellungen des demokratischen Patriziers Jacques-Barthélemy Micheli du Crest wiedergibt[71], nicht aber der gedruckte Plan von Rom von Giambattista Nolli aus dem Jahre 1748. Obwohl der Nolli-Plan mit den städtebaulichen Ideen Lione Pascolis vergleichbar ist, fehlt ihm die politische Dimension.[72]

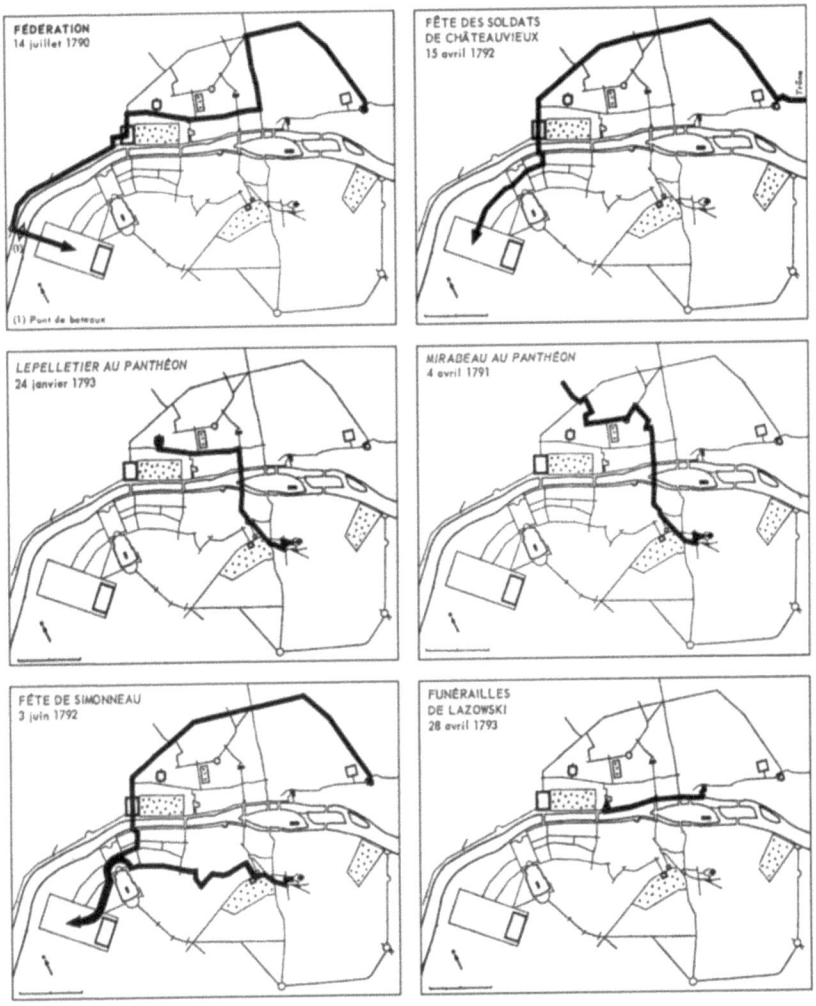

Paris, sechs revolutionäre Umzüge (1790–1793)

Padua, Stadtplan (Giovanni Valle, 1784)

Die Tatsache, daß ein Stadtplan aufgrund verfeinerter Meß- oder Darstellungsmethoden hergestellt wird, genügt offensichtlich nicht, diesen als Instrument einer Wiedergründung anzusehen. Dasselbe gilt für jene Stadtansichten, die zwar viele und bisweilen wesentliche Raumkorrekturen aufweisen, deren politischer Inhalt zu erfassen aber nicht immer möglich ist. Von Canaletto, Zocchi, Vasi haben sich Veduten erhalten, die die dargestellte Stadtsubstanz oft tiefgreifend modifizieren. Differenzierte Untersuchungsmethoden sind jedoch erforderlich, um die Bedeutung der Bilder offenzulegen, und nur wenige werden sich letzlich als Wiedergründungsprojekte herausstellen.

Schließlich muß noch angemerkt werden, daß bestimmte Wiedergründungen aus Angst vor Reaktionen nicht als solche deklariert wurden. Als beispielsweise die Regierung Venedigs zu Beginn des 16. Jahrhunderts unter Andrea Gritti ihre Tendenz hin zur Oligarchie verstärkt und die Piazza San Marco durch Jacopo Sansovino neu gestalten läßt, hat sie das Unternehmen damit gerechtfertigt, es handle sich um eine Rückkehr zum römischen Ursprung.[73] Die *renovatio urbis*, die in einem Augenblick, in dem ein reaktionärer Bruch entsteht, das Gewicht auf Kontinuität legt, ist ein alter politischer Trick der negativen Utopien. Tatsächlich kann der sogenannte Ursprung beliebig festgelegt werden, so daß Tradition, „Ressourcement", gar Reformation etwas ganz anderes erzeugen als das, was sie ursprünglich angekündigt hatten.

Aufgrund der Analyse des Bergues-Unternehmens haben wir festgestellt, daß eine Wiedergründung zwei Bedingungen erfüllen muß. Die in der Besprechung des Begriffs angeführten Beispiele haben darüber hinaus gezeigt, daß eine Wiedergründung üblicherweise Züge aufweist, die zwar nicht als eigentliche Bedingungen gelten, zur Verwirklichung einer Wiedergründung jedoch maßgeblich sind: Die politische Auseinandersetzung hat eine Änderung der gesellschaftlichen Strukturen zum Zweck; die städtebaulichen Eingriffe werden in wenigen Jahren ausgeführt; diese Eingriffe obliegen einem einzigen Architekten, Ingenieur oder Planer.

Die notwendige Schlußfolgerung aus diesen Darlegungen ist, daß eine städtebauliche Analyse, die nur eine Wirklichkeitsebene der Stadt in Betracht zieht – seien es die dreidimensionalen physischen oder die politisch-wirtschaftlich-demographischen Voraussetzungen –, den komplexen Vorgang einer Wiedergründung unmöglich erkennen läßt. Das wissenschaftliche Vorgehen bei einer solchen Identifizierung geschieht deshalb auf interdisziplinärer Ebene: Es ist unumgänglich, zwei üblicherweise getrennt untersuchte Gebiete, nämlich die Stadt als Artefakt und die Stadt als Geschichte, miteinander zu verknüpfen, um eine Wiedergründung erfassen zu können. Da der Begriff der Wiedergründung das Herauskristallisieren bedeutsamer Wendepunkte in der Stadtentwicklung, die sonst unbemerkt bleiben würden, impliziert, bildet er ein Instrument, das für die Geschichte des Städtebaus unabdingbar ist. Es gibt Erscheinungen, die als inexistent gelten, bis sie benannt werden."⁴

Anmerkungen

1 Siehe zu diesem Problem u.a. Lucio Gambi, „I problemi urbanistici odierni del nostro paese negli scritti dei geografi", in: Una geografia per la storia, Turin 1973, 112
2 Über den Einsatz der Dampfschiffe in der Schweiz siehe die Tabelle bei Georges Andrey, „La quête d'un Etat national (1798-1848)", in: Nouvelle Histoire de la Suisse et des Suisses, Lausanne 1986 (2. Auflage), 522; zur Hängebrücke siehe Tom F. Peters, Transitions in Engineering, Guillaume-Henri Dufour and the Early 19th Century Cable Suspension Bridges, Basel/Boston 1987, Kapitel 4; zum Panoptikum siehe Walter Zurbuchen, Prisons de Genève, Genf 1977, 3. Teil, Kapitel 2; ferner: L.-G. Cramer-Audéoud, Examen des documents sur le système pénitentiaire et la prison de Genève, Genf 1834; siehe dazu Leïla El-Wakil, „Architecture et urbanisme à Genève sous la Restauration", in: Geneva, n.s., XXV, 1977, 196, Anm. 46; B. Appert führt in: Bagnes, prisons et criminels, Paris 1836, M. Osterrieht als Architekt des Gefängnisses an (Renzo Dubbini, Architettura delle prigioni. I luoghi e il tempo della punizione (1700-1880), Mailand 1986, Abb. 13, dies obschon J.M.S. Vaucher, 44, erwähnt ist); Nikolaus Pevsner, A History of Building Types, Princeton 1976, 164ff, gibt Baudaten und Architekten korrekt an.
3 Walter Senn, Le général Dufour: sa vie et ses travaux, Genf/Lausanne 1884, 26. Weitere Angaben zur Bibliographie in: Armand Brulhart, Guillaume-Henri Dufour. Génie civil et urbanisme à Genève au XIXe siècle, Lausanne 1987, 73, Anm. 12. Ferner: „Le quartier qui borde le lac et le Rhône offrait un aspect hideux. On y voyait des fortifications délabrées, de vieilles chaînes suspendues à des pieux à demi pourris, des chantiers, des boucheries; des masures caduques, mi-partie en bois, mi-partie en pierre, trempaient dans le Rhône leurs sordides murailles. Les maisons riveraines de ce beau fleuve, de cette superbe nappe d'eau, chef-d'œuvre de la nature et orgueil des Genevois d'aujourd'hui, plongeaient dans l'eau leurs pieds sales. Et ces pieds étaient des pilotis soutenant d'ignobles cabanons, soudés tant bien que mal aux maisons par des usurpations anciennes sur le domaine public. De vilains petits cabinets, tout délabrés et hors d'aplomb, des chambres à resserrer, des locaux primitifs de tous genres, qui mettaient le public dans la confidence des occupants, en un mot tout ce qui est bon à cacher s'étalait sans vergogne aux yeux de ceux qui arrivaient à Genève par la voie du lac. Ce fut la peur du qu'en dira-t-on qui fit agir notre population; elle ne se doutait pas de la laideur de la ville vue du lac [...]", in: Guillaume Fatio, Genève à travers les siècles, Genf 1900, 140f
4 Vgl. Werner Oechslin, „ ‚Embellissement' - Stadtverschönerung. Die spezifische Zuständigkeit der Architektur in der Öffentlichkeit", in: Idee Prozeß Ergebnis. Die Reparatur und Rekonstruktion der Stadt, Berlin 1987, 303-314

5 Brulhart, a.a.O., 63ff, hat die verschiedenen Bestandteile der Operation getrennt vorgestellt. Siehe auch die gute Zusammenfassung in: Jean-Jacques Langendorf, Guillaume-Henri-Dufour, General – Kartograph – Humanist. Eine Bildbiographie, Zürich 1987, 83–88
6 Vgl. dazu Anne-Marie Piuz, „Note sur l'industrie des indiennes à Genève au XVIIIe siècle", in: A Genève et autour de Genève aux XVIIe et XVIIIe siècles. Etudes d'histoire économique, Lausanne 1985, 232–243
7 Les Mémoires de James Fazy, homme d'Etat genevois 1794–1878, Genf 1947, 40f
8 Bergues läßt sich nicht auf berges (Ufer, Uferweg) zurückführen, sondern leitet sich aus dem Namen des von Dürer portraitierten Nürnberger Fernhändlers Johann Kleberger (1485–1546) her. Kleberger hat in Lyon, später in Genf Liegenschaften am linken Rhoneufer erworben. (Historisch-biographisches Lexikon der Schweiz, 4. Bd., Neuenburg 1927, 502.)
9 Bruno Carl, Klassizismus 1770–1860, Zürich 1963, Tafel 72
10 Brulhart, a.a.O., 69
11 „[...] en 1824, Dufour, dit-on, alors que ‚tous les propriétaires riverains, de l'Ecu de Genève [Hotel am flußseitigen Ende der Place de la Fusterie] jusqu'au port au bois [am seeseitigen Ende der Place Longemalle]' lui avaient ‚donné leur consentement, si le quai s'exécute, de réparer la façade nord de leurs maisons sur un plan uniforme et aligné'"; Brulhart, a.a.O., 100, nach Jean Martin, Genève en 1824, Genf 1934, 23
12 Vgl. Peters, a.a.O., 181ff
13 Peters, a.a.O., 197
14 Ebd., 140
15 „Toute cette ligne de quais possède une situation délicieuse, une vue de premier ordre; elle offre un abri en plein soleil qui est d'une valeur incomparable." Fatio, a.a.O., 142
16 Brulhart, a.a.O., 100
17 Schleifung der Befestigung ab 1849; erste Bahnverbindung nach Lausanne erst 1858
18 Siehe in Langendorf, a.a.O., 87, den Prospect des Hôtels 1834
19 „En venant célébrer le troisième Centenaire de la Réforme en 1835, les protestants étrangers qui n'étaient pas revenus dans la ville de Calvin depuis longtemps découvraient avec stupeur sa métamorphose." Brulhart, a.a.O., 63
20 Vollständiger Text in Brulhart, 81–83
21 Über die vorgeschlagenen Orte, siehe Brulhart, a.a.O., 85, und Claude Lapaire, „James Pradier et le monument de Jean-Jacques Rousseau", in: Musées de Genève, Nr. 258, September 1985, 9
22 Brulhart, a.a.O., 83
23 Ebd., 86f, mit Abbildung. Siehe auch Nr. 15 im Ausstellungskatalog G.-H. Dufour: L'homme, l'œuvre, la légende. Le portrait topographique de la Suisse, Genf 1987
24 Abb. 397–398 in Bernard Gagnebin, Album Rousseau, Paris 1976. Der ikonographischen Tradition aus mit einem Inselchen befindenden Grabes geht Ermenonville voraus: 1760–1770, also lange vor dem Tode Rousseaus im Jahre 1778, malt Salomon Gessner eine Landschaft mit Grabmahl (vgl. dazu Marie-Louise Schaller, Schöne alte Gravuren. Die Schweiz – Arkadien im Herzen Europas, Lausanne 1982, 7). Vgl. auch Gérard Le Coat, „La Vallée des Morts à Monticello. L'animisme comme informant du projet de Thomas Jefferson", in: Coloquio Artes, 1980/47, 14. 1794 ist das Datum der Überführung der sterblichen Hülle Rousseaus in das Pariser Pantheon, daher vielleicht die Idee der Wiedergeburt. Ein gewisser Joseph Michaud beschreibt 1794 in seiner Gedenkschrift Ermen-

onville, ou le tombeau de Jean-Jacques eine Vergötterung Rousseaus, wie dies aus seiner letzten Verszeile hervorgeht: „Et l'univers sera son temple et son tombeau."
25 Über die Umstände der Künstlerwahl, das Programm, die Modelle usw. siehe den Ausstellungskatalog Statues de chair: sculptures de James Pradier (1790–1852), Genf/Paris 1986, 29f, 53, 242, 372–375. In einer früheren Phase des Projekts hatte man an Canova gedacht, der jedoch überlastet war und 1822 starb; siehe dazu Brulhart, a.a.O., 80
26 Wann die Statue gedreht wurde, ist nicht bekannt. Seltsamerweise schreibt Stendhal 1837 in: Mémoires d'un touriste, Lausanne 1961, II, 76: „Jean-Jacques est assis vis-à-vis de ce lac qui lui fut si cher." Im Stadtmodell von Genf um 1850 (Musée du Vieux-Genève), das von Auguste Magnin 1880–1896 ausgeführt wurde, ist die Statue durch einen Schach-Bauer ersetzt worden.
27 Jean-Jacques Rousseau, Emile (Œuvres complètes, Bibliothèque de la Pléiade, Vol. IV), Paris 1969, 626
28 Senn, a.a.O., 27
29 Vgl. André Corboz, „La place Neuve, composition progressive", in: Ausstellungskatalog Le Musée Rath a 150 ans, Genf 1976, 9–36
30 Robert Gardelle (1682–1766), kurze Stichserie 1726, Christian Gottlob Geissler (1729–1814); Pierre Escuyer (1749–1834), Atlas pittoresque de Genève, 1822; Jean DuBois (1789–1849), zahlreiche Lithographien; siehe ferner: Pierre Bouffard, Genève – Bilder aus Vergangenheit und Gegenwart, Genf 1970; Maurice Pianzola, Genève et ses peintres, Genf 1972; Barbara et Roland de Loës, Genève par la gravure et l'aquarelle, Genf 1989. Die Ikonographie des neuen Stadtzentrums ist in keiner Publikation enthalten.
31 Vgl. Brulhart, a.a.O., 66
32 Marc-Antoine Fazy-Pasteur, Observations sur les fortifications de Genève, Genf 1821, 16
33 „Der erste, der, nachdem er ein Grundstück umzäunt hat, sagte, ‚dies gehört mir' und Leute fand, die naiv genug waren, dies zu glauben, war der wahre Begründer der Zivilgesellschaft."
34 Conrad-André Beerli, „Le lac, allié ou adversaire de Genève?", in: Bulletin de la Compagnie de 1602, Nr. 253, Dezember 1985, 496. Siehe auch vom selben Autor „Notre siècle détruit cette Genève romantique, conçue par un ingénieur", in: Journal de Genève, 6./7. März 1965, und „Genève néo-classique: vers la destruction d'un espace urbain", in: Werk, 1970/2, 109–114
35 Lelia El-Wakil, „G. H. Dufour et le nouveau visage de Genève, in: Guillaume-Henry Dufour dans son temps 1787–1875 (Akten des „Colloque Dufour"), Genf 1991, 213f. Siehe auch Alain Charre, „Soufflot et l'urbanisme Lyonnais" in: Soufflot et l'architecture des Lumières, Ausstellungskatalog, Paris 1980, 114–123. Zu bemerken wäre in diesem Zusammenhang, daß ein Befestigungsprojekt Genfs von Levasseur des Roques aus dem Jahre 1714 vorsieht, den Quai des Bergues und den Grand Quai zu bepflanzen. Vgl. dazu Etienne Clouzot, Anciens plans de Genève, XVe–XVIIIe siècle, Genf 1938, Tafel 60
36 Im Stadtmodell von Besançon aus dem Jahre 1722 (Paris, Musée des plan-reliefs) ist die Häuserzeile vorhanden. Zu Senigallia siehe: Paolo Sica, Storia dell'Urbanistica. Il Settecento, Bari 1976, 186, Abb. 362. Ferner die Gebäude des Wiederaufbaus von Lissabon nach dem Erdbeben von 1755; vgl. dazu José-Augusto França, Una città dell'Illuminismo: la Lisbona del marchese di Pombal, Rom 1972, Ab. 89
37 Abbildung in Brulhart, a.a.O., 108

38 Vgl. Bruno Fortier, „Espace et planification urbaine (1760–1820)", in: Prendre la ville. Esquisse d'une histoire de l'urbanisme d'Etat (Actes du Colloque de Saint-Etienne en Devolluy 1976), Paris 1977, 79–102. Über die Gliederung der Gebäude am Quai des Bergues siehe Slobodan M. Vasiljevic, „La règle et l'abus. Promenade critique sur le Quai des Bergues à Genève", in: Ingénieurs et architectes suisses, 16. September 1982, 257, Abb. 2
39 Siehe André Corboz, Canaletto. Una Venezia immaginaria, Mailand 1985, I, 172f
40 Mona Ozouf benutzt in ihren Publikationen „utopien" statt „utopiste". Vgl. dazu „Les Cortèges révolutionnaires et la ville", in: *Annales E.S.C.*, September/Oktober 1971 und La fête revolutionnaire 1789–1799, Paris 1976, passim
41 Brulhart, a.a.O., 63
42 Ebd., 64
43 Statues de chair, op. cit., 374f, „L'Europe centrale", in: Journal de Genève, politique et littéraire, 2. Jahrgang, Nr. 25, 26. Februar 1835. Die kurze Rede von Fazy-Pasteur wiederholt im wesentlichen die Argumente zugunsten der Subskription, fügt jedoch hinzu: „La dédicace de son discours sur l'orgine de l'inégalité des conditions est le plus beau titre dont aucune république ait pu se glorifier [...] Les opinions politiques et philosophiques de Rousseau ont donné lieu a une grande diversité de jugements, sur lesquels nous ne sommes point appelés ici à établir de controverse [...] A une époque où l'incrédulité philosophique était devenue contagion, elle s'arrêta devant l'Emile. Les grandes vérités religieuses reprirent leur poste d'honneur [...] L'offrande du citoyen pauvre eût ému son cœur; c'est à cette classe qu'il se faisait gloire d'appartenir, et c'est elle qui fut toujours l'objet particulier de son estime et de son affection [...]" Die einigende Funktion Rousseaus ist auch in einem Gedicht von Petit-Senn unterstrichen: „Que ta présence nous rallie/Quelle [sic] accroisse notre union." Der Berichterstatter stellt schließlich fest: „Il n'y eût [sic] que très peu de conseillers d'état présents à la fête", „en général le côté gouvernemental [s'est] tenu tout à fait en dehors de cette démonstration" und „la fête pour avoir été entièrement conduite par les citoyens, sans aucune intervention, ou assistance de l'état, n'en a pas moins été nationale, et aucune fête depuis la restauration n'avait offert plus d'éclat et d'unanimité". 1834 zählte Genf 27 000 Einwohner intra muros (32 200 samt Weichbild).
44 Ozouf, La fête [...], a.a.O., 155: „L'obsession de l'amphithéâtre, modèle architectural que toute la rêverie du [XVIII°] siècle a lié à la vertu du rassemblement, qui permet aux spectateurs de partager équitablement leurs émotions et de se voir les uns les autres dans une parfaite réciprocité [...]." Die Metapher des Amphitheaters geht wahrscheinlich auf das Pamphlet von Sieyès, Qu'est-ce que le Tiers Etat? (1789), zurück, in welchem das Gesetz als Zentrum einer Sphäre geschildert wird („Tous les citoyens sans exceptions sont à la même distance sur la circonférence et n'y occupent que des places égales", cit. nach Marie-Vic Ozouf-Marignier, La formation des départements. La représentation du territoire français à la fin du 18e siècle, Paris 1989, 194, Anm. 5)
45 Ozouf, ebd.
46 Ozouf, Les cortèges [...], a.a.O., 900
47 Ozouf, a.a.O., 901
48 Ozouf, La fête [...], 150
49 Text abgedruckt in Brulhart, a.a.O., 86
50 Statues de chair, op. cit., 53. Der erste immer noch geltende Artikel der neuen Kantonsverfassung von 1847 stellt einen grundlegenden Rousseauschen Grundsatz auf: „La souveraineté réside dans le peuple; tous les pouvoirs politiques et toutes les fonctions

publiques ne sont qu'une délégation de sa suprême autorité." Nach der Verfassungsabstimmung nimmt auch Fazy explizit auf Rousseau Bezug.
51 Zu Fazy gegen Dufour und Fazy-Pasteur gegen Fazy, siehe Histoire de Genève des origines à 1798, II, Genf 1956, 118, 184
52 Statues de chair, a.a.O., 375
53 Siehe dazu François Furet, Mona Ozouf, Dictionnaire critique de la Révolution française, Paris 1988, Stichwort Rousseau (Bernard Manin), 882: „[…] lorsque les révolutionnaires évoquent l'œuvre de régénération morale de Rousseau, ils y voient le prodrome de la régénération publique. L'Emile a changé la façon d'élever les enfants mais ce changement est perçu comme une première manifestation de l'idée révolutionnaire elle-même […]"; ferner: „L'absence de distinction entre la moralité privée et la vertu publique qui caractérise une part de la mentalité révolutionnaire est assurément un produit de rousseauisme."
54 Dufour-Symposium (siehe Anm. 35), Beitrag zur Diskussion, 10. September 1987
55 Hinsichtlich „les développements relatifs autour [sic] de la réhabilitation de Jean-Jacques" fragt sich Leïla El-Wakil in ihrer Rezension über Brulharts Buch: „S'agit-il encore de génie civil et d'urbanisme?", in: Unsere Kunstdenkmäler, 1988/2, S. 238
56 Nicht eigentlich geschaffen, jedoch (besonders in der italienischen Fachliteratur) häufig verwendet: vgl. dazu z.B. Marcello Fagiolo und Maria Luisa Madonna, „La Roma di Pio IV", in: Arte illustrata, anno V, 51, November 1972 und anno VI, 54, August 1973 („II: Il sistema dei centri direzionali et la rifondazione della città"), oder dieselben Autoren: Il Teatro del Sole. La rifondazione di Palermo nel Cinquecento e l'idea della città barocca, Rom 1981, und: „La rifondazione della capitale cristiana" von Konstantin, in: Roma 1300–1875. L'arte degli anni santi, Mailand 1984, 29; vgl. dazu auch Puppi, Anm. 70 unten, und Enrico Guidoni, Storia dell'urbanistica; Il Cinquecento, Bari 1982, 517 (Gründung von Sabbioneta als ‚rifondazione' (?)). Im deutschen Sprachgebiet, siehe Otto Borst, Babel oder Jerusalem?, Stuttgart 1984, 40 (Konstantinopel als ‚christliche Zweitgründung'). André Corboz, „Micheli du Crest, Polybe et Salomon: examen du projet d'extension de Genève en 1730", II, in: Genava, n.s., XXVIII, 1981, 167. Siehe auch die von mir betreute Dissertation von Bernhard Klein, Wiedergründungen versus Verlandschaftung – Die Interdependenz von der Konzeption der Stadt und der Konstruktion der Landschaft Freiburgs (i.Br.) im ausgehenden 18. und beginnenden 19. Jahrhundert, Diss. ETH-Zürich, Zürich 1991: Der Autor zeigt am Beispiel einer einzigen Stadt auf, wie eine jahrhundertelange Folge verschiedener Wiedergründungen durch ein Mitte des 18. Jahrhunderts im Zeichen der Physiokratie verändertes Stadt-Landschaftsverständnis sein Ende nimmt
57 Hans-Peter Bärtschi, Industrialisierung, Eisenbahnschlachten und Städtebau. Die Entwicklung des Zürcher Industrie- und Arbeiterstadtteils Aussersihl. Ein vergleichender Beitrag zur Architektur- und Technikgeschichte, Basel, 1983, Teil II, Kapitel 2
58 Oswald Aeppli, „Alfred Eschers Leistungen für die Volkswirtschaft des Kantons Zürich und der Schweiz", in: Alfred Escher. Zum Gedenken an seinen hundertsten Todestag, Zürich 1982, 48
59 Roman G. Schönauer, Von der Stadt am Fluß zur Stadt am See, 100 Jahre Zürcher Quaianlagen, Zürich 1987, 2f. Siehe auch: Hans Rudolf Schmid, Alfred Escher 1819–1882, Zürich 1956; ferner: Myrtha Steiner, Die Zürcher Bahnhofstraße, Geschichte und Bedeutung, Lizenziatsarbeit, Kunsthistorisches Institut der Universität Zürich, unveröffentlichtes Manuskript, 1989. Pietro Maggi erwähnt durchaus im Sinne der hier diskutierten Wiedergründung, daß es „Zürcher Politiker vom Schlage Konrad Alfred

Eschers, Arnold Vögeli-Bodmers und Peter Emil Hubers [bedurfte], damit Arnold Bürklis Begabung konkrete städtebauliche Gestalt annehmen konnte!" (Tafel 7). Die städtebaulichen Maßnahmen subsumiert der Autor allerdings unter „Verschönerung und Erweiterung der Stadt im Sinne Georges Haussmanns" (siehe auch Tafel 12, 13), in: Spaltenstein Immobilien AG (Hg.), Arnold Bürkli, Stadt- und Quaiingenieur, Bauten und Werke für Zürich (Das kleine Forum in der Stadelhofer-Passage); Beiheft zur siebten Plakatausstellung, bearbeitet von Dr. Pietro Maggi, Baugeschichtliches Archiv der Stadt Zürich, Zürich 1990

60 Conrad Escher, Die große Bauperiode der Stadt Zürich in den 60er Jahren des vorigen Jahrhunderts, Zürich 1914, 34
61 Siehe: Toni Stooss, „Das Alfred-Escher-Denkmal – ein Monument der Gründerjahre", in: Archithese, 1972/3, 34–42
62 Siehe „Stadtsanierung. Der Fall von Genf" in: Werk-archithese, März–April 1978
63 Vgl. Han Bastin, Florence 1280–1333. Stad-maatschappy, unveröffentlichte Dissertation, Eindhoven 1978; ferner: Marvin Trachtenberg, „What Brunelleschi Saw: Monument and Site at the Palazzo Vecchio in Florence", in: Journal of the Society of Architectural Historians, XLVII, März 1988, 14–44, insbesondere Abbildung 16
64 Paul Bairoch, De Jéricho à Mexico. Villes et économie dans l'histoire, Paris 1985, 169 (Florenz ist jedoch (181) zugunsten von Genua aus der Liste gestrichen worden.)
65 Leonardo Bruni, 1403 oder 1404 über den Palazzo: „E non pare punto la sua alta grandezza essere chosa particulare, non obstante certo chio creda, che non palazzo simplicimente, ma palazzo de' palazzi si debbi chiamare", Panegirico della città di Firenze, Florenz 1974, 23; Leon Battista Alberti 1435 über die Kuppel: „Erta sopra i cieli, ampla da copire chon sua ombra tutti i popoli toscani", Della Pittura, Vorwort
66 Über die Rolle Arnolfos in Florenz, siehe Wolfgang Braunfels, Mittelalterliche Stadtbaukunst in der Toskana, Berlin 1979 (4. Auflage), 240f; ferner: Abendländische Stadtbaukunst, Herrschaftsform und Baugestalt, Köln 1977 (2. Auflage), 47–52
67 Ozouf, Les cortèges [...], a.a.O.; siehe insbesondere die Stadtgrundrisse mit rekonstruierten Itinerarien. Ferner: „De la place de la Révolution à celle du Bonheur – le Paris imaginaire de la Révolution", in: Bronislaw Baczko, Lumières de l'utopie, Paris 1978, 361–399, ferner: Gianni Pettena, Effimero urbano e città: le feste della Parigi rivoluzionaria, Venedig 1979
68 Vgl. dazu Marcello Fagiolo (Hg.), La città effimera e l'universo artificiale del giardino. La Firenze dei Medici e l'Italia del 500, Rom 1980 (insbesondere Fagiolo, „L'Effimero di Stato, Strutture e archetipi di una città d'illusione")
69 Siehe Fortier, a.a.O., 81–85
70 Lionello Puppi, La pianta di Padova di Giovanni Valle, Venedig 1987, 8
71 „Lever les plans de toute les enceintes de chaque maison [...] et former un projet d'alignement pour toutes les rues"; siehe André Corboz, „Cadastres exquis: les plans Bilon (1726) et Céard (1837) et leur intérêt pour l'histoire de l'urbanisme", in: Geneva, n.s., XXXIV, 1986, 144
72 Siehe André Corboz, „Vedute riformatrici", in: Capricci veneziani del Settecento, Ausstellungskatalog, Gorizia 1988, mit Bibliographie und „Vues réformatrices", in: Une Venise imaginaire, Ausstellungskatalog, Genf 1991
73 Vgl. Manfredo Tafuri, Venezia e il Rinacismento, Turin 1985, Kapitel 5
74 Der vorliegende Aufsatz war bereits fertiggestellt, als ich den Text eines Vortrags von Armand Brulhart bekam („Les idées urbaines de G.-H. Dufour", gehalten am 28. 3. 1988),

der neue Betrachtungen über das Bergues-Unternehmen enthält: „L'Ile Rousseau appartient [...] à un dispositif d'ensemble dont la cohérence ne fait aucun doute. On peut difficilement prétendre que Guillaume-Henri-Dufour n'ait pas eu d'idée d'ensemble sur le devenir urbain"; Brulhart zufolge hat auch die neue Identität der ehemaligen Kahninsel mit der Schaffung eines neuen Denkens und mit der Idee einer Gleichsetzung der beiden Stadtteile zu tun: „Il faudrait [...] faire remarquer jusqu'à quel point les deux articulations du pont représentent l'équilibre des forces de la cité aussi bien sur le plan urbain que sur le plan social"; die Insel nähme vielmehr die Rolle eines „point central", also eines Urpunkts (im Sinne eines Null-Kilometers, einer Mile Zero oder eines Goldenen Meilensteins) ein.

„Non-City" Revisited

Wenn Europäer eine amerikanische Stadt beschreiben, dann haben ihre Beschreibungen in der Regel drei entscheidende Schwachpunkte: Sie beziehen sich auf einen Gegenstand, von dem sie wenig wissen, rücken ihm mit sachfremden Kriterien zu Leibe und verteidigen die europäische Stadt. Man weiß also von vornherein, daß die Untersuchung mit einem Bannfluch endet: Die amerikanische Stadt sei grenzenlos, ihr Raster undifferenziert, das Gefüge monoton und ihre äußere Erscheinung chaotisch, heißt es. Camillo Sitte, Lavedan, Le Corbusier und auch Léon Krier: Sie alle schauen aus unterschiedlicher Perspektive auf verschiedene städtische Ballungsgebiete und finden sie alle absurd. Nur am Rande interessieren sie sich für die ökonomischen und sozialen Mechanismen, die diese stumpfsinnige Eintönigkeit hervorgebracht haben, denn als Ergebnis reicht ihnen ein sarkastischer Kommentar. Es fehlt nur noch der Ratschlag an die Amerikaner, ihre Städte ebenso durchzunumerieren wie die Straßen, denn austauschbar sind sie ja sowieso. All das würden die meisten von ihnen aber sofort über den Haufen werfen, wenn man ihnen die Entscheidung überließe. Paradoxerweise harmoniert diese Ablehnung ziemlich gut mit einer ganz anderen Haltung zu den Vereinigten Staaten im allgemeinen: Ihnen gesteht man einen „uneinholbaren Vorsprung" zu, während wir „von unserer Kultur gebremst werden". Diese Haltung nimmt von der Selbstkasteiung bis zum *sacrificium intellectus* vielerlei Gestalt an (denn anscheinend müssen wir Fast food, Vorstädte, Cheerleaders und Gleichgültigkeit einholen). Manchmal ist das europäische Minderwertigkeitsgefühl so ausgeprägt, daß es sich in ein Schuldgefühl verwandelt. Zugleich aber wird die rituelle Selbstkasteiung auch zu einer literarischen Geste: Am Anfang dieses Jahrhunderts soll ein Dichter, der sich anderen Regeln unterwarf, zwei Wochen im Tessin verbracht haben und von dort mit zwei Dutzend Sonetten zurückgekommen sein.
Wenn man hier einen klaren Blick bewahren will, dann sollte man als erstes diese Bilder über Bord werfen. Denn die „amerikanische Stadt" gibt es ebensowenig wie die „asiatische" oder „europäische" Stadt. Es gibt nur die

überkommenen Vorstellungen, mit denen man sie irgendwo einordnet, um sie abhaken zu können. Es gibt nicht einmal eine Definition dessen, was die Stadt als gegenwärtiges, geschichtliches und transkulturelles Phänomen ist. Oder, was aufs gleiche hinauskommt, es gibt so viele Definitionen, wie es Fachrichtungen gibt, die sich damit befassen, und jede dieser Definitionen läßt sich widerlegen.
In der ersten Hälfte dieses Jahrhunderts hießen diese Vorstellungen fast alle „New York", heute scheint „Los Angeles" die Nummer eins zu sein. Aber unabhängig davon, wie diese Vorstellungen heißen, halten sie die Konfrontation mit jener städtischen Realität, von der sie doch zu berichten scheinen, immer schlechter aus, weil die verwendeten Kriterien unsauber sind. Unter dem Strich wirft man „Los Angeles" vor, keine europäische Stadt zu sein. Die Amerikaner selbst haben sich kaum damit beschäftigt, aus welchen formalen Strukturen ihre Ballungsgebiete bestehen. Die beiden bekanntesten Bücher zu diesem Thema beschränken sich darauf, es spielerisch zu streifen: *Learning from Las Vegas* (von Robert Venturi, Denise Scott Brown und Steven Izenour, 1977) beschränkt sich darauf, Schlußfolgerungen aus dem nichtigsten aller Epiphänomene, den Werbetafeln nämlich, zu ziehen, *Collage City* (von Colin Rowe und Fred Koetter, 1978) behandelt die urbanen Raster mit einer dadaistischen, gleichwohl anregenden Leichtfertigkeit.
Tatsächlich gibt es aber zumindest einen – obendrein noch hochkarätigen – Autor, der die bestehenden Beurteilungskriterien schon über den Haufen geworfen hat. In seinem Buch *Los Angeles. The Architecture of Four Ecologies* (Harmondsworth 1971) beschreibt Reyner Banham das schlechthin gestaltlose Ballungsgebiet mit tiefem Verständnis und amüsierter Sympathie: „Mein Vorbild sind die englischen Intellektuellen der Vergangenheit: Sie haben Italienisch gelernt, um Dante im Original lesen zu können. Ich habe Autofahren gelernt, um Los Angeles entziffern zu können."[1] Es wäre trotzdem übertrieben zu sagen, daß sein Buch Vorurteile ausgeräumt hätte. Insbesondere nicht in den französischsprachigen Ländern, denn sein Buch ist nicht ins Französische übersetzt worden. Es steht also jedem frei, die „amerikanische Stadt" abzulehnen. Aber vielleicht sollte man vorher versuchen, sie zu verstehen. Der *advocatus diaboli* wird also immer noch gebraucht.
Für die meisten Europäer ist es vollkommen klar, was eine Stadt ist. Deshalb verschwenden sie auch keinen Gedanken daran, woraus sie eigentlich besteht, denn wenn sie es täten, könnte dies ihre Wahrnehmung der Stadt verändern. Nicht jeder hat das – vielleicht nur zufällige – Glück gehabt,

eine Erfahrung zu machen, die eine Vorstellung relativiert, die er für gottgegeben gehalten hat.
Man stelle sich die zehnjährige Christine vor, an einem Sommertag mit ihrem Vater in einer Altstadt zwischen Mailand und Paris. Der Vater hat einige Jahre in Amerika gelebt und ist nun glücklich, an einem wirklichen Ort – kompakt und mit genau bestimmbaren Grenzen – zu sein. Er fragt die Tochter, ob es ihr hier gefalle, und ist sich ihrer Antwort sicher. Aber die Antwort lautet: „Nein, hier gibt es zu viele Häuser." Rein technisch gesehen sind es die einheitlichen Maße und die Höheneinheit, an denen ein Europäer ganz instinktiv erkennt, daß er es mit einer Stadt zu tun hat. Ein Kind, das in einer gestaltlosen Metropole aufgewachsen ist, kann damit nichts anfangen. In einer solchen Stadt gibt es eigentlich keine Straßenecken, weil es dort überall Tankstellen gibt, alleinstehende Gebäude grenzen an überdimensionierte Parkplätze, Hochhäuser stehen neben Imbißbuden. Was für den Vater das Städtische an sich ist, hat für die Tochter etwas Bedrückendes. Für sie ist die Stadt ein zerborstener Raum. Angesichts einer solchen Reaktion ging eine ganze ethnozentrische Überheblichkeit in die Brüche.
Obwohl sich die westeuropäischen Stadtlandschaften in den letzten vierzig Jahren irreversibel verändert haben, bezieht sich ein Ureinwohner von Mailand, London oder Frankfurt immer noch auf die Vorstellung vom Zentrum. Wenn ihm bewußt wird, daß die alten Städte zu regionalen Einheiten mit vielen Zentren geworden sind und die Grenzen der einzelnen Gemeinden eigentlich keine Grenzen mehr sind, dann ist dies für ihn recht schwierig und erregt sogar seinen Widerwillen. Noch schlimmer ist für ihn die Vorstellung, daß es überhaupt kein Zentrum im traditionellen Sinn mehr geben könnte. Für ihn ist das pervers, aber in den Vereinigten Staaten kommt es recht häufig vor. Porterville im US-Bundesstaat Kalifornien? „Man fährt die Straßen rauf und runter, ohne irgend etwas entdecken zu können, was einem Zentrum gliche. Nicht einmal Banken, Verwaltungsgebäude oder das Rathaus. Die Stadt hat keine Koordinaten", notiert ein verschreckter Passant.[2] Porterville ist keine Ausnahme, sondern eher die Regel, wenn man von den Städten absieht, die von englischen oder spanischen Siedlern gegründet worden waren; oft finden sich deren vormalige Zentren überdies im städtischen Abseits wieder.
Vermittelt über die von den Menschen errichteten Gebäude könnte dieses Phänomen die (mythische) Gleichheit der amerikanischen Gesellschaft zum Ausdruck bringen, zumindest aber einen Individualismus, der meint, ohne den Staat auskommen zu können. Aber unabhängig von dem, was da-

für verantwortlich ist, sind die entscheidenden Gegebenheiten psychologischer Natur: Das Zentrum einer Stadt ist für fast alle Amerikaner ein Alptraum. Ihr Ideal ist die Gartenstadt, die es – ohne die damit ursprünglich verbundenen sozialreformerischen Ideen Ebenezer Howards – am besten im ganzen Land geben sollte. In ein Stadtzentrum gehen sie nur, wenn sie unbedingt müssen. Die zwischen 1880 und 1914 erbaute *Downtown* von Los Angeles, die sich, auch wenn sie nicht so groß ist, durchaus mit dem vergleichen ließe, was zur gleichen Zeit in New York oder Chicago erbaut wurde, unterliegt der Zensur: Es gibt keine Ansichtskarten von ihr, und auf den Luftbildern, die publiziert werden, wird man sie nicht finden. Sie wird nicht als ein einmaliges architektonisches und städtebauliches Ensemble angesehen, sondern eher schamhaft verschwiegen und den mexikanischen Einwanderern überlassen. Der Grund dafür liegt nicht darin, daß das Viertel heruntergekommen oder unmodern ist. Es entspricht nur einfach nicht dem offiziellen Bild von „L. A." als der Stadt der einstöckigen Häuser im Grünen.

Aber auch wenn dieses Ballungsgebiet (das wir nicht näher definieren wollen) kein Zentrum hat, gibt es dort doch einige verdichtete Bereiche, die aber das Zentrum nicht ersetzen, weil sie (noch) keine Emotionen prägen, die wiederum das Gefühl einer urbanen Identität hervorrufen oder zumindest verstärken könnten. Trotzdem aber ragen sie aus dem gleichförmigen Stadt-Gewebe hervor und bilden Verbindungspunkte, die es vielgestaltiger werden lassen.

Damit aus diesen Orientierungspunkten Knotenpunkte werden, müßten sich Einstellungen verändern. Zumindest bei einigen privilegierten Minderheiten geschieht dies auch. In mehreren großen Städten (New York, San Francisco, Los Angeles) entstehen neben den Hochhäusern aus den zwanziger oder fünfziger Jahren „vertikale Siedlungen", die sogenannten *24 hours comunities*. Dies ist aber keine nostalgische Rückkehr in das Zentrum der alten heruntergekommenen *Downtowns*: Es handelt sich vielmehr um neue Wohneinheiten, die sich selbst genug sind, weil sie nahe beieinander Luxuswohnungen, Büros, Einkaufszentren und Vergnügungsstätten bieten. Vorangetrieben werden diese Projekte, die sich an einen ausgesuchten Teil der Bevölkerung richten, durch die Immobilienspekulation, von einzelnen Stadtverwaltungen werden sie aber auch gefördert, um die Steuereinnahmen zu steigern. Für solche Projekte interessieren sich vor allem höhere Angestellte, weswegen man auch von *Gentrifizierung* spricht. Dieser Begriff charakterisiert den sozialen Wandel, der von diesen Unternehmen angestrebt wird, und bestätigt auch, daß diese durchaus zentral ge-

legenen „Entwicklungsgebiete" nicht die Rolle eines wirklichen Zentrums übernehmen. Es sind vielmehr Inseln für Privilegierte, wo sich aber niemand für eine funktionale Verbindung zum übrigen Ballungsgebiet[3] interessiert. Nebenan läßt man das alte Stadtzentrum solange verfallen, bis die Manipulation der Grundrenten seine „Aufwertung" rentabel macht. Paul Rudolphs Projekt für das Graphic Art Center (New York 1967), eine Megastruktur mit vielfältigen Funktionen, war ein Vorbote dieser Entwicklung. Die Begeisterung für ein ehemaliges Zentrum widerspricht also nicht unserer Behauptung, daß der Begriff des Zentrums für die Kultur des Städtebaus in Amerika keineswegs entscheidend ist.
Etwas Ähnliches läßt sich über Plätze sagen: Aus ihnen hat man, von wenigen Ausnahmen abgesehen, kleine Grünanlagen gemacht und dort ein paar Bäume gepflanzt. Darunter liegt in der Regel ein Parkplatz. Die Plätze, die L'Enfant bei der Planung Washingtons vorgesehen hatte, sind nur noch simple Straßenkreuzungen. Auch die von der *„City Beautiful"*-Bewegung[4] geschaffenen Plätze haben entweder das gleiche Schicksal erlitten oder sind verödet. Nach dem Zweiten Weltkrieg hat man – zum Teil unter dem Einfluß europäischer Theorien und Erfahrungen – zahllose *Plazas* angelegt: nach dem Muster des Industriedesign, damit „die Kasse klingelt". Bei großangelegten Stadterneuerungen hat man geglaubt, richtige Platzanlagen zu schaffen, wie zum Beispiel neben dem neuen Rathaus in Boston: Dort befindet sich nun eine leere Fläche, von der viele meinen, daß es gefährlich sei, sie zu überqueren.
Eine Bevölkerung, die – selbst in den Südstaaten – nicht daran gewöhnt ist, sich entweder ohne besonderen Anlaß oder aus politischen Gründen (für so etwas gibt es Säle) unter freiem Himmel zu versammeln, wird mit solchen Flächen nichts anfangen können. Als belebten öffentlichen Raum gibt es in den Vereinigten Staaten nur die Straße. Dies gilt zumindest für einige Straßen – genaugenommen nur für ganz wenige und dann auch nur zu bestimmten Zeiten. Das fortwährende Menschengewühl, das es in Manhattan an Wochentagen gibt, gibt es keineswegs überall. Noch viel mehr als anderswo ist ein Fußgänger[5] in Amerika vor allem ein heruntergekommener Autofahrer. Selbst wenn er öfters joggt, ist seine Autonomie sehr eingeschränkt.
Nachdem europäische Kritiker das Fehlen von Plätzen, die geringe Zahl von Fußgängerzonen und die Schwierigkeiten festgestellt haben, sich zu Fuß zu bewegen, werden sie sich über die Unmengen von Autos beklagen. Wenn Banham beschreibt, was er selbst scherzhaft als *autopia* bezeichnet, dann benutzt er selbst das Bild der Brownschen Bewegung, um das unun-

terbrochene Strömen der Autos auf den vier bis sechs Spuren der Stadtautobahnen in Los Angeles zu beschreiben. Ein anderer Autor, der vielleicht unter Halluzinationen leidet, erblickt sogar „ein unerhörtes Spektakel von Tausenden von Autos, die sich mit gleichbleibender Geschwindigkeit in beide Richtungen bewegen und bei Tageslicht mit angeschalteten Scheinwerfern [...] fahren, von nirgendwoher kommend, nirgendwohin fahrend"⁶. Das alles ist bloßes Wortgeklingel, denn Baudrillard weiß weder etwas über die Wege noch über die Motive der Fahrer, die sicherlich genauso vernünftig sind wie unsere auch. Darüber hinaus könnte man mit Blick auf die Ringautobahnen in Rom oder Paris ähnlich „sinnreiche" Interpretationen von sich geben.

Ein anderer Punkt der Kritik ist die monotone Unendlichkeit der Vorstädte, die angeblich überall identisch, also unterschiedslos sind. Hierauf kann man nur antworten, daß diese ausgedehnten Gebiete mit Einfamilienhäusern und kleinen Miethäusern keine Vororte sind, sondern die Stadt selbst, weil es ja kein Zentrum gibt, auf das sich diese Peripherie innerhalb des allgemeinen Stadt-Systems beziehen könnte. Wenn es kein Zentrum gibt, dann haben die baumbestandenen Viertel mit ihren breiten boulevardähnlichen Verkehrsadern eine um so größere Anziehungskraft, wobei sich das eine Phänomen aus dem anderen erklärt. Das Ideal des Einfamilienhauses ist so kleinbürgerlich, wie es nur geht, und zieht horrende Infrastrukturkosten nach sich. Aber man darf nicht vergessen, daß die gesellschaftspolitischen Entscheidungen des größten Teils der Bevölkerung auf dieser furchtbaren Idealvorstellung basieren. Vor etwa zwanzig Jahren hätte man einen Amerikaner deshalb für verrückt erklärt. Zweihundertfünfzig Millionen Verrückte in einem Land sind immer noch ein Problem.

In diesem Zusammenhang erscheint das Wort Viertel sicherlich als unangemessen, bezeichnet es doch ein untergeordnetes städtisches Ensemble mit einer gewissen Eigenständigkeit oder zumindest einer gewissen Einheit innerhalb von räumlich wahrnehmbaren Grenzen, womit es also das genaue Gegenteil jener gestaltlosen Unendlichkeit wäre. Aber mit ein wenig Übung erkennt man sofort, daß die angebliche Vorstadt in viele Untereinheiten zerfällt, von denen jede ihre eigene – soziale – Prägung besitzt. Die „amerikanische Stadt" ist nach dem Einkommen geteilt. Indem sich diese soziale Teilung wandelt, schafft sie in ihrem Kielwasser eine „historische" Teilung. Am überraschendsten sind die Grenzen, die sowohl trennen als auch verbinden, jene unmittelbaren Begegnungen, bei denen man sich nicht sieht. Zwischen den Bereichen gibt es viele Schwellen, aber auch wirkliche Barrieren. Mit ein wenig Übung sieht man die besonderen Zeichen,

die einen Bereich charakterisieren und ihn von den angrenzenden Bereichen unterscheiden, genauso deutlich wie in Europa. Die Amerikaner selbst sehen sie sofort. Der Übergang von einem Bereich zu einem anderen läßt sich nicht vorrangig an der architektonischen Qualität, sondern eher an der Beziehung zur Straße, an den Abständen zwischen den Häusern, an der Art der Bepflanzung und am allgemeinen Zustand ablesen.
In Europa stimmen innerstädtische Grenzen oft mit den Grenzlinien zwischen zwei Geschichtsabschnitten überein: Ein Boulevard folgt einer früheren Befestigungsanlage, eine alte Baumreihe oder ein Wasserlauf verlaufen entlang einer längst aufgehobenen Gemeindegrenze usw. In Amerika folgen sie oft einer vor langer Zeit gezogenen Linie und richten sich nach einer irgendwann in der Vergangenheit von den Stadtgründern oder den ersten Siedlern getroffenen Entscheidung: Die Stellen, die man für die besten gehalten hat, haben auch die beste Behandlung genossen.[7]
Ungeachtet der Vorschläge, die von der 1893 gegründeten „*City Beautiful*"-Bewegung gemacht worden sind, um die Gestaltung der Städte mit Hilfe ästhetischer Kriterien, die man dem Barock entlehnte, zu verbessern, ist die amerikanische Stadtplanung nirgendwo gestalterischen Grundsätzen gefolgt. Sie basiert vielmehr fast ausschließlich auf Netzen aus rechtwinkligen Feldern, die man als erstes bemerkt und auf die sie von ihren Kritikern auch immer wieder reduziert wird. Von dieser Regel weicht sie bisweilen ab, aber nur, wenn sie – wie auf den Hügeln nördlich des Sunset Boulevards in Los Angeles – von den örtlichen Gegebenheiten dazu gezwungen wird. Aber dann müssen die Bedingungen auch tatsächlich besonders schwierig sein, wie es das Beispiel des Divisadero-Viertels in San Francisco zeigt, wo das Netz eine Steigung von 25 Prozent überwinden muß. Aber auch kulturelle Gründe haben zu einigen Ausnahmen geführt: Radburn und andere Gartenstädte, in denen die Lehren Raymond Unwins angewandt wurden, oder die Greenbelt Cities des New Deal sind Beispiele dafür. Aber sie sind Ausnahmen geblieben.
Daß man mit Hilfe eines rechteckigen Rasters Flächen am zügigsten verteilen kann und daß die Bodenspekulation so am wenigsten behindert wird, waren schon 1811 Entscheidungsgründe, die im Flächennutzungsplan für New York angeführt wurden. Diese Aussage ist nicht falsch, greift aber zu kurz. Die städtische Linienführung erweist sich nämlich als ebenso differenziert wie die soziale Topographie, ohne daß sich jedoch das eine mit dem anderen vermischt.
Es gibt zudem nicht nur eine Linienführung sondern mehrere, die aus jeder mindestens hundertjährigen Stadt ein Konglomerat von Fragmenten ma-

chen: Ihre Netze sind verschieden gestrickt, sie gehorchen unterschiedlichen Orientierungen, nehmen unterschiedlich große Räume ein und berühren einander jedes Mal auf eine andere Weise. Nur selten kommt es vor, daß ein neues Raster auf der Grundlage von Entscheidungen entwickelt wird, die ein Minimum an architektonischer Geschlossenheit garantieren. In der Regel wird das Raster nach den lokalen Bestimmungen ausgefüllt, die aber zumeist ausreichend Spielraum lassen. Im Vordergrund stehen dabei die Verkehrswege, deren Basiseinheit der Block ist, ein von vier Straßen gebildetes Viereck. Man kann es gar nicht oft genug sagen, die Linienführung der „amerikanischen Stadt" ist keineswegs undifferenziert, sondern vielmehr gegliedert, nicht unbegrenzt, sondern fragmentarisch und weniger unvollendet als vielmehr offen.

Hier sind wenigstens zwei Anmerkungen nötig. Die erste ist geschichtlicher Natur und handelt von den Ursprüngen dieser Morphologie. Die zweite bezieht sich auf die ästhetische Bewertung ihrer Konsequenzen für das bebaute Gebiet.

Wie bei vielem, was für dieses Land typisch ist, muß man auch hier bis zu Thomas Jefferson zurückgehen, um zu verstehen, in welch allgemeines Verständnis vom Land das Festhalten an dem rechteckigen Raster gehört. Jefferson war wie Cato ein Anhänger der Republik und kritisierte das „monarchische" Verhalten George Washingtons. Er schlug – vielleicht inspiriert von der römischen Unterteilung in Hundertereinheiten – ein Raster vor, mit dem sich sämtliche Staaten der Union mit der größtmöglichen Regelmäßigkeit aufteilen ließen. Hier drückte sich der Egalitarismus der amerikanischen Gesellschaft im Raum aus. Die territoriale Einigung wurde mittels eines Rasters vollzogen, dessen Einheiten eine Seitenlänge von einer Meile hatten. Rechtskraft erlangte dieses Prinzip in der *Land Ordinance* von 1785. Es diente dazu, die Fläche der Staaten in der großen Ebene zu verteilen, wie es schon 1787 in Ohio[8] geschehen war. Vom Flugzeug aus erweist sich dieses deutlich sichtbare Raster als die grundlegende Struktur des ganzen Landes zwischen Texas und Illinois.

Diese geometrische und absolut rationale Konzeption ist vielleicht nicht so weit entfernt von verschiedenen aberwitzigen Vorschlägen, die 1789 gemacht wurden, als man die französischen Provinzen durch Departements ersetzen wollte. Zum Beispiel basierte einer davon auf den Vielfachen und den Teilern einer symbolischen Basiseinheit, was es erlauben sollte, Verwaltungseinheiten systematisch zu organisieren, und zwar von der Gemeinde bis hin zum ganzen Land. Das Planwerk Jeffersons hatte seinen Ursprung in einer physiokratischen Auffassung von den Beziehungen zwischen

Stadt und Land und hatte den Vorzug, sich auf menschenleere Gebiete zu beziehen. Am Ende des 18. Jahrhunderts hatte das produktiv genutzte Land im agrarisch geprägten Amerika in jeder Hinsicht Vorrang vor den besiedelten Flecken.

Erst um die Mitte des 19. Jahrhunderts tauchten diese Vorstellungen in Europa wieder auf, und zwar bei Ildefonso Cerdà, einem kaum bekannten Spanier. Nachdem er 1859 den Plan zur Erweiterung von Barcelona ausgearbeitet hatte, der auf einem Netz aus Quadraten mit abgeschrägten Ecken basierte und durchaus von Jefferson beeinflußt sein könnte[9], erklärt er, daß sich dieses Prinzip auf ganz Spanien ausdehnen ließe. Aber er denkt sein Geländeraster als auf die Stadt und nicht auf das Land bezogen. Indem er sich auf das *Replete Terram* der Bibel beruft, ist er der Prophet der allgemeinen Stadtentwicklung, wie wir sie heute kennen. Aber auch das Raster Jeffersons hat sich in die gleiche Richtung verändert, denn es wird ebenfalls für die Stadtplanung verwendet. Im Flächennutzungsplan von Long Beach (1931) fungiert es als Bindegewebe zwischen den unterschiedlich gerasterten, aber nicht auf einander abgestimmten Fragmenten, die sich zu jenem Zeitpunkt von Santa Monica bis nach Los Angeles und von Pasadena nach Santa Ana erstreckten. Gegenwärtig hat dieses Raster im Fall von Palmdale und Lancaster – zwei Ansiedlungen über der Sankt-Andreas-Spalte – nicht mehr die Aufgabe, die Lücken zwischen den einzelnen Teilen zu schließen, um ein zusammenhängendes Ganzes zu bilden. Es bildet vielmehr das Knochengerüst für den zukünftigen Ballungsraum. Wenn man von Norden kommt, stößt man unmittelbar hinter der Grenze des Los Angeles County auf gerade Straßen, die im rechten Winkel von der Autobahn abgehen und auf beiden Seiten, soweit das Auge reicht, in die Mojave-Wüste hineinführen. Der Abstand zwischen ihnen beträgt eine Meile, und sie sind von A bis S durchbuchstabiert. Je näher man der Spalte kommt, die von ihrer Form her einem S ähnelt, um so mehr Gebäude gibt es dort. Dabei hat man, wie es heute häufig geschieht, mehrere Häuser aus Sicherheitsgründen mit einer Mauer umgeben.

Dies ist nicht das einzige „mittelalterliche" Merkmal im amerikanischen Städtebau. Will man einige Aspekte des rechtwinkligen Rasters erklären, dann muß man – auf der Suche nach dessen Ursprung – recht weit in der Geschichte zurückgehen. Die Flächennutzungspläne von Oklahoma City (Oklahoma, 1890), Santa Monica (Kalifornien, 1875), Elyria (Ohio, um 1850), Reading (Pennsylvania, 1748) oder von Savannah (Georgia, um 1740)[10] sind zwar zu ganz verschiedenen Zeitpunkten und für ganz unterschiedliche Orte aufgestellt worden, weisen aber ganz unerwartete Gemeinsamkeiten auf: Der Block wird in der Längsrichtung von einer kleinen Straße mittig geteilt, die ihn von einer Seite zur anderen durchläuft. Im rechten Winkel dazu liegen entlang der Längsseiten des Blocks die einzelnen schmalen und länglichen Parzellen. Die Häuser befinden sich grundsätzlich an den Enden der Parzellen zur Straße hin, wobei sie voneinander getrennt sind. An den Enden der Blöcke liegen die Parzellen in die andere Richtung. Diese Anordnung ist keine amerikanische Erfindung und läßt sich auch nicht aus den Schemata ableiten, die die Ingenieure der Renaissance entwickelt haben. Paradoxerweise ist sie viel älter: Wenn man ähnliche Strukturen im 18. Jahrhundert in London, im 17. Jahrhundert in Amsterdam, im 15. Jahrhundert in Genf, im 14. Jahrhundert in San Giovanni Val d'Arno und im 13. Jahrhundert in Hildesheim findet, dann bedeutet dies, daß die gotische Tradition (zumindest in den Ländern nördlich der Alpen) durch die als „klassisch" bezeichneten Jahrhunderte hindurch ununterbrochen fortgelebt hat.

Schon seit langem wird die Bebauung in Europa immer weiter verdichtet. Dieses Phänomen macht es sehr schwierig, seine Anfänge, von denen aus die gebaute Masse sich Zug um Zug ausgedehnt hat, zu erfassen. Unter dem Druck der demographischen Entwicklung und unter der Notwendigkeit, Gebäude rentabel zu machen, hat man die Parzellen aufgefüllt. Am Ende dieses jahrhundertelangen Prozesses standen vier- bis sechsgeschossige Häuser dicht nebeneinander. Sie standen entlang eines Seitenganges, der von einem zentralen Schacht erhellt wurde. Dieser Schacht war der nicht mehr zu verkleinernde Überrest der Freiflächen wie Hof und Gemüsegarten, die hinter dem ersten Gebäude lagen.

Diese Bauweise hat jeden gesellschaftlichen, wirtschaftlichen und ästhetischen Wandel überlebt. Quadratkilometerweise hat man sie in den früheren britischen Besitzungen reproduziert: In Montréal sind ganze Viertel auf diese Weise gebaut worden. Dort hat man von Anfang an Wohnungen gebaut, bei denen man vom Endpunkt der europäischen Entwicklung ausgegangen ist, das heißt, man hat sie an einem Seitengang aufgereiht.

In San Francisco sind die berühmten, als viktorianisch bezeichneten *painted ladies* nichts anderes als die letzte Umwandlung typischer Gebäude, wie man sie in Gemeindesiedlungen und unter *bastides* findet.[11] Aber im allgemeinen hat der Prozeß in den Vereinigten Staaten wieder bei Null angefangen. Die Parzellen sind sehr schnell, in nur drei oder vier Etappen, verdichtet worden und dies auf eine noch nie dagewesene Weise: Man hat die Häuser eher ersetzt als neue hinzugefügt. Anstelle einer auf die Länge orientierten Entwicklung stößt man bisweilen auf die Gegenüberstellung voneinander unabhängiger Einheiten auf der gleichen Parzelle. Diese Phase geht einer maximalen Nutzung unmittelbar voraus.[12] Die amerikanische Kultur schaut nicht im geringsten nach bestimmten Bautypen und produziert verschiedene planimetrische Lösungen nacheinander, die weniger streng sind als die europäischen. Auf einer „mittelalterlichen" Parzelle im kalifornischen Venice nutzt Frank O. Gehry unauffällige Massen und reiht drei Würfel entlang der Indiana Avenue auf. Auf einem ähnlichen Grundstück in New York setzt er hingegen auf die Kontinuität in der Länge. Daraus kann man nur folgern, daß der Ursprung dieser Parzellierung sicherlich in Europa liegt, sich aber durch ihre Praxis in Amerika eingebürgert hat.

Eine zweite Anmerkung gehört in den Bereich der Ästhetik. Wenn ein Europäer die „amerikanische Stadt" wegen ihres chaotischen Erscheinungsbildes kritisiert, dann tut er dies im allgemeinen im Namen einer impliziten Vorstellung von Harmonie. Das in seinen Augen willkürliche Nebeneinander bebauter und unbebauter Flächen, der schockierende Zusammenprall von banalen und affektierten Elementen, die ohne einen weiteren Gedanken miteinander kombiniert worden sind, und die aggressive Werbung, mit einem Wort die ganze „Häßlichkeit" sind für ihn Verstöße gegen ein angebliches Gesetz, über das kaum nachgedacht wird, dessen zufälligen Charakter man aber betonen sollte. Der „Klassizismus" – man sollte eher vom Neoklassizismus sprechen – ist nämlich nichts Gegebenes, sondern eine aus der Mode gekommene kulturelle Idealvorstellung, die für eine konservative, also höchst idealistische Gesellschaft bestimmt war. Wenn man sich dann auf die Harmonie als höchste Instanz beruft, um den Dämon der Yankee-„Bauten" auszutreiben, dann heißt das, daß man den Bruch durch die kubistische Revolution nicht wahrgenommen hat, daß Pop Art, Minimal Art und arte povera ebenso spurlos an einem vorübergegangen sind wie alles, was die einzelnen Avantgarden über die Welt von heute gesagt haben, die in ihrem Wesen total antiklassisch ist.

Ich erinnere an diese grundlegenden Wahrheiten, habe aber keineswegs vor, die Realität der amerikanischen Städte als bewunderungswürdig hinzustellen. Ich will nur – und ich sage es noch einmal – zeigen, wie unangemessen unsere spontanen Kriterien sind. Wenn man bedauert, daß Los Angeles nicht Brügge und nicht Viterbo ist, dann heißt das, man will Schach spielen, aber nach Halma-Regeln. Und obendrein läuft man Gefahr, das Hearst-Schloß für den Escorial-Palast zu halten.

Man täuscht sich über die Stadt, weil man sich vorher über die Mentalität getäuscht hat, die diese Stadt hervorgebracht hat. Der Amerikaner, so wie ihn sich sogar ein informierter Europäer vorstellt, ist viel zu oft ein mythisches Wesen. Man sagt von ihm, daß er beispielsweise beweglich sei, weil er keine Wurzeln habe. „Es ist kein Problem, einen Menschen von Colorado nach Georgia zu verpflanzen, weil es keine geschichtliche Erinnerung gibt. In Europa hingegen ist es schon schwierig, jemanden von Mailand nach Rom zu versetzen, weil man damit seine ganzen Lebensumstände verändert", bemerkte der Chef eines großen italienischen Unternehmens.[13] In Wirklichkeit fühlt sich der Amerikaner sehr wohl als Bürger eines ganz bestimmten Staates oder eines ganz bestimmten Ortes, und er ist „stolz darauf". Wenn er dann doch von Wyoming nach Connecticut umzieht, dann macht er es nicht, weil sich die Lebensumstände nicht oder nur wenig voneinander unterscheiden, sondern weil beide Staaten einer Regierung unterstehen und vor allem, weil man die gleiche Sprache spricht. Zwischen einem Bürger aus Rhode Island und einem Texaner bestehen ähnliche Unterschiede wie zwischen einem Stockholmer und einem Madrider. Und wenn der Amerikaner tatsächlich viel beweglicher ist, dann deswegen, weil er seinen Beruf sehr wichtig nimmt und einfach noch nicht vollständig seßhaft geworden ist.

Eine andere Mär ist die von der fehlenden geschichtlichen Erinnerung. Wenn dies tatsächlich so wäre, dann wäre es unverständlich, warum selbst die geringsten Spuren tiefe Abdrücke im ganzen Land hinterlassen haben. Beispiele hierfür gibt es genug: Dem Weg von Paul Revere in der berühmten Nacht des Jahres 1775 kann man auf den Bürgersteigen von Boston folgen, die Wege der Trecks nach Westen und die Wege durch die Wüste sind ausgeschildert, und es gibt eine riesige Zahl von historischen Orten und Gebäuden, die sorgfältig unterhalten werden und viele Besucher anziehen. Man kann voller Berechtigung von einem Fetischismus des geschichtlichen Erbes sprechen: In den Vereinigten Staaten schwärmt man für die Spuren der Vorfahren.[14]

Die amerikanische Geschichte eint die Amerikaner, denn sie sind davon überzeugt, in ihrer Gegenwart zu leben. Auf Europa trifft dies nicht mehr zu: Hier gehören die Epochen, die die Nationalbewegungen des 19. Jahrhunderts hervorgebracht haben, der Vergangenheit an. Und um dieser kurzen Zeit ein Fundament zu geben, überspringen die Amerikaner Jahrtausende (und die Kultur der Indianer) und versuchen, auf diesem Wege einen direkten Anschluß an die Urgeschichte zu finden. Von der Entstehung der Kontinente berichten sie im gleichen Tonfall wie von der Schlacht von Gettysburg.

Die Unabhängigkeitserklärung von 1776 formuliert nachdrücklicher noch als die Verfassung von 1787 den Gründungsmythos der Vereinigten Staaten, der wiederum hinter dem großen, das Land einenden Mythos des *melting pot* steht, jener Fähigkeit des Landes, aus Einwanderern in kurzer Zeit Bürger zu machen. Darauf setzten Millionen von Iren, Italienern und Deutschen, die mit dem Ziel an Land gingen, Bürger des gelobten Landes zu werden. Natürlich kann man daran festhalten, daß die Integration erst in der dritten Generation vollendet wird (und wie überall erst dann abgeschlossen ist, wenn die Enkel nicht mehr die Sprache der Großeltern sprechen). Es ist im übrigen interessant, daß sich die Ideologie des *melting pot* mit dem deckt, was Darwin in *Der Ursprung der Arten* (1859) der Geschäftsbourgeoisie als willkommene Moral geliefert hat, die sie benötigte, als sie dabei war, den Planeten zu erobern. Der heute herrschende Individualismus steht aber nicht im Widerspruch zu einer erstaunlichen Einigkeit, wenn ein Ereignis dies verlangt, das die nationale Ehre verletzt oder sie zu verletzen scheint. Dies konnte man bei den Krisen der jüngsten Vergangenheit beobachten. Es handelt sich aber um einen herdenmäßigen Individualismus: Das narzißtische Individuum mit seinem Streben nach Erfolg, der der letzte Überrest der angeblich natürlichen Auslese Darwins sein soll, und mit seinem Verhalten, dem jedes metaphysische Pathos fehlt, hält immer noch am „Pioniergeist" fest, einer Tradition, die als einzige im ganzen Land verbreitet ist.

Das Hauptproblem des Pioniers ist das Überleben. Er findet sich in den schlimmsten Situationen zurecht, improvisiert, verläßt sich nur auf sich selbst und pfeift auf jede Form von Autorität. Seine Städte sind wie er: Sie sind provisorisch und befriedigen auf dem kürzesten Wege die unmittelbaren Bedürfnisse. „Vorangehen" ist die Devise, und man muß sie wortwörtlich nehmen: Veränderung bedeutet Fortschritt. An einem solchen Ort gibt es nichts Abstraktes. Öffentliches und Privates vermischen sich, jeder schafft sich seine Gerechtigkeit, und der Begriff des Dienens fehlt. Der weit entfernte Staat erweist sich als relativ schwach und ist auch nicht wirklich sichtbar. Heute noch ist es die Kreditkarte von einem der großen Kreditkartenunternehmen, die ohne Foto auskommt, die aber die Authentizität des Personalausweises garantiert: Ein Privatunternehmen bürgt also für eine amtliche Handlung.

Eine solche Mentalität zieht Formen der Bebauung nach sich, die mit den unsrigen nicht vergleichbar sind. Aber wissen wir eigentlich Bescheid über unsere eigenen Städte? Nichts ist weniger gewiß. Es reicht also nicht aus, daß man sagt, wieso die meisten Kritiker der „amerikanischen Stadt" ihr

Ziel verfehlen. Man muß ebenso herausarbeiten, daß ihr Ausgangspunkt die Vorstellung von einer „europäischen Stadt" ist, deren Zeit abgelaufen ist. Abgesehen von einigen Metropolen, deren Wachstum und Ausstrahlung aus dem 19. Jahrhundert stammen, könnte man glauben, daß man eigentlich immer noch die Städte aus der Zeit vor der industriellen Revolution als Prüfstein nimmt. Dieser Lobgesang auf eine Stadt, die es eigentlich nicht mehr gibt, wäre weniger verlogen, wenn man ihrem Bild die Industrieviertel, die Arbeitersiedlungen und weitere Hoch- und Tiefbauten als wesentliche Momente und als aussagekräftige Zeugen der Stadtentwicklung hinzufügte.

Außerdem preist man uns von diesen Städten sowieso nur das Stadtzentrum. Die Zentren aber, die den Krieg überstanden haben, sind durch die Stadterneuerung viel nachhaltiger zerstört worden. Es gibt aber auch Orte, die beiden Plagen entgangen sind und jetzt nur noch die Wahl zwischen dem Tourismus, der sie verfälscht, und dem Schmutz haben, der sie verkommen läßt. Das ist aber nicht alles: In zahllosen Fällen machen die Stadtzentren nur noch einen lächerlichen Teil des gesamten Ballungsgebietes aus, und die Zahl ihrer Bewohner ist eine zu vernachlässigende Größe im Verhältnis zu der Region, mit der die Stadt verschmolzen ist. Wären diese Zentren intakt, dann wären sie aber wegen ihrer Struktur und wegen ihrer beschränkten Fläche nicht in der Lage, eine richtungweisende Funktion zu erfüllen. Es ist auch zu beobachten, daß ihre Zufahrtsstraßen denen ähneln, die in die Städte der ehemals neuen Welt hineinführen. Wenn man mit dem Auto nach Vicenza, nach Clermont-Ferrand, nach Zürich, Würzburg oder nach Lüttich fährt, dann sieht das kaum anders aus, als wenn man in Dallas, Boston oder in San Diego ankommt (abgesehen davon, daß der Weg in die europäischen Städte viel schwieriger zu finden ist).

Das Paradox besteht also darin, daß Europa sich all dem angepaßt hat, was es auf der anderen Seite des Atlantiks eigentlich zu verachten vorgibt. Die spezifisch europäischen Formen lösen sich letztendlich auf oder überschminken nur noch etwas anderes. Natürlich kann man über Twentynine Palms (Kalifornien), Bismark (Norddakota), Saint Cloud (Minnesota), Mumfreesboro (Tennessee), Pocomoke City (Maryland), Holbroock (Arizona) und über tausend andere Städte spotten, über die Lewis Mumford schon gesagt hat, daß sie nur Postadressen sind, aber dann sollte man ebenso über Cergy-Pontoise, Saint-Quentin-en-Yvelines oder L'Isle-d'Abeau, über Maubeuge und Brive-la-Gaillarde spotten.

Was den historischen Fetischismus angeht, wird man vielleicht – und zu Recht – einwenden, daß er nichts mit dem Sinn von Geschichte zu tun hat.

Ich fürchte aber, daß es in den alten Positionen genauso sein wird, dort, wo man die Geschichte von neuem als „eine strukturierte Tradition, die die Kontinuität der weiteren Entwicklung garantiert"[15], und nicht mehr als eine kritische Aufarbeitung der Vergangenheit begreift. Man sollte sich lieber nicht darüber lustig machen, daß sich die Amerikaner immer wieder automatisch auf die Väter der Verfassung, auf Lincoln, Roosevelt oder auf Kennedy beziehen, sondern lieber festhalten, daß Vercingetorix, Jeanne d'Arc und die Könige, die Frankreich begründet haben, noch viel eher Totemköpfe sind.

Aus der Bebauung, die über viele Jahrhunderte gewachsen ist, sind Hindernisse geworden, die die europäischen Städte daran hindern, vorausschauend oder auch nur rechtzeitig zu handeln. In den Vereinigten Staaten sieht dies ganz anders aus: Aus dem Pueblo de Nuestra Señora Reina de Los Angeles de Porciuncula, der vor zweihundert Jahren so groß war wie die Place Vendôme, ist heute ein Stadtgebiet geworden, das sich, wenn man es auf Paris übertragen würde, von Mantes nach Provins und von Melun nach Beauvais erstrecken würde. Das gleiche gilt für Chicago, das 1832 aus zwölf Hütten bestand und 1980 mehr als sieben Millionen Einwohner hatte, und ebenso für andere Ballungsgebiete.[16] Dieses exponentielle Wachstum hat die inneren Beziehungen in dem Gebiet verändert. In dem neuen lückenlosen Gewebe spielen die alten Stadtflächen die Rolle, die früher Dörfer und Kleinstädte in einem kleinen Staat gespielt haben. Ebenso hat das Vordringen der Wolkenkratzer zu anderen Größenverhältnissen geführt. Die Wolkenkratzer haben die Ballungsgebiete verdichtet und damit deren Größenverhältnisse verändert, wie es vor langer Zeit die massiven Kathedralen mit den kleinen romanischen Städten zu ihren Füßen getan haben. Das San Gimignano der *Downtowns*, das Tafuri als entzauberten Berg bezeichnet hat, ist an verschiedene Punkte verpflanzt worden und hat die Zahl seiner Zentren in dem riesigen Konglomerat, zu dem die Megastadt unter ihrer Smogglocke geworden ist, vervielfacht. Das gleiche Phänomen wiederholt sich bei den Verkehrswegen: Die innerstädtischen Autobahnen bringen die riesigen Dimensionen zum Ausdruck, indem sie sich über das städtische Straßennetz legen.

Ich habe bewußt auf das Wort Verschwendung verzichtet oder darauf, die Stadtbewohner des politischen Analphabetismus und die Stadtmanager epistemologischer Schwächen zu beschuldigen. Vielleicht sollte ich unterstreichen, daß es mir nicht um den paradiesischen Charakter von Kansas City oder von Tallahassee geht, sondern darum, die Aufmerksamkeit auf einen weit verbreiteten Irrtum zu lenken. Auch wenn wir einer großen kulturellen Familie angehören, die vor kurzem noch die Probleme der Stadt analysieren und mit einer Theorie unterfüttern konnte, geben wir dabei doch Banalitäten von uns: „Unsere Auffassung von der Stadt ist mit einer bestimmten Lebensform verbunden. Diese hat sich aber inzwischen so sehr verändert, daß die dazugehörige Auffassung damit nicht mehr Schritt halten kann."[17] Man könnte fast glauben, daß unsere Kritik an der „amerikanischen Stadt" nur unserem schlechten Gewissen entstammt. Unsere eigenen Städte sind schon keine Städte mehr. In dem Maße, in dem sie ihre Ausdehnung im Raum nicht gefunden haben, treiben sie zwischen zwei Dimensionen und sind der Ort einer abstoßenden Menschenlagerung geworden.

Übersetzung: Christian Voigt

Anmerkungen

1 Reyner Banham, Los Angeles. The Architecture of Four Ecologies, Harmondsworth 1971, 23
2 Jean Baudrillard, Amerika, München 1995, 93
3 Vgl. Domenico Cecchini, Maurizio Marcelloni, „Centro e periferia della nuova città in U.S.A.", in: Urbanistica, 80, August 1985, 50-54
4 Ihre Bibel ist: Werner Hegemann, Elbert Peets, The American Vitruvius: An Architects' Handbook of Civic Art, New York 1922; des weiteren: Giorgio Ciucci, Francesco Dal Co, Mario Manieri-Elia, Manfredo Tafuri, The American City from the Civil War to the New Deal, Cambridge, Mass. 1979, vor allem 46ff und passim, David Schuyler, The New Urban Landscape. The Redifinition of City Form in Nineteenth-Century America, Baltimore und London 1986
5 Vgl. Bernard Rudofsky, Streets for People: A Primer for Americans, Garden City, New York 1969
6 Jean Baudrillard, a.a.O., 173
7 Zu diesem kaum untersuchten Problem der Grenzen vgl. Franz Oswald, „Phänomen Grenze", in: Zürcher Almanach, Zürich 1972, 1-12
8 Vgl. Polo Sica, Storia dell'urbanistica. Il Settecento, Bari 1976, 366ff
9 Vgl. den Plan von Jeffersonville (1802)
10 Vgl. John W. Reps, The Making of Urban America. A History of City Planning in the United States, Princeton 1965
11 Vgl. Anne Vernez Moudon, Built for Change: Neigborhood Architecture in San Francisco, Cambridge, Mass. 1986
12 Vgl. Pierre Mouton, „Maisons de ville à Los Angeles. Un nouveau mode d'habitat?", in: Architecture-Mouvement-Continuité, 13, Oktober 1986, 10ff
13 Carlo de Benedetti in L'Espresso, 14. Dezember 1986, 50
14 In Texas gibt es einen Lyndon B. Johnson National Historical Park mit der Ranch, dem „texanischen Weißen Haus", dem Familiengrab, dem Haus der Großeltern und dem wie-

deraufgebauten Geburtshaus des ehemaligen Präsidenten. Die Bustour dauert dort eineinhalb Stunden.
15 Jürgen Habermas, „Die Moderne, ein unvollendetes Projekt", in: ders., Die Moderne, ein unvollendetes Projekt, Leipzig 1990, 48
16 Vgl. Blake McKelvey, The Urbanization of America 1860-1915, New Brunswick, NJ 1963, sowie The Emergence of Metropolitan America 1915-1966, New Brunswick, NJ 1968
17 Jürgen Habermas, „L'autre tradition", in: Katalog der Ausstellung „La Modernité, un projet inachevé. 40 architectes", Paris 1982, 30

III Die Natur als Selbstdarstellerin und die Landschaft als Schauspiel

Das Territorium als Palimpsest

*Für Alain Léveillé, von dem man viel über die Morphologie
von Stadt und Land und über den richtigen Umgang
mit beidem lernen kann*

1

Das Territorium steht auf der Tagesordnung: Es ist zum Schauplatz jener großen Probleme geworden, die das ganze Land betreffen und bisher zumeist mit den Städten – oder mit der Hauptstadt – in Zusammenhang gebracht wurden, wobei diese aus der Lösung der Probleme ihren Nutzen gezogen haben. Auch die Darstellung des ländlichen Raumes, die vor nicht allzu langer Zeit als etwas äußerst Abstraktes galt und nur etwas für Technokraten zu sein schien, ist heute eine Angelegenheit für jedermann geworden. Ausstellungen wie *Karten und Bilder der Erde* (Paris 1980) oder *Landschaft: Bild und Wirklichkeit* (Bologna 1981) ziehen heute ebenso viele Besucher an wie eine Retrospektive des Impressionismus. Daß die Menschen nicht nur wegen des neuen Themas kommen oder weil bestimmte Dokumente ganz außergewöhnlich und die meisten von ihnen sehr schön sind, beweist der Erfolg, den die viel spezielleren Veranstaltungen haben. Beispiele hierfür sind Ausstellungen wie die über den sardischen Kataster von 1730 in Savoyen und über den Kataster der Maria Theresia in der Lombardei (Chambéry und Pavia 1980).
All das legt den Gedanken nahe, daß es in Europa angesichts der Komplexität und der Verknüpfung von Funktionen auf den verschiedenen nationalen und regionalen Ebenen gegenwärtig das allgemeine Bedürfnis gibt, ein wenig auf Distanz zu gehen, um besser zu verstehen, was für Fragen eigentlich gestellt werden. Zumindest aber will man auf eine diffuse Art und Weise verstehen, wie das physische und mentale Gebilde, das wir als Territorium bezeichnen, entstanden ist und was seine Merkmale sind. Viele Menschen nehmen es gegenwärtig zu Recht als ein großes Ensemble mit besonderen Eigenschaften wahr. Noch mehr Menschen sehen in ihm eine Art

Allheilmittel. (Das geht so weit, daß man manchmal Aufmerksamkeit erregen kann, wenn man eine Idee oder ein Projekt mit diesem Konzept verknüpft, auch wenn die Verbindung zwischen beiden unklar oder sogar willkürlich ist.)
Auf der allgemeinen Ebene, auf der wir uns hier bewegen, kann man nicht von einem Konzept sondern eher von einer Bezugsgröße reden. Und tatsächlich gibt es ebenso viele Definitionen des *Territoriums*, wie es Disziplinen gibt, die sich damit beschäftigen. Bei der juristischen Definition geht es um wenig mehr als um die Souveränität und um die Befugnisse, die daraus abgeleitet werden. Wenn Raumplaner das Territorium definieren, dann werden hingegen so verschiedene Dinge wie Geologie, Topographie, Gewässerkunde, Klima, Waldflächen, Bewirtschaftung, Bevölkerung, technische Infrastruktur, Produktionskapazitäten, Rechtsordnung, Verwaltungsstruktur, volkswirtschaftliche Gesamtrechnung, Dienstleistungen, politische Zielsetzungen und weitere Faktoren einbezogen. Deren Auswirkungen werden nicht nur insgesamt berücksichtigt, sondern auch dynamisch im Zusammenhang mit konkreten Eingriffen. Zwischen diesen beiden Extremen – dem Einfachen und dem Hochkomplexen – liegt das ganze Spektrum der anderen Definitionen, ob sie nun von Geographen, Soziologen, Ethnographen, Kulturhistorikern, Zoologen, Botanikern, Meteorologen oder aus militärischen Führungsstäben usw. stammen. Neben den mehr oder weniger klar umrissenen Bereichen der einzelnen Disziplinen gibt es noch die ungefähren und bedeutungsträchtigen Begrifflichkeiten der Alltagssprache. Das Wort *Territorium* versinnbildlicht dort die Einheit der Nation oder des Staates, bezeichnet aber ebenso landwirtschaftlich genutzte Flächen wie auch solche, die der Erholung dienen.
Diese Aufmerksamkeit für eine Reihe von eher allgemeinen Phänomenen – gewissermaßen geht es darum, daß der Boden zum Territorium wird – könnte möglicherweise helfen, ein Problem zu beseitigen, das mit dem Wachsen der Städte seit dem 13. Jahrhundert entstanden ist und mit dem Siegeszug der industriellen Zivilisation zu einem klassischen geworden ist, nämlich dem des Gegensatzes von Stadt und Land. Indem man Begriffe verschiebt, beseitigt man das Problem, aber man löst es nicht, weil dieser Gegensatz ebenso falsch ist wie der, der von einer Insel behauptet, sie sei vom Meer sozusagen eingeschlossen und umgeben: So denkt ein Landbewohner, aber kein Fischer. Er ist unablässig zwischen Land und Meer unterwegs und benutzt die Grenzen der Elemente dazu, aus den anscheinend unvereinbaren Bereichen eine notwendige Einheit zu schaffen. Der Gegensatz zwischen Stadt und flachem Land, der das Territorium so lange ge-

lähmt hat, ist ebenfalls und vor allem städtisch geprägt. Wie der vorige, tritt er augenfällig wie eine Figur auf ihrem Grund hervor. Zuerst hat dieser Gegensatz ein moralisches Urteil gestützt, dann eine politische Ordnung begründet und zuletzt einen wirtschaftlichen Unterschied zum Ausdruck gebracht. Schon in der Bibel und später für Vergil diente das Land als Zuflucht außerhalb der verkommenen Stadt. Die Humanisten und dann die Romantiker haben diese rhetorische Figur ebenfalls benutzt, letztere mit größerem Recht, weil sie mit anschauen mußten, wie Ballungsgebiete entstanden. Daß dieser Gemeinplatz sich so hartnäckig hielt, könnte auch ein Zeichen dafür sein, daß die Menschen sich noch nicht vom Schock der Urbanisierung erholt hatten, als sie den Schock der Industrialisierung erlebten. Bis zum Ende des Ancien Régime herrschte die Stadt über das Land, weil sich in ihr die Macht konzentrierte und weil sie bestimmte, was Recht war. Unabhängig von der Regierungsform zwang die von Mauern umgebene Stadt – von wenigen Ausnahmen abgesehen – dem Land, von dem sie ernährt wurde, ihren Willen auf. Die Unterwerfung hielt an, aber ihr Wesen veränderte sich: Die Stadt wächst, erhitzt sich, erfindet, gärt, verwirklicht, plant, verwandelt, produziert, handelt, entlädt sich und dehnt sich aus, während sich das Landleben mit seinen Bräuchen und Methoden über lange Zeit hinweg überhaupt nicht zu verändern scheint. Dies blieb aber nicht so, denn die Zeit dieses scheinbaren Stillstands ging zu Ende: Die Dynamik der städtischen Unternehmen hat schließlich auch das Land erfaßt, und so wurden die Unterschiede in den Mentalitäten immer geringer. Der ländliche Raum bleibt also, wie es Franco Farinelli formuliert hat, im 19. Jahrhundert „der Ort, an dem Entscheidungen umgesetzt werden, die in der Stadt gefällt worden sind".
In der Gleichsetzung des Landes mit Arkadien haben sich die Bauern niemals wiedergefunden. Aber paradoxerweise hatten sie von der Stadt eine annähernd identische, das heißt genauso fiktive Vorstellung: Für sie war die Stadt ein Ort des ununterbrochenen Vergnügens. Die Landbewohner konnten aber niemanden für ihre Lebensbedingungen interessieren, weil sie niemanden hatten, der für sie die Stimme erhob. Für den normalen Städter war das Land weiterhin die menschenleere grüne Landschaft, nach der er sich sehnte. Wenn der Gegensatz zwischen Stadt und Land in unserer Zeit immer mehr verblaßt, dann hat dies nichts mit einer veränderten Auffassung von Territorium zu tun (das kommt erst an zweiter Stelle), sondern viel mehr damit, daß das ganze Land immer mehr verstädtert.
Seit dem Zweiten Weltkrieg hat nicht nur die Zahl der dicht bevölkerten Regionen übermäßig zugenommen, entscheidend verändert hat sich vor al-

lem die Mentalität jener Menschen, denen die Stadt grundsätzlich fremd war. Sie vollziehen zumindest im gesamten Westeuropa einen tiefgreifenden Wandel, der in den Vereinigten Staaten schon abgeschlossen ist. Dieser Prozeß ist durch die Verbreitung der Massenmedien vorangetrieben worden: Schneller als die Eisenbahn im letzten Jahrhundert haben Radio und vor allem das Fernsehen Verhaltensweisen verändert, indem sie den Menschen kulturelle Reflexe addressiert und ihnen so eine Angleichung der Lebensformen nahegebracht haben.

Von dieser anthropologischen Warte aus betrachtet ist der Gegensatz zwischen Stadt und Land verschwunden, weil die Stadt den Sieg über das Land davongetragen hat. „Stadt" ist also nicht unbedingt dort, wo eine dichte Bebauung vorherrscht, sondern dort, wo sich die Bewohner eine städtische Mentalität angeeignet haben. Diese Gleichsetzung des Landes mit der Stadt hat schon im 5. Jahrhundert nach Christus der gallische Dichter Rutilius Numatianus ausgedrückt, als er über Rom sagte: *urbem fecisti quod prius orbis erat* – „Aus dem, was früher die Welt war, hast du eine Stadt gemacht". Aber an die Stelle einer Weltbürgerschaft ist eine ganze Skala von Werten getreten, die auf dem Utilitarismus basieren, sich um Ideologien nicht kümmern und deren langfristige Konsequenzen durchaus beunruhigend sind.

Man kann mit scharfsinnigsten Argumenten bedauern, daß die Stadt das Land erobert hat, man kann das in den Himmel heben, was sich dieser Tendenz noch entgegenstellt, man kann Gegenbeispiele anführen. Was man aber nicht bestreiten kann, ist die Richtung dieser Entwicklung und ihre immer stärkeren Auswirkungen. Neben anderen hat auch Rousseau dieses Phänomen aus der Distanz wahrgenommen. In einem Brief aus dem Jahre 1763 schreibt er: „Die ganze Schweiz ist wie eine große Stadt in dreizehn einzelne Viertel aufgeteilt. Die einen liegen im Tal, die anderen auf den Hängen und noch andere auf den Bergen. [...] Es gibt Viertel, die mehr oder weniger bewohnt sind, aber alle sind soweit bewohnt, daß man immer das Gefühl hat, in einer Stadt zu sein. [...] Man glaubt nicht mehr, daß man eine Wüste durchquert, wenn man zwischen Tannen Kirchtürme erblickt, wenn auf den Felsen eine Herde weidet, wenn man in den Schluchten auf eine Manufaktur stößt und neben einem Wasserfall eine Werkstätte findet." Diese Passage und eine ihr entsprechende in den *Träumereien* haben etwas Visionäres in einer Zeit, in der die Schweiz für die Reisenden, die Hallers Gedicht *Die Alpen* gelesen hatten, das Inbild der paradiesischen Ländlichkeit war.

Vor zwei Jahrhunderten konnte dies noch als poetische Abstraktion durchgehen, heute ist es vor unseren Augen zur Realität geworden. Der Bau von Autobahnen, Eisenbahnen und Flughäfen und aller damit zusammenhängenden Einrichtungen, die systematische Ausstattung auserwählter Küstengebiete mit allem, was der Sommertourismus zu bieten hat, und diejenige der Bergregionen, wo Landwirtschaft und Besiedelung nicht lohnen, mit allem, was man für die Winterferien benötigt, sind die sichtbarsten Spuren einer im wesentlichen städtischen Aktivität, deren Ziel es ist, dem Städter die ganze Welt zur Verfügung zu stellen. Wenn sich ein winziger Prozentsatz der Weltbevölkerung dem Nahrungsmittelanbau widmen würde, dann wäre dies im übrigen genug, um die gesamte Menschheit zu ernähren. Unter diesen Umständen bildet das Territorium, wie unscharf es auch immer definiert ist, künftig zweifelsfrei das Maß aller menschlichen Dinge.

2

Das Territorium ist nicht *gegeben*, sondern das Ergebnis unterschiedlicher *Prozesse*. Zum einen verändert es sich auf ganz unvorhergesehene Weise: Wälder und Gletscher rücken vor oder ziehen sich zurück, Sümpfe dehnen sich aus oder trocknen aus, ein See verlandet oder ein Delta entsteht, Strände und Steilküsten erodieren, Küstenstreifen und Lagunen entstehen, Täler senken sich, Vulkane tauchen auf oder erkalten, es gibt Erdrutsche und Erdbeben, und all das zeugt davon, daß die Gestalt der Erde instabil ist. Zum anderen gibt es die Eingriffe der Menschen: Bewässerung, Bau von Straßen, Brücken, Deichen und von Staudämmen zur Stromerzeugung, Graben von Kanälen, Bohren von Tunneln, Erdaufschüttungen, Rodungen, Aufforstungen, Bodenverbesserungen, und auch die banalsten landwirtschaftlichen Tätigkeiten verändern das Territorium unablässig. Die zwangsläufigen Mechanismen, die in Geologie und Meteorologie verankert sind, gestalten das Territorium nach ihrer eigenen Logik um und gehen im Wirken der Natur auf. Die Willensakte hingegen, mit denen das Land verändert werden soll, können zudem in ihren Konsequenzen wenigstens teilweise korrigiert werden. Aber die meisten Einflüsse, die es – wie zum Beispiel die Klimaveränderungen – „bearbeiten", vollziehen sich über solch lange Zeiträume, daß sie der Beobachtung durch einzelne Menschen, und auch der durch eine ganze Generation, entzogen sind. Daraus resultiert der normalerweise vorherrschende Eindruck, daß sich „die Natur" nicht verändert.

Die Bewohner eines bestimmten Territoriums streichen in dem alten Buch des Bodens immer wieder etwas aus und schreiben es neu. Durch seine systematische Ausbeutung, die von der technologischen Revolution des 19. Jahrhunderts auch für die letzten Winkel der meisten Länder propagiert worden ist, hat man alle Regionen immer stärker kontrolliert. Selbst die höchsten Bergketten, die für das Mittelalter noch eine Art Hölle auf Erden waren, sind dank technischer Hilfsmittel „kolonisiert" und bewirtschaftet worden. In einigen Teilen der Alpen sind alle Wege so gut ausgeschildert, daß man sich dort nicht mehr verlaufen kann. Das hat dazu beigetragen, daß diese einstmals gefürchteten Gegenden nichts Phantastisches mehr an sich haben.

Wie die Aufzählung dieser Eingriffe zeigt, reicht es nicht aus festzustellen, daß die Gestalt des Territoriums aus vielen mehr oder weniger koordinierten Maßnahmen resultiert. Dies zeigt sich nicht nur bei einer bestimmten Zahl von dynamischen Phänomenen geoklimatischer Natur. Sobald eine Gruppe von Menschen Land in Besitz nimmt (sei es auf geringfügige Weise, wie beim Sammeln von Früchten usw., oder auf eine tiefgreifende, wie beim Abbau von Rohstoffen), schafft sie eine Beziehung zum Land, die auf Gestaltung oder auf Planung basiert. Die Auswirkungen dieser Koexistenz sind auf beiden Seiten spürbar. Das Territorium wird, anders gesagt, zum Objekt einer Konstruktion, zu etwas Künstlichem und ist von diesem Zeitpunkt an auch ein *Produkt*.

Die Ziele und die Mittel dieser Nutzung des Landes setzen ihrerseits Kohärenz und Kontinuität in der sozialen Gruppe voraus, die die mit der Nutzung verbundenen Eingriffe beschließt und durchführt. Denn der Teil der Erdoberfläche, den man als Territorium bezeichnet, ist in der Regel das Objekt einer Aneignungsbeziehung, die nicht nur physischer Natur ist, sondern in der auch verschiedene politische oder mythische Intentionen zum Tragen kommen. Dieser Umstand, der es verbietet, ein Gebiet mittels eines einzigen Kriteriums zu definieren (zum Beispiel geographisch, wie mit den oft genannten „natürlichen Grenzen", oder ethnisch nach einer dort ansässigen, nach der dort mehrheitlich vertretenen oder auch nach der dort dominierenden Bevölkerungsgruppe), zeigt, daß dies keineswegs ein „objektiver" Begriff ist. Das heißt aber nicht, daß er willkürlich wäre, sondern daß er eine beträchtliche Zahl von Faktoren einschließt, die jedesmal anders gewichtet werden und deren Vermischung von der Geschichte in den meisten Fällen betrieben – oder auch abgesegnet – worden ist.

Die Geschichte – und vor allem die jüngste Geschichte – hat unglücklicherweise viele unvollkommene Gebiete geschaffen, deren Grenzziehung Span-

nungen ausgelöst hat, weil sie nicht den Erwartungen der betroffenen Ethnien entsprochen hat. Bei einigen wenigen besonders tragischen Fällen kommt es zu etwas, was man mit dem Vokabular der Fotografie als „Doppelbelichtung" bezeichnen könnte: Dasselbe Gebiet wird von zwei Gruppen beansprucht, die einander unversöhnlich gegenüberstehen und entgegengesetzte Pläne verfolgen. Ein Beispiel hierfür sind Römer und Germanen, die einander am Limes belauerten.
Damit das Territorium als Einheit wahrgenommen wird, müssen die ihm zugeschriebenen Eigenschaften von den Betroffenen anerkannt werden. Die Dynamik der Entstehungs- und Erschaffungsphänomene findet ihre Fortsetzung in der Idee von der unaufhörlichen Perfektionierung der Ergebnisse, bei der ein effizienteres Erfassen aller Möglichkeiten, eine vernünftigere Verteilung von Gütern und Dienstleistungen und eine angemessenere Führung und Innovationen in den Institutionen miteinander verbunden werden. Das Territorium ist also auch ein *Projekt*.
Diese Notwendigkeit einer gelebten Beziehung zwischen einer topographischen Oberfläche und der dort ansässigen Bevölkerung erlaubt die Schlußfolgerung, daß es kein Land gibt ohne ein damit verbundenes Imaginäres. Man kann das Territorium mit statistischen Größen erfassen (Fläche, Höhe, Durchschnittstemperaturen, Bruttoproduktion usw.), aber man kann es nicht auf das rein Quantitative reduzieren. Weil es ein Projekt ist, wird es mit Bedeutung aufgeladen. Man kann darüber reden. Es trägt einen Namen. Alle Arten von Projektionen knüpfen daran an und machen es zum Subjekt.
In traditionellen Zivilisationen, die die Ordnung der Welt nicht stören wollen und sogar an ihrer Bewahrung arbeiten, ist das Territorium ein lebendiger, gottähnlicher Körper, der kultisch verehrt wird. Einige Teile davon können eine besondere Stellung haben, durch die sie geheiligt werden. Zum Beispiel war in der Spätantike eine mit Türmen gekrönte weibliche Büste das Sinnbild für Trier oder Mailand. Das Mittelalter und später die Barockzeit haben andere Formen der Personifizierung gekannt, die auf einer symbolischen Interpretation der Erdumrisse basierten. Man wollte eine Verbindung zwischen ihnen und einer Persönlichkeit schaffen, die das Wesen des dargestellten Landes zum Ausdruck bringen sollte. Dieser Wille zur Moralisierung erlaubte es, die Erde mit Christus zu identifizieren (Weltkarte von Erbstorf, 13. Jahrhundert), Europa zu einem androgynen Wesen zu machen, wobei Spanien der Kopf und Venedig das Geschlechtsorgan war (Karte von Opinicius de Canistris, 14. Jahrhundert) oder die spa-

nischen Niederlande als einen Löwen und Tirol in der Gestalt eines Adlers zu zeigen (17. Jahrhundert).
Der Sinnverlust, der die Ausbreitung der industriellen Zivilisation begleitet, hat diese Allegorien zu Karikaturen gemacht: Ein Territorium wurde im 19. Jahrhundert als Menschenfresser, ein anderes als alte Jungfer dargestellt. Dabei geht die Darstellung des Territoriums in einer Person der Idee von der Nation als einem organischen Ganzen voraus, nimmt aber manchmal auch deren Stelle ein. Als erstgenannte ihre Unschuld verloren hatte, haben die modernen Staaten das ‚Vaterland' erfunden und dieser Vorstellung mit Hilfe des Chauvinismus eine große Schlagkraft verliehen, obwohl sie in ihren Anfängen noch vollkommen farblos wirkte.
Diese unterschiedlichen Formen der Verwandlung von Ländern in Figuren verweisen unbestreitbar darauf, daß das Territorium eine *Form* hat. Mehr noch, es *ist* eine Form, die – und das versteht sich von selbst – keineswegs geometrisch sein muß.
Wir haben uns mehrfach auf Rom bezogen: Das Raster, das es allen eroberten Ländern aufgezwungen hat, ist ein extremes Beispiel für eine gewollte Gestaltung, die von Schottland bis Syrien, von Rumänien bis Portugal und von Tunesien bis Deutschland noch heute zu entziffern ist. Das Quadrat mit einer Seitenlänge von 2400 Schritten (etwa 710 Meter) ist die einheitliche Grundlage für das römische System der Bodenbewirtschaftung, die unterschiedlich ausgerichtete Raster umfaßt. Dieses Basisgeflecht schließt seinerseits Vielfache und Teiler ein, so daß große Dimensionen (wie eine ganze Provinz) ebensogut zu beherrschen sind wie die kleinste Dimension (beispielsweise ein *actus*, weniger als ein Viertel Hektar). Auf einer ganz anderen Ebene, die einer direkten Wahrnehmung entzogen ist, ist Frankreich, das sich gerne als Hexagon bezeichnet, in dieser Form das geschlossene und vollkommene Sinnbild für ein Gleichgewicht, das nach jahrhundertelangen geschichtlichen Wirren erreicht werden konnte.
Neben diesen beiden Möglichkeiten, dem Territorium eine Ordnung zu geben, zum einen von seinen Grenzen her, zum anderen von seinem Gewebe her, gibt es zahlreiche andere, die dazwischen liegen. Die tausend Quadratkilometer große Fläche, die im 4. Jahrhundert um Angkor herum angelegt worden ist, ist eine der außergewöhnlichsten davon: Tempel, Pfahlbausiedlungen und Reisfelder sind dort ohne Unterbrechung der funktionellen Kontinuität zu einem Ganzen verbunden worden, das astronomischen Vorgaben gehorcht und von riesigen Quadranten gegliedert wird, in deren Mitte Heiligtümer, Plattformen, riesige Bassins, Wassergräben, Deiche und Chausseen liegen. Aber nennen kann man neben dieser „Reis-Fabrik"

(Henri Stierlin) ebensogut die endlose Abfolge von *Reihen* in Québec, jene schmalen Geländestreifen, die, wie mit dem Lineal angelegt, senkrecht zum Fluß verlaufen (manchmal steht etwas ein klein wenig über und bringt das Ganze ins Vibrieren), und die Quadrate, Kreise und die Streifen, die die gesamte Oberfläche des US-Bundesstaates Nebraska bedecken, in dem Landwirtschaft nur industriell betrieben wird.

Viel häufiger als die erwähnten Landschaften gibt es solche, in die nach den Erfordernissen der Produktion, die aber nicht geometrisierend retouschiert wurde. Im 10. und 11. Jahrhundert haben die Benediktiner, die auch Fachleute für Bewässerung waren, die Poebene aus einer Sumpflandschaft in eine landwirtschaftliche Nutzfläche verwandelt. Eine andere Ordensgemeinschaft, die Zisterzienser, hat die Fischzucht und den Weinanbau entwickelt und vom 12. Jahrhundert an ganze Landstriche umgestaltet: Zum Beispiel hat sie im Weinbaugebiet von Lavaux in der französischen Schweiz Terrassen an sehr steilen Berghängen angelegt. Die außergewöhnlichen terrassenförmigen Reisfelder in Indonesien und auf den Philippinen, die überstehenden kleinen Grundstücke in Kiuschu bilden eine ebensolche Veränderung, aber in einem viel größeren Maßstab, denn dort sind ganze Berge umgestaltet worden.

Es hat noch andere Eingriffe in die Gestalt des Territoriums gegeben, die aber die topographische Grundlage der Produktion nicht verändert haben. Dies trifft dort zu, wo man – wie in Teilen Mitteleuropas – den Waldwuchs eines Landes verändert hat, indem man schneller wachsende Kiefern anstelle von Eichen gepflanzt hat. Im Spanien des Goldenen Zeitalters zum Beispiel hat man den Wald vollständig abgeholzt, als man das Holz für den Schiffbau und für die Eisenproduktion benötigte. Später hat man diese Flächen als Weiden für Schafe genutzt und damit völlig ruiniert. Durch die Entdeckung Amerikas hat sich der Schwerpunkt der europäischen Wirtschaft vom Mittelmeer an den Atlantik verlagert. Um seinen Bankrott zu vermeiden, hat Venedig, das vom Handel mit dem Orient lebte, über einen längeren Zeitraum versucht, vom Handel auf den Ackerbau umzuschwenken. Vom 16. Jahrhundert an hat dieses teilweise gelungene Vorhaben zu starken Veränderungen bei der Größe der landwirtschaftlich genutzten Flächen, bei den Arten der Kulturpflanzen und bei den Methoden der Bewirtschaftung in der Terra Ferma geführt, so daß sich die äußere Erscheinung des Territoriums verändert hat.

Ebenso ist es durch die Entdeckung Amerikas möglich geworden, nach und nach eine riesige Menge von Nutz- und Zierpflanzen nach Europa einzuführen, die sich hier inzwischen so gut akklimatisiert haben, daß sie hier von jeher zu wachsen scheinen. Sie tragen ebenfalls dazu bei, das Territorium oder zumindest das, was man davon wahrnimmt, zu definieren. Eine Sensibilität für die unvermittelt wahrgenommene Gestalt des Territoriums hat es nicht erst in jüngster Zeit gegeben. Jenseits des Gegensatzes von *locus amoenus* und *locus horridus* hat die Antike kaum etwas anderes als eine idealisierte Landschaft gekannt. Im Gegensatz dazu scheint die Renaissance in der Toskana versucht zu haben, die Erfordernisse der Produktion mit einer „schönen Landschaft" zu versöhnen. Sie hat einerseits die Landschaftsmalerei als unabhängiges Genre erfunden und andererseits gleichzeitig Modelle entwickelt, um dem Territorium eine Form zu geben. Diese Modelle haben sich nicht auf den geometrischen Garten beschränkt, der als Mikrokosmos ein soziokosmologisches Projekt zum Ausdruck bringt; es gab sie auch auf der topographischen Ebene, um eine tatsächliche Harmonie unter Beweis zu stellen.

Aus ganz anderen Motiven heraus hat man im England des 18. Jahrhunderts mit dem englisch-chinesischen Garten eine ganz neue Lösung gefunden. Hierbei hat man inzwischen begriffen, daß vor allem die wirtschaftlichen Vorteile für den Erfolg dieser Gärten verantwortlich waren. Ihre Größe soll die Illusion eines paradiesischen Ortes vermitteln, der kein Ende hat. Grundlegend für diese Gärten waren der Gegensatz zwischen Grasflächen und Gebüschen und die Kontraste zwischen unterschiedlich hohen Bäumen mit verschiedenen Farbgebungen, die von ausgefeilten Wegführungen abhängig waren. An ihnen hat man sogleich ihre Freiheit bewundert, gleichwohl waren sie bis ins letzte durchkalkuliert. Über William Kent, einen der Schöpfer dieser Ästhetik des Pittoresken, hat Horace Walpole gesagt, daß er „der erste war, der über den Zaun gesprungen ist und entdeckt hat, daß die ganze Natur ein Garten ist".

Diese Erklärung trifft nicht zu, denn der englische Garten leitet sich nicht von einer Nachahmung der Landschaft her. Um dessen Quellen zu finden, sollte man die französischen Maler des 17. Jahrhunderts oder, wie einige meinen, die venezianischen des 16. Jahrhunderts studieren. Auf jeden Fall ist er das Resultat der manipulativen räumlichen Anordnung einer bestimmten Zahl ausgewählter natürlicher Produkte mit dem Ziel, philosophisch geprägte Wirkungen bei kultivierten Menschen hervorzurufen, die sich dort ergehen. In Wirklichkeit war es aber der Garten selbst, der im darauffolgenden Jahrhundert seine Landschaftlichkeit dem gesamten englischen Territorium aufpfropfte. Im Gefolge einer Neuaufteilung des Grundbesitzes hat die Ästhetisierung der Natur in England eine grundlegende Veränderung der Produktionsbeziehungen sowohl verschleiert als auch legitimiert. Dort war die Gestalt des Territoriums ein unmittelbarer Ausdruck der sozioökonomischen Gedanken des aufkommenden Liberalismus.

3

Es gibt mehrere mögliche Beziehungen zur äußeren Gestalt des Territoriums: Die letzten Jahrhunderte des französischen Ancien Régime haben zwei davon entwickelt, und die Zeitgenossen der industriellen Revolution haben diese beiden – nämlich die Karte und die natürliche Landschaft als Gegenstand der Betrachtung – später bevorzugt. Diese beiden Phänomene bilden in ihren Zielen und in ihren Mitteln absolute Gegensätze, weil sie grundverschiedene Auffassungen von der Natur repräsentieren.
Auf der ersten beruht der Aufschwung jener Wissenschaften, die die „Natur" als ein Gemeingut ansehen, über das die Menschen verfügen können und das sie zu ihrem Vorteil ausbeuten können, ja sogar ausbeuten müssen. Für sie ist die Natur ein Objekt. Ihren Höhepunkt erreicht diese Richtung mit dem Positivismus des 19. Jahrhunderts, dem die technologische Revolution eine unwiderstehliche Schwungkraft verleiht. Für die zweite hingegen ist dieselbe Natur eine Art von Lehrer der menschlichen Seele. Dies geht so weit, daß die Romantik, vor allem in ihrer deutschen Ausprägung, die Natur als ein mystisches Wesen begreift, das in ständigem Dialog mit den Menschen steht. Für sie ist die Natur also ein Subjekt. Dem Überschwang der Vernunft steht ein Überschwang des Gefühls gegenüber. Die einen wollen die Wissenschaft instrumentalisieren, um das Territorium immer effizienter zu beherrschen. Dagegen revoltieren die anderen, die eine Art „zwischenmenschliche" Beziehung zur Natur aufbauen wollen.
Die „Peutingersche Tafel", eine Straßenkarte des spätrömischen Reiches, von der eine Kopie überliefert ist, legt Zeugnis davon ab, daß es in der Antike Karten gab, die den unseren relativ ähnlich waren. In der Antike wurden auch Kataster auf Steinplatten angelegt: Man benötigte bestimmte Instrumente und allgemeingültige Abkürzungen für eine gegebene Bodenfläche, um die romanisierte Welt verwalten zu können. Eine Karte basiert auf der Vorstellung, daß sie ein Bild von einem Gebiet liefert, dessen direkte Wahrnehmung per definitionem unmöglich ist. Die Karte ist also eine in ihren Dimensionen und Bestandteilen reduzierte Wiedergabe der Wirklichkeit, die aber trotzdem die ursprünglichen Beziehungen zwischen den wiedergegebenen Elementen bewahrt. In vielerlei Hinsicht tritt sie an die Stelle des

Territoriums, denn die für das Territorium geplanten Aktionen finden zuerst auf einer Karte statt. Karte und Territorium lassen sich jederzeit austauschen. Aber natürlich handelt es sich dabei um eine gefährliche Illusion, weil diese Gleichsetzung weder berücksichtigt, daß die Identität der beiden Objekte nur eine behauptete ist, noch daß es einen Maßstab, das heißt einen Grad der Reduzierung, gibt, der sich weniger auf die Dimensionen der Karte als vielmehr auf das Wesen der abgebildeten Phänomene bezieht, deren reale Größe entscheidend bleibt.

Die Romane des Mittelalters, aber auch bestimmte politische Debatten aus jener Zeit machen sehr deutlich, daß man eine Vorstellung vom Territorium haben muß, um es verstehen zu können. 1229 schlägt der Doge Pietro Ziani vor, Venedig nach Byzanz zu verlegen. Wenn das möglich gewesen wäre, hätten die wenigen zehntausend Venezianer die Mauern Konstantinopels bei weitem nicht ausfüllen können. Mangels graphischer Verkleinerungen beider Städte mußte man sich auf Erinnerungen und sehr vage Vermutungen stützen. Genauso unsicher war man, wenn es um das Schätzen von Entfernungen ging. Der Vorschlag wurde ernsthaft diskutiert, aber die Räte bevorzugten die entgegengesetzte Lösung: Man wollte künftig davon ausgehen, daß Byzanz in Venedig liegt. Diese etwas surrealistisch anmutende Episode macht aber die konkreten Bedingungen deutlich, unter denen zumindest bis zum 16. Jahrhundert Macht ausgeübt wurde. In Ermangelung geeigneter Instrumente konnte man die Dimensionen eines geopolitischen Problems nicht genau abschätzen.

Auch Parzival verirrt sich in den Romanen der Artussage unaufhörlich. Für heutige Leser erscheinen und verschwinden dort Städte und Schlösser, weil die Wege zwischen ihnen nicht beschrieben sind. Was wir für eine dichterische Erfindung halten, gibt die alltägliche Realität des Reisens wieder. Ständig fragt man dort nach dem Weg, wie jede Ameise jede andere fragt. Die Maßlosigkeit der Kreuzzüge ließe sich unseres Erachtens zum Teil auch damit erklären, daß es keine Darstellungen gab. Das gleiche könnte für die schwimmenden Inseln gelten, von denen es in den Erzählungen des 18. Jahrhunderts nur so wimmelt.

Daß das Territorium sozusagen beweglich war, damit konnten sich die modernen Staaten nicht zufriedengeben. Man mußte es also vollständig, genau und einheitlich zugleich darstellen. Schritt für Schritt wurden ein System der Triangulation, eine Methode der Projektion und ein Katalog von Zeichen ausgearbeitet, bis man eine im wahrsten Sinne des Wortes phantastische Flexibilität und Präzision erreicht hatte. Die im Laufe des 18. Jahrhunderts ausgearbeitete wissenschaftliche Kartographie der Cassini verdrängte überall die mit empirischen Methoden erstellten Steuerverzeichnisse, die es in ganz Europa gab; die nationale Grundlage von dessen geodätischem Netz ermöglichte eine systematische Erfassung der sektoriellen Informationen, die man in ein lückenloses logisches System einordnen konnte. Eine „geometrische Beschreibung Frankreichs" sollte einhundertachtzig Blätter im Maßstab 1:84400 umfassen. Es sollte keine Lücken geben, das heißt, jedes Gebiet, auch wenn es in den Alpen liegt, sollte dargestellt werden. Es gab unvorhersehbare Probleme, die die Zwiespältigkeit eines solchen Unternehmens deutlich gemacht haben. Erstaunlich an diesen einzigartigen Dokumenten ist die Mischung von konventionellen und realistischen Darstellungen einerseits und von weißen, sozusagen substanzlosen Flächen andererseits, von denen sich erstere abheben. Man findet dort verschiedenartige Schraffierungen für Gefälle oder Abhänge und Gruppen von Zeichen für Sümpfe und Wälder. Auf den so bezeichneten Flächen gibt es keine weiteren Unterscheidungen, und die Höhen werden nur durch Andeutungen gekennzeichnet. In den Ebenen gibt es keine Hinweise auf die Bodennutzung, und es sind auch nicht alle Wege eingetragen. Alleinstehende Gebäude werden je nach dem durch die herabgezogene Erhöhung der Fassade einer Kirche, eines Bauernhofes oder einer Mühle dargestellt, was für das Prinzip der Draufsicht eine Ausnahme ist. Erst im 19. Jahrhundert hat man eine zufriedenstellende Kodifizierung für das Problem der Darstellung von Reliefs gefunden, entweder durch das System der Schraffierungen oder durch das der Höhenlinien.

Man kann sicher sein, daß die Ingenieure bei diesem Herumtasten immer versucht haben, eine Art Faksimile des Territoriums herzustellen. Ihre ganzen Anstrengungen galten einer Art Wirklichkeitseffekt, den die physikalischen Karten der jüngsten Zeit manchmal auf erstaunliche Weise erreichen, so daß einige von ihnen auf den ersten Blick wie Modelle aussehen. Dieser Hyperrealismus sollte jedoch weder über das Wesen des Territoriums noch über das der Karte hinwegtäuschen. Denn das Territorium umfaßt viel mehr, als die Karte überhaupt zeigen kann, während die Karte doch nur bleibt, was sie ist, nämlich eine Abstraktion. Ihr fehlt, was das Territorium vor allem charakterisiert: seine Ausdehnung, seine Dicke und die Tatsache, daß es sich ständig verändert. Es ist das Paradox jeder Karte, daß sie nach Vollständigkeit strebt, dabei aber ständig wählen muß. Jede Karte ist ein Filter. Sie kennt keine Jahreszeiten, weiß nichts über die Konflikte, die jede Gesellschaft erfassen, und kümmert sich auch nicht um die Mythen und um die – möglicherweise kollektiv – gemachten Erfahrungen, durch die sich eine Bevölkerung an die physische Grundlage ihrer Aktivitä-

ten gebunden fühlt. Wenn sie versucht, dies mittels der statistischen Kartographie wiederzugeben, dann drückt sie es durch andere Abstraktionen aus, denn für das qualitative Moment ist sie schlecht ausgerüstet. Sie kann gar nicht anders, als zu verallgemeinern.
Wenn man das Territorium darstellt, dann hat man es schon erfaßt. Aber diese Darstellung ist keine Nachahmung, sondern immer schon eine Konstruktion. Man stellt eine Karte her, um zuerst zu erkennen und dann zu handeln. Mit dem Territorium hat die Karte gemeinsam, daß auch sie Prozeß, Produkt und Projekt ist. Und da sie auch Form und Bedeutung ist, läuft man ebenfalls Gefahr, sie für ein Subjekt zu halten. Sie ist ein Modell und besitzt die Faszination eines Mikrokosmos, ist eine bis ins Extreme handhabbare Vereinfachung und neigt dazu, den Platz des Wirklichen einzunehmen. Die Karte ist viel reiner als das Territorium, denn sie gehorcht dem Herrscher. Sie ist zu jedem Plan bereit, konkretisiert ihn im vorhinein und scheint zu beweisen, wie wohl fundiert er ist. Diese Form des trügerischen Scheins visualisiert nicht nur das Territorium, das sie abbildet, sie kann auch demjenigen Gestalt geben, was nicht ist. Sie stellt also das nicht existierende Land genauso ernsthaft dar wie das andere, was beweist, daß man ihr also mißtrauen muß. Sie läuft immer Gefahr zu verbergen, was sie angeblich zeigt. Wie viele auf ihre Effizienz erpichte Regimes mag es geben, die ein Land zu lenken meinen, aber nur über eine Karte herrschen. Mit Leichtigkeit gleitet man in die Fiktion hinüber, und dies bewirkt, daß die Geographie von allen Disziplinen, die sich im 19. Jahrhundert entwickelt haben, vielleicht die am wenigsten ideologiefreie ist. Von vornherein sollte sie – vor allem militärisch – genutzt werden, und sie hat großartige Ergebnisse gezeigt, von denen nur wenige unschuldig sind. Sie hat mit dem Beschreiben begonnen, wobei sie auf Genauigkeit erpicht war. Viel später hat sie auf einen Philosophen gehört, der seine Kollegen dazu aufgefordert hat, die Welt nicht mehr nur zu interpretieren, sondern sie zu verändern. Eine neue Art von Karten ist entstanden, Karten für Planer nämlich, die den Veränderungen vorausgehen, indem sie sie vorschreiben. „Das Territorium ist nicht mehr vor der Karte da, es lebt auch nicht mehr länger als sie. Künftig ist die Karte vor dem Territorium da." (Jean Baudrillard) Diese in die Zukunft hinein projektierten Karten werden gebraucht, um das komplexe Geschehen einer Raumordnung im großen Maßstab zu beherrschen. Aber diese Karten nehmen den schwindelerregenden Charakter von Skizzen an: Indem sie sich bewußt von der Realität entfernen, grenzen sie an Trugbilder, die ihre Eitelkeit bestrafen. An dieser Stelle drängt sich der Hinweis auf, daß das Heilige Buch der westlichen Welt mit einem Rezept be-

ginnt, das man nur zu gerne befolgt hat: „Geht und macht euch die Erde untertan!" Dort stand nicht, daß man im Einklang mit ihr leben solle ... Die Karte erweist sich somit als ein Werkzeug für Weltschöpfer: Der Betrachter schaut vertikal von oben hinunter wie die Götter und ist allgegenwärtig wie sie. Die Landschaft hingegen bietet sich dem Auge der Menschen, die in einem Moment nur an einem Ort sein können, in der Horizontalen dar, unvollständig also, wie auch sie die Welt sehen. In Diderots und d'Alemberts *Encyclopédie* war die Landschaft nur ein Thema der Malerei. Erst zu Beginn des 19. Jahrhunderts wird sie zu einem Ensemble geotektonischer Formen, die als im realen Raum befindliche wahrgenommen werden. Dieses Interesse für die Morphologie des Territoriums beruht zu einem Teil auf der Ideologie des Willens, von der Faust und Marx ebenso durchdrungen sind wie der Großbourgeois Alexander von Humboldt. Eine ganze Gruppe von Anhängern der Aufklärung versucht, dieses neue Objekt als eine vom Betrachter unabhängige Wirklichkeit und als vorläufiges Ergebnis daraus zu analysieren, daß eine bestimmte Zahl von Kräften miteinander konkurriert. Die sich entfaltende Geographie hat in einer vorweggenommenen ökologischen Betrachtungsweise aus der Landschaft jenen Bereich gemacht, in dem die menschliche Geschichte stattgefunden hat. Zwar visierte sie als letztes Ziel die Beherrschung der Natur an, aber sie war zugleich immer noch von dem Gedanken einer kosmischen Harmonie geprägt, der bis ins 20. Jahrhundert hinein in den beschreibenden Überblickstexten überlebte, wo sich Wissenschaft und Kunst nicht voneinander unterschieden.

Aber wir interessieren uns hier nicht für diese literarische Darstellung der Landschaft, weil diese immer einen beweglichen, informierten und entschlossenen Beobachter voraussetzt, der mit der Karte vertraut ist. Der rein rezeptive Umgang mit der Landschaft, bei dem man sich nicht im geringsten darum bemüht, irgend etwas zu erklären, gehört in eine ganz andere Welt. Für denjenigen, der sich damit zufriedengibt, den Wechsel der Jahreszeiten, die Epiphanien des Lichts und den Ruhm der Farben ganz intensiv wahrzunehmen, sind Berge, Flüsse, Bäume und die Wolken Bestandteile einer metaphysischen Botschaft, die man nicht ohne Ehrfurcht entziffert. Man könnte glauben, daß die zum „Seelenzustand" (Amiel) gewordene Landschaft all das Heilige verkörpert, welches nach der Französischen Revolution aus den blutleeren Religionen abgeflossen ist. Dieser Zustand fördert eine individuelle und kosmische Beziehung zur Natur, eine Beziehung, die weit über dem bloßen Schauspiel steht, weil sie versucht, eine Verbindung zur „Natur" aufzubauen, wie sie zwischen zwei Subjekten beste-

hen könnte. Diese Weigerung, aus dem Territorium eine Sache zu machen, ist das genaue Gegenteil der kartographischen Haltung. Eine solche Wahrnehmung der Landschaft beschränkt sich nicht auf das, was sichtbar ist. Sie ist auch nicht hedonistisch, wie ein Spaziergang in einem Garten, dessen geplante Überraschungen Geist und Gefühl anregen sollen. Sie bezieht vielmehr das ganze Wesen in eine außergewöhnliche Projektion ein, denn sie strebt nach einem immer wieder aufgeschobenen Anderswo. Es ist klar, daß diese Haltung mit einer realistischen Betrachtungsweise der Landschaft, die sich nur auf den Umfang der Dinge beschränkt, nicht in Einklang steht. Weniger klar ist, daß sie durch den Überschwang ihrer Gedichte, durch ihre visionären Bilder und durch ihre programmatischen Sonaten entscheidend dazu beigetragen hat, das Interesse an unverfälschten Landschaften zu verbreiten. Aber dieses Interesse wird durch verschiedene Vereinfachungen, die sich niemals an einem räuberischen Umgang mit dem Territorium stoßen, sofort wieder verwässert. Nach der erschreckten Betrachtung des tobenden Meeres und nach der Größe der Gletscher und Gipfel kommen die Heldentaten des Hochseesegelns und die Moralvorstellungen der Alpenvereine, für die der Gipfel der Lohn aller Anstrengungen ist. Nach dem Erhabenen kommt das Picknick. Diese gymnastische Herangehensweise hat zumindest den Vorzug, die Wahrnehmung des Territoriums nicht auf das bloße Anschauen zu beschränken. Denn die Begeisterung für die Landschaft hat unter dem Einfluß des – in seinen Anfängen englischen – Tourismus auch zu einer Ästhetisierung der Erdoberfläche geführt. In großer Zahl haben sich Rentner auf die Reise gemacht: Die Adeligen, die vor ihnen die *Grand tour* durch Europa unternommen haben, sind wegen der Kultur gereist, sie hingegen reisen, um etwas zu erleben. Damals haben die neuen Dilettanten festgelegt, was man bewundern mußte, und von wenigen Ausnahmen abgesehen reisen wir auch heute noch ihren Entscheidungen hinterher. Ihre Gegenwart hat Hotels, Zahnradbahnen und Dampfschiffe nötig gemacht, die auch heute noch ganzen Regionen eine tragfähige Struktur geben.
In dieser späten Phase hat sich mit dem Aussichtsturm eine Einrichtung verbreitet, die es ermöglichte, die Welt auf billige Weise zur Landschaft zu machen. Der Aussichtsturm stellt eine feste Beziehung zwischen einem bestimmten Punkt in der Landschaft und allen anderen Punkten her, die man von ersterem aus sehen kann. Er verwandelt die Landschaft in eine Figur, fixiert sie als Gemeinplatz, vergesellschaftet sie in der Banalität, und macht sie, kurz gesagt, unsichtbar, denn man stellt nur noch fest, daß sie mit dem Bild von ihr übereinstimmt. Je weiter der Blick geht und je mehr er umfaßt,

um so eher befriedigt er das Bedürfnis zu herrschen, indem er auf eine lächerliche Weise das Individuum der Masse des Planeten gegenüberstellt. Der zentrifugale Aussichtsturm ist das Gegenteil eines Ortes. Zugleich ist er aber auch zentripetal, denn der demokratische Bürger empfängt wie ein Herrscher von seiner königlichen Loge aus die Huldigung der Natur, die ihm zu Füßen liegt und der er sich zeigt.
Dieses bulimische Verhalten der realen Landschaft gegenüber wurde von einer Vermehrung der gemalten Landschaften begleitet. Der Höhepunkt wurde hier mit dem Impressionismus erreicht, der die pathetische Landschaft der Romantik durch eine phänomenologische Landschaft ersetzt hat. Sein Erfolg hat eine viel feinsinnigere Erziehung des Schauens nach sich gezogen. Eine indirekte Folge daraus war es, daß die Malerei die Landschaft hervorbringt, denn es gelang ihr, bestimmte topographische Zufälle in absolute Formen zu verwandeln: Die Silhouette der Sainte-Victoire ist inzwischen eine Schöpfung Cézannes. Dies hatte ihm Hokusai mit dem Fujijama vorgemacht. Aber die Malerei hat auch den Städter für Dinge empfänglich gemacht, die er vorher nicht bemerkt hätte. Früher hatte er seine ländliche und gebirgige Umgebung als etwas Gegebenes hingenommen, jetzt hat er sich aufgemacht, sie das ganze Jahr hindurch so wahrzunehmen, wie sie ihm von den Jahreszeiten angeboten wird: Mal ist sie weit entfernt, dann zu nah und ein anderes Mal verschwunden, sie verändert sich in ihren Farben und in ihrer Struktur. Heute werden die landwirtschaftlich geprägten Gebiete, die der Mensch über Jahrhunderte hinweg gestaltet hat, als Werke betrachtet und manchmal als solche unter Schutz gestellt. Es kommt aber auch vor, daß die vielen wissenschaftlichen Erkenntnisse zu phantastischen Schlußfolgerungen führen: Nachdem Viollet-le-Duc die Gestalt des Montblanc-Massivs beschrieben hatte, machte er sich daran, den vermuteten Urzustand vor der Erosion – in vielen Zeichnungen – wiederherzustellen. Noch weiter ging Bruno Taut mit dem Vorschlag, die Alpengipfel zu riesigen Kristallen zurechtzuschneiden. Ihm war klar, daß dieses lyrische Projekt enorme Kosten verursachen würde, aber dennoch „billiger als der Krieg" wäre.
Trotz aller Unterschiede sind die impressionistische Bewegung, die organisierte sportliche Betätigung unter freiem Himmel und die Darstellung der Landschaft als Schauspiel oder als spirituelle Erfahrung doch Produkte, die – um es noch einmal zu sagen – aus der Stadt stammen und eine Reaktion auf die Industrialisierung und auf die Zersiedelung der Städte sind. Oft sind diese Reaktionen rückwärtsgewandt oder uneindeutig. Man zog in die Berge auf der Suche nach der unberührten, vollkommen mythischen Na-

tur. Die Einrichtung von Nationalparks und von Naturschutzgebieten ist die technokratische Antwort auf die gleichen Bedürfnisse. Schließt man daraus aber, daß der Rest des Territoriums systematisch ausgebeutet werden dürfe, dann sind sie nur ein zynisches Alibi. Der Utopie von Buckminster Fuller, der Manhattan unter eine Plastikkuppel stecken wollte, um das Klima vollständig zu kontrollieren, steht die Utopie der Radikalökologen gegenüber, die von einer von den Urwäldern zurückeroberten Welt träumen. Beide sind Kinder des 18. Jahrhunderts und streben nach dem gleichen rückwärtsgewandten Ziel, nämlich das irdische Paradies wiederherzustellen. In die gleiche Richtung zielt die Tourismuswerbung, die das immerwährende schöne Wetter in archetypischen Gegenden anbietet, dem Wesentlichen einer Reise – nämlich als ein anderer Mensch zurückzukommen – aber sorgsam aus dem Weg geht.

4

Die Landschaft, die ich betrachte, verschwindet, sobald ich die Augen schließe. Die Landschaft, die du vom gleichen Punkt aus betrachtest, unterscheidet sich von der, die ich sehe. Wenn ich auf einer Karte jene Konturen wiederfinde, deren Gegensatz – oder deren Einklang – mich begeistert, wenn ich dort Flächen, Erdmassen und Flecken ausfindig mache, die diesen Gegensatz – oder diesen Einklang – symphonisch erschaffen, dann erhalte ich nichts als ungegliederte Linien und Flächen. „Als Einheit existiert die Landschaft nur in meinem Bewußtsein." (Raymond Bloch) Es handelt sich nicht um eine Skulptur, die aus einer bewußten Organisation von Räumen und Volumina entstanden ist und als solche präsentiert wird, sondern um eine zufällige Sammlung ineinander geschachtelter topographischer Fragmente, deren Abstände beseitigt worden sind. Ich verleihe dem Ganzen einen Sinn, weil ich der Landschaft die Würde eines formalen Systems zuerkenne und sie summa summarum als ein Werk betrachte.
Bei einer Landschaft zählt weniger ihre „Objektivität" (die sie von einer Einbildung unterscheidet), als *der Wert, den man ihrer Gestalt zuerkennt.* Dieser Wert ist ein kultureller Wert, und er kann auch nichts anderes sein. Das, was ich in sie hineinprojiziere, und das, woran sie mich spontan erinnert, sind wesentliche Bestandteile meiner Wahrnehmung. Deshalb unterscheidet sich meine Landschaft von deiner, obwohl beide eigentlich identisch sind. Wenn man diese Überlegung in die Geschichte hinein weiterführt, dann wird sie sehr viel klarer: Angesichts einer bestimmten Land-

schaft – der Beauce-Ebene, dem Matterhorn von Zermatt her oder Palermo vom Meer aus gesehen – gibt es keinen Zweifel daran, daß Theokrit, Gregor VII., Palladio, Schubert und heute der normale Tourist vom selben Punkt aus Landschaften sehen und gesehen haben, die man nicht miteinander vergleichen kann. In jedem Fall sind Gesichtsfeld und Orientierung grundverschieden. Und wenn man Tiere in das Experiment einbezöge, dann würde es noch deutlicher: Natürlich nimmt mein Hund diesen Berg und jenen See wahr, aber die Landschaft kann er nicht empfinden, denn sie ist die Verbindung, die ich zwischen den natürlichen Formen herstelle (indem ich sie zu erkennen glaube). Und selbst wenn ich mich bemühe, nur „eine bestimmte Anordnung von Formen und Farben" wahrzunehmen, gehorche ich nur der kulturellen Maßregel einer bestimmten Zeit.

Aber der Gegensatz zwischen Karte und Landschaft läßt sich nicht mehr halten, seitdem auch wir über den Blick der Götter verfügen. Grundstück um Grundstück übermitteln Satelliten ohne Unterlaß das Bild des Planeten. In der Geschichte der Menschheit ist die technische Revolution noch ein ganz junges Phänomen, aber sie hat uns schon Fähigkeiten verliehen, die die Theologie eigentlich nur übernatürlichen Wesen zugestanden hat, so sehr schienen sie die menschlichen Fähigkeiten zu übersteigen. Mittlerweile ist es aber jedem möglich, an zwei Orten zugleich zu sein.

Die traditionellen Religionen machten einen Unterschied zwischen heiliger Zeit und heiligem Raum auf der einen Seite und profaner Zeit und profanem Raum auf der anderen. Wenn man von individuellen Erfahrungen absieht, hat die westliche Gesellschaft das Gefühl für das Heilige verloren, aber trotzdem können wir unterschiedliche Zeiten wahrnehmen, wenn wir reisen. Unsere biologische Uhr leistet Widerstand gegen die raumzeitlichen Verzerrungen, die bei Langstreckenflügen auftreten: Das Empfindungsvermögen, das im Anderswo ankommt, nimmt den Unterschied als märchenhaften wahr. In einem bescheideneren Umfang bieten Autobahnen die Gelegenheit zu einer ähnlichen Erfahrung, vor allem diejenigen, die durch hohe Gebirge führen. Im Auto herrscht eine Gegenwart, die sich auf voneinander weit entfernte Punkte bezieht, die zu einem Raster gehören, dessen Maßstab nichts mit dem der durchfahrenen Gegend zu tun hat. Auf der einen Seite steht hier das örtliche Leben, das vom abrupten Wechsel der Jahreszeiten bestimmt wird, sich im Schatten schroffer Hänge abspielt und wo oft nur archaische Techniken der Bewirtschaftung, Berechnung und Beschwörung beherrscht wurden. Das Leben dort spielt sich im Schrittempo ab. Auf der anderen steht eine durchgängige glatte Entwurzelung, die die Felswände, die reißenden Bäche und die Wälder in eine Art von verzerrtem Bild für einen Geisterzug verwandelt. Die großflächig eingreifende Politik schafft ein Territorium mit mehreren Schichten, nicht nur durch die materielle Überlagerung der Raster, sondern wegen der von ihr durchgesetzten ausdifferenzierten Beziehungssysteme. Die zwei voneinander isolierten Welten sind von einer solchen Konfrontation geprägt, was die wenigen Autobahnabfahrten und Rastplätze noch verstärken. Natürlich kann man dagegenhalten, daß schon die Eisenbahn die gleiche Erfahrung möglich gemacht hat. Aber das trifft nicht zu, weil lokaler und internationaler Verkehr die gleichen Gleise benutzt haben, und damit ist dieser Einschnitt beseitigt.

Ein Kleinflugzeug und vor allem ein Hubschrauber ermöglichen eine viel *gottähnlichere* Beziehung zum Territorium als das Auto. Diese kann man nicht darstellen, sie kommt der Karte, dem Modell und der Unmittelbarkeit des Terrains nahe. Damit kann man mehr als die Kartographen, von denen Borges spricht: Ihre Karte hatte den gleichen Maßstab wie das Land, das sie also vollständig bedeckte. Der Hubschrauber verändert diesen Maßstab unaufhörlich und verändert so auch den Status seines Passagiers: Er ist aller Zwänge ledig, und so ist das Märchen in Erfüllung gegangen. Zusammen mit der Geschwindigkeit hat die Freiheit der Bewegung etwas Halluzinatorisches, so daß man sich fragen kann, ob sie für viele unserer Zeitgenossen nicht in dem Moment, in dem sie das Zeichen der Freiheit ist, überhaupt an die Stelle der Freiheit tritt.

Die Flugbahn des Helikopters hat sich von den Wegen gelöst, die dem Boden geduldig eingeschrieben worden sind, die Art und Weise, wie er sich von einem Ort entfernt und an einem anderen niedergeht, all das hat aus ihm das zwangloseste unserer Analysewerkzeuge gemacht. Trotzdem steht ihm – vom Ochsenwagen oder vom Floß aus gesehen – das Auto kaum nach. Man muß sich darüber im klaren sein, daß sich diese neuen Instrumente unberührtes Gebiet einverleiben, in dem sich Vorstellung und Wirklichkeit gegenseitig überprüfen. Dieses Gebiet besteht nicht mehr in erster Linie aus ausgedehnten Flächen und Hindernissen, sondern aus Strömen, Achsen und Knoten.

Bis zum Beginn der siebziger Jahre beherrschte diese Ideologie der Bewegung und der Veränderung das Denken der Planer. Es war bisweilen so, als ob das Territorium keine Dauer mehr besäße. Es gab verschiedene Alarmrufe, die das Wachstum in Frage stellten, weil die Verschwendung der Ressourcen in die Katastrophe führen würde. Ganz unvoreingenommen interessierte sich die historische Forschung, als sie sich mit den Siedlungen der Menschen beschäftigte, für neue Themen. Bis dahin hatte man im Zusammenhang der Städte die Etappen ihrer Entstehung und die Schemata ihrer Entwicklung untersucht, jetzt interessierte man sich genauer für die Analyse ihrer Strukturen. Forscher aus dem Bereich der Architektur interessierten sich sehr ernsthaft für die Erhellung der vielschichtigen Beziehungen zwischen den Parzellen und der Art der dort errichteten Wohnungen und für die Beziehung, in der beide zum Straßen- und Wegenetz und zu den Gesetzmäßigkeiten seiner Veränderung standen. Die neuen mikroanalytischen Untersuchungen haben diese vor Ort ausgebildeten Historiker dazu gebracht, die alten Kataster durchzuarbeiten und mit der Untersuchung ganzer Regionen noch einmal von vorne zu beginnen. Manchmal kam die geduldige Entschlüsselung der Verbindungen zwischen den Wegführungen, der Aufteilung in Parzellen und ihren geologischen Grundlagen ebenso hinzu wie die Interpretation von Projekten, die in der Vergangenheit nicht verwirklicht worden waren. Das Ergebnis davon war eine ganz neue Art und Weise, das Territorium zu entziffern: Man versucht, die noch vorhandenen Spuren zu identifizieren, die von den territorialen Prozessen der Vergangenheit geblieben sind, wie zum Beispiel die Bodenformationen, insbesondere im Schwemmland, auf denen Menschen gesiedelt haben. Einige Planer beginnen ebenfalls, sich um diese Spuren zu kümmern, um sie bei ihren Eingriffen zu berücksichtigen. Nach zwei Jahrhunderten, in denen der Umgang mit dem Land in den meisten Fällen von Tabula-rasa-Rezepten bestimmt wurde, gibt es nun Ansätze zu einer Konzeption der Raumordnung, die das Territorium nicht mehr nur als ein quasi abstraktes Betätigungsfeld betrachten, sondern als das Ergebnis einer sehr langwierigen und sehr langsamen Schichtenbildung, die man kennen sollte, bevor man in sie eingreift.

Über diesen Umweg findet das Territorium – wenn auch nur im Rückblick – zu einer langfristigen Dimension zurück. Dieses neue Denken gibt ihm eine Tiefe zurück, die man vergessen hatte. An einer Stelle stößt man auf die Überreste einer geologischen Katastrophe, die ein Tal oder einen See geformt hat. Anderswo entdeckt man mit Hilfe archäologischer Luftaufnahmen verschüttete Landschaften, die auf eine ganz andere Bodennutzung hinweisen. An einer weiteren Stelle gibt es noch Teilstücke eines Straßensystems, über dessen Umfang und über dessen Ausrichtung man nur Mutmaßungen anstellen kann. Und es gibt traumatische Ereignisse, die einige Generationen später positiv gesehen werden: Ein Stausee, der bei seiner Entstehung als Fremdkörper in der Landschaft auf das heftigste bekämpft worden ist, wird von den Nachkommen seiner damaligen Gegner als unersetzlicher Bestandteil ebendieser Landschaft verteidigt.

Wenn man solche Spuren und Veränderungen mit großer Aufmerksamkeit beachtet, macht man sie damit nicht gleich zu einem Fetisch. Es geht gar nicht darum, sie mit einer Mauer zu umgeben und ihnen dadurch eine außergewöhnliche Würde zu verleihen. Man soll sie nur als Elemente, als Stützpunkte, als Betonungen und als Anregungen für unsere eigenen Planungen benutzen. Ein „Ort" ist nichts Gegebenes, sondern das Ergebnis einer Verdichtung. In den Gegenden, in denen der Mensch seit Generationen, ja mehr noch, seit Jahrtausenden ansässig ist, hat jede Zufälligkeit des Landes eine Bedeutung. Versteht man sie, dann kann man intelligentere Eingriffe vornehmen.

Aber das archäologische Konzept der Schichtenbildung ist noch nicht die geeignetste Metapher, mit der sich dieses Phänomen der Akkumulation beschreiben ließe. Die meisten dieser Schichten sind sehr dünn und zugleich voller Lücken. Vor allem fügt man ihnen nicht nur etwas hinzu, man löscht vielmehr etwas aus. Manche Schichten sind sogar wissentlich zerstört worden. Nach Neros *damnatio memoriae* ist die römische Centuriation in Orange zugunsten einer anderen, anders ausgerichteten so vollständig beseitigt worden, daß von ihr nichts geblieben ist. Andere Schichten von Überresten sind durch den Gebrauch vernichtet worden. Es ist möglich, daß nur die jüngsten Anlagen überdauern werden.

Das ganz mit Spuren und gewaltsam durchgeführten Lektüreversuchen überladene Territorium ähnelt viel eher einem Palimpsest. Um neue Einrichtungen zu schaffen und um bestimmte Ländereien rationaler auszubeuten, kann man ihre Substanz oft nur unumkehrbar verändern. Aber das Territorium ist keine verlorengegangene Verpackung und auch kein Konsumprodukt, das man ersetzen könnte. Es existiert nur einmal, deshalb muß man es „recyceln". Man muß den alten Text, den die Menschen dem unersetzlichen Material des Bodens eingeschrieben haben, noch einmal (und mit möglichst großer Sorgfalt) abkratzen, um ihn mit einem neuen Text überschreiben zu können, der den Erfordernissen der Gegenwart gerecht wird, bevor auch er abgekratzt wird. Bestimmte Regionen, die man zu brutal und mit ungeeigneten Mitteln behandelt hat, weisen wie ein zu oft überschriebenes Pergament Löcher auf, die das Territorium selbst, könnte es sprechen, als Wüsten bezeichnen würde.

Mit diesen Überlegungen kehren wir wieder an unseren Ausgangspunkt zurück. Aus der von uns entwickelten Perspektive ist es in der Tat klar, daß die Grundlage für die Planung nicht mehr die Stadt sein kann, sondern jener territoriale Fonds, dem sie untergeordnet werden muß. Dies um so mehr, als die Raumordnung nicht mehr nur die Quantitäten berücksichtigen muß, sondern eine zusätzliche Dimension erwerben muß, indem sie die Form des Territoriums in ihre Projekte integriert. Karte oder direkter Blick auf die „Landschaft", flehende Meditation oder Analyse, die einem Eingriff vorausgeht, die Subjekt-Objekt-Beziehung wird immer unvollständig und unterbrochen sein, was heißt, daß sie offen bleibt. Dort vor mir dehnt sich das Territorium aus und unterscheidet sich immer von dem, was ich von ihm weiß, von ihm wahrnehme und von ihm will. Es stellt sich als ein von Menschen geprägtes Milieu und zugleich als ein Ort dar, zu dem die Menschen eine privilegierte psychische Beziehung unterhalten. Dies legt die Vermutung nahe, daß die „Natur", die in der westlichen Welt immer als eine äußerliche und unabhängige Kraft angesehen wird, viel eher als der Schauplatz unserer Vorstellungen definiert werden müßte. Das bedeutet nicht, daß sie endlich gezähmt wäre, sondern nur, daß *die Natur in jeder Zivilisation das ist, was die Kultur als solche bezeichnet*. Selbstverständlich kann diese Definition auch auf die menschliche *Natur* angewendet werden.

Übersetzung: Christian Voigt

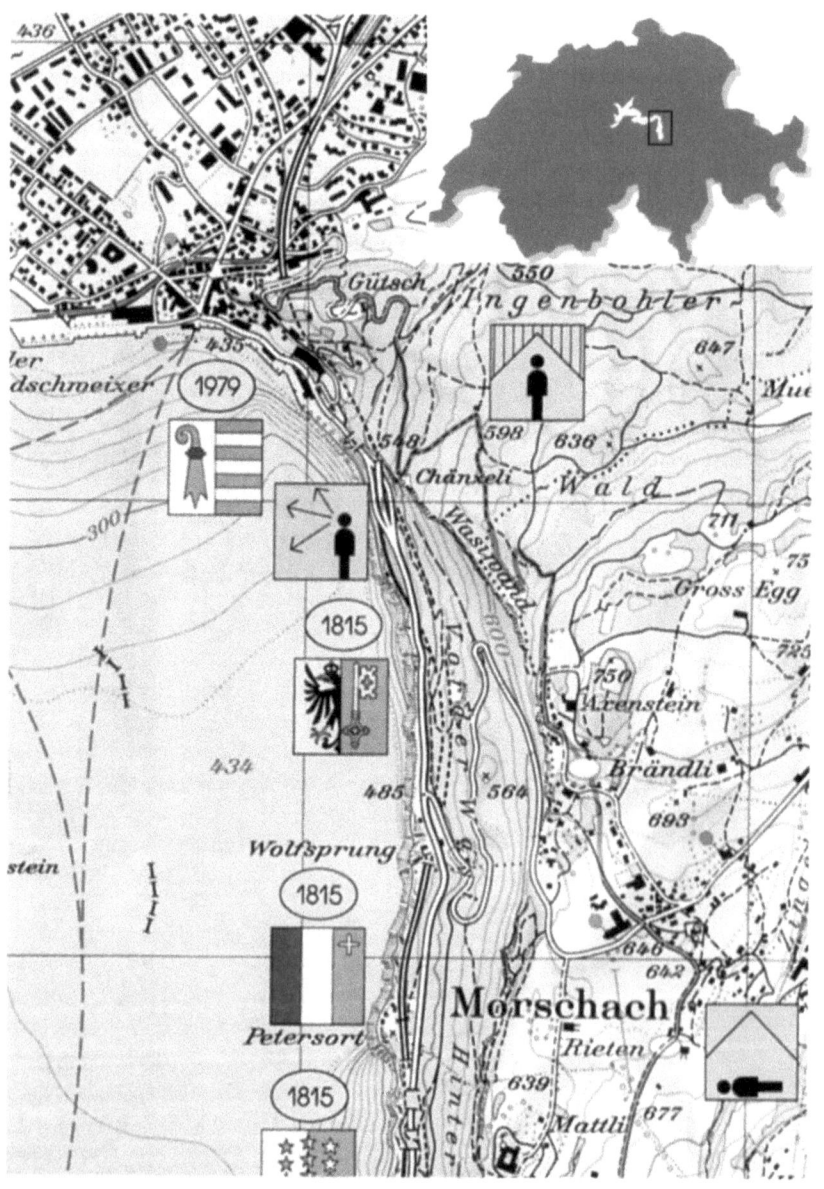

Weg der Schweiz 1291 ... 1991, Kartenausschnitt

Entlang des Wegs.
Das Territorium, seine Schichten und seine Mehrdeutigkeit

1

Man stelle sich einen zu gestaltenden Weg vor, der Weg der Schweiz genannt wird. Er verläuft über 35 km am Urner See entlang und führt mehrmals über Höhenunterschiede von rund 200 Metern. Einem jeden Kanton obliegt die Schaffung oder die Gestaltung eines Wegstückes, dessen Länge im Verhältnis zu seiner Einwohnerzahl bestimmt wird. Die Strecken der Kantone sind (geographisch) im umgekehrten Uhrzeigersinn und ungefähr nach der Reihenfolge des Eintritts in den Bund der Eidgenossenschaft angeordnet. Dem Spaziergänger steht es natürlich frei, den Weg der Schweiz in chronologisch entgegengesetzter Richtung zu beschreiten oder ihn dort zu betreten und zu verlassen, wo er möchte oder kann. Das Genfer Teilstück – der vorletzte Wegteil – führt von Morschach nach Brunnen. Diesen Weg gab es nicht als solchen: Er besteht aus Abschnitten, die seit Jahrhunderten existieren, und aus neuen Teilen, die diese zu einem kontinuierlichen Wanderweg ergänzen. Und wenn er nicht existierte, dann weil er nicht erforderlich war. Der Weg der Schweiz ist nicht zweckgebunden: Er überlagert die historisch gewachsenen Stätten und soll seinerseits Teil ihrer Geschichte werden, da er nämlich auch nach 1991 als Wanderweg bestehen bleibt. Seine vielfältige Streckenführung, seine Abhänge, Felswände und steil abfallenden, mal sich panoramahaft darbietenden, mal begrenzten Aussichten, die an Säulenhallen gemahnenden Waldstrecken – ein jedes Wegstück erlegt dem Wanderer einen ihm eigenen Rhythmus auf und stellt somit jeweils eine besondere Erfahrung und eine Art Kommentar der erwanderten Landschaft dar. Genau um diese poetische Dimension geht es im Beitrag von Richard Long.
Was die Vielfalt angeht, so ist die Genfer Strecke besonders reich daran: Wie schwebend zwischen zwei deutlich unterschiedlichen Aussichtspunkten fließt unser Weg entlang den Falten der Moräne hinunter, verläuft ebenmäßig oder über Mulden und kurze Vorsprünge, führt dann durch einen wahrscheinlich mittelalterlichen Hohlweg, dann über einen zu Anfang des

19. Jahrhunderts in den Fels geschlagenen Nutzweg und vorbei an einer Schonung, entlang an Findlingen, aber an keinen Bauten, außer dem ehemaligen Parkhotel (vor dem einige Häuser neueren Datums stehen) am höchsten Punkt der Strecke. Im grünlich schimmernden Licht des Unterholzes ist der Spaziergänger von teils dichtem, teils lichtem Wald umgeben. Der Weg der Schweiz versteht sich nicht als feierlich „begangenes" Ereignis. Er ist „grundsätzlich ein einfacher Fußweg. Es handelt sich keinesfalls um eine Ausstellung oder eine Reihe von Ausstellungen. Der Respekt vor einer schützenswerten Landschaft erfordert unbedingt extreme Zurückhaltung." So lauten die Leitlinien der Stiftung CH-700. Das Genfer Projekt fügt sich demgemäß in diese Leere, in diese Art Negativprogramm ein und entspricht einem doppelten Ziel: Wie kann man einerseits dafür sorgen, daß eine unbestimmte, aber beträchtliche Anzahl von Personen ungehindert und bei jeder Witterung eine relativ schmalen und unebenen Weg in beiden Richtungen begehen, verweilen, Rast einlegen und sich sogar an einigen Punkten versammeln kann? Vor allem jedoch: Welchen Blick und welche Betrachtungen über die erwanderten Orte, über den Vorgang des Wanderns selbst, über die Landschaft und die schweizerischen Mythen gilt es zu fördern, und zwar mit Hilfe der Qualität und Zurückhaltung der Gestaltung einerseits und des quasi „unauffälligen" Eingriffs verschiedener Künstler andererseits?

Ein jeder Weg verbindet zwei Punkte miteinander. Der Weg der Schweiz verläuft in einer offenen Schlaufe. Womöglich ist es sein Glück, daß er der kreisförmigen Bewegung der Gedächtnisfeiern entrinnt. Wegerzählung einer für ihre Schönheit berühmten Landschaft. Fragment einer Idylle, in ausreichender Entfernung von Stadt und Industrie, *Natur* pur? Aber warum dann hier und nicht zum Beispiel um den doch auch atemberaubenden Walensee herum oder den Murtensee, warum nicht das Napfmassiv oder die Gegend zwischen Denges und Denezy? Die Antwort liegt auf der Hand: weil diese anderen Orte zwar durch ihre landschaftliche Schönheit hervorstechen, aber nicht sinnbeladen sind. Weil wir uns *hier* mitten im „Herzen des Landes" befinden.

Wo sich dieses Herz doch eigentlich in Zürich befindet?

2

Angesichts der Großartigkeit des Naturschauspiels, der überwältigenden Schroffen und Felswände über dem Urner Fjord, dessen Wasser der Föhn

– unter einem Mittelmeerhimmel – schwarz färbt, und trotz des Nebels, der zwischen Fronalpstock und Seelisberg in horizontalen Schichten lagert, die die Gipfel zu erklimmen scheinen, ist es leicht, überwältigt zu sein. Die auf den See hin zentrierte Stätte strahlt eine derartige Kraft aus, daß sie von den Spuren menschlicher Niederlassungen kaum berührt scheint. Der begeisterte Betrachter ist somit geneigt, sie als jungfräulich und ursprünglich zu empfinden.
Es handelt sich jedoch nicht um eine Landschaft, die sich der Zeit entzogen hätte. Ebensowenig zeichnen sich Geologie, Flora und Fauna, Klima und die Bevölkerung dieses Landstrichs durch Stabilität aus. Ohne auf die tropischen Meere hinzuweisen, die sich hier einmal erstreckten, oder auf die Entstehung der Alpen, soll es genügen, an die Arbeit der Gletscher, die das glattwandige Seebett schufen, zu erinnern oder diejenigen der Erosion (sie zeichnete die Umrisse dieser Berge so unterschiedlich, daß der Mensch ihnen gleich Personen Namen verlieh).
Die Topographie, sichtbares Ergebnis äußerst komplexer Mechanismen, verwandelt sich so langsam, daß wir sie als statisch empfinden. Von Zeit zu Zeit jedoch erinnert uns ein Ereignis daran, daß dieser Schein trügt. Der Bergsturz von Rossberg, nordwestlich von Brunnen gelegen und zwei Wanderstunden entfernt, begrub 1806 die Ortschaft Goldau mitsamt ihren fünfhundert Einwohnern; die Ausgangsstelle ist noch gut sichtbar, ebenso wie die Millionen von Felsblöcken überall im Tal, die heute vom Wald bedeckt sind und sogar die ersten Abhänge der Rigi hinaufgekollert waren. Noch eine weitere Spur zeugt von tiefgreifenden Transformationen: die Findlinge. Die erratischen Blöcke des Waldes von Ingenbohl („eines der wichtigsten Vorkommen in der Schweiz", bemerkt Bernard Trottet) wurden vom letzten Reussgletscher dorthin verfrachtet. Und das nach einer Reise von vierzig Kilometern, die vier Jahrhunderte dauerte. Sie sind so natürlich in die Landschaft integriert, daß man meinen könnte, sie seien seit jeher ein Teil von ihr. Die Arbeit von Carmen Perrin soll sie wieder als Fremdkörper sichtbar machen und zeigen, daß der Eindruck von Permanenz aus der Anhäufung heterogener Beiträge entsteht.
Der Grundsatz der Veränderung gilt auch für die Flora. Der Wald, durch den unser Weg führt, ist kein „Urwald". Alles weist darauf hin, daß vor der ersten Niederlassung die aus dem Norden stammende Buche vorherrschend war, nachdem sie die vor Ort existierenden Arten verbannt hatte. Die menschlichen Siedler ersetzten sie durch die schnellwachsende und wegen ihres Bauholzes geschätzte Fichte. Diese wurde immer häufiger, und heute wird sie als heimische Gattung betrachtet, was – wie man sieht –

nicht etwa bedeutet, daß sie dies seit Menschengedenken wäre. Neue Arten, einige vom Wind transportiert, andere absichtlich eingeführt, kamen hinzu. Die kräftig im 1982 vom Föhn zerstörten Gebiet wachsenden Birken sind buchstäblich vom Himmel gefallen: Im ursprünglichen Wald waren sie nicht zu finden, und sie vertrieben auch keine anderen Arten. In Morschach selbst und am Axenstein zeugen noch einige Mammutbäume aus dem letzten Jahrhundert vom damaligen Streben nach Exotik und dem Wunsch, den paradiesischen Charakter dieses Landstriches hervorzuheben. Diese Bäume treten aber nur vereinzelt auf, weil sie sich in diesem Klima nicht natürlich vermehren. Die Analyse von Cyrille Châtelain beschreibt die erstaunliche Vielfalt der lokalen Flora.

Die Walddecke ist somit relativ jungen Datums und Resultat geplanter Eingriffe. Einige ihrer Teile sind sogar sehr jung, zum Beispiel dort, wo sich der „Stein von Calame" findet. Dieser Fels – ein erratischer Block – befindet sich unterhalb des Weges, der entlang der Terrassen des nicht mehr existierenden Hotels Axenstein führt, dem höchsten Punkt des Genfer Sektors. Ursprünglich muß es sich hier um eine Art Panoramaweg gehandelt haben, der von einer hohen Mauer befestigt wurde. Heute ist die Aussicht jedoch völlig vom Wald verdeckt. Sie reichte von der Mündung der Reuss über den Bürgenstock, den Pilatus bis zu den Ostausläufern der Rigi. Dieser hohe Wald ist also höchstens hundert Jahre alt und versperrt den Blick auf die Landschaft erst seit dem Niedergang des Hotels, das heißt ab 1914. Dies wird überdies von der Inschrift bestätigt: Warum würde sie lauten „le plus beau pays du monde", wenn dieses Land gar nicht sichtbar wäre?

Was die berühmte, unter dem steil ansteigenden Seelisberg gelegene Wiese betrifft, so scheint sie ein Wunder an unberührter Natur zu sein, obwohl ihre landschaftliche Gestaltung 1861-1862 nach einem Plan der Eidgenössischen Technischen Hochschule vorgenommen wurde. Auch das Rütli ist also „künstlich".

Um sich das Kommen und Gehen dieser Waldgebiete zu vergegenwärtigen, kann der Spaziergänger eine *innerliche Überblendung* vornehmen, die Gustave Roud in seiner *Kleinen Abhandlung über den Spaziergang in der Ebene* empfiehlt. Die einzige Vorbereitung (er sagt: das Vorsehen) besteht darin, *alte Karten zu konsultieren* (gleich dem Augur, der die Leber des Opfers deutet), die die heutige Wirklichkeit in Frage stellen: „verlorene Pfade, abgerissene Häuser, Wälder, die gleich Wellen vordrangen oder zurückwichen".

Und die Fauna? Bär, Wolf und Königsadler haben sich aus diesen Gegenden zurückgezogen ...

Auch das Klima selbst, das die Pflanzendecke und den Erosionsvorgang bestimmt, hat seit dem Altertum (und natürlich erst recht seit den ersten Steinzeitjägern) tiefgreifende Änderungen erfahren. Es war sogar möglich, zwischen dem 16. und dem 19. Jahrhundert sieben Perioden zu unterscheiden: eine „warme Periode" (1530-1564), eine klimatische Verschlechterung (1565-1629), eine trockene Periode (1630-1687), den Höhepunkt der „kleinen Eiszeit" (1688-1701), eine Erwärmung (1702-1730), eine Dominanz der kontinentalen Tendenzen (1731-1811) und schließlich eine neue Kälteperiode (1812-1860) (Christian Pfister). Diese Veränderungen hatten natürlich Folgen für die Vegetation und damit auch für Wirtschaft und Demographie. Zu Beginn des späten Mittelalters wachsen in den Tälern Wein und Obstbäume, diese machen dann einer Subsistenzlandwirtschaft Platz. Nach der Öffnung der Sankt-Gotthard-Route, gegen 1215-1230, verlegt man sich auf die manchmal durchaus recht einträgliche Viehzucht zwecks Ausfuhr. Zu gewissen Zeiten genießen die Bewohner der Berge größeren Wohlstand und eine reichlichere Versorgung mit Nahrung als die Bewohner der Ebene, zu anderen Zeitpunkten jedoch werden sie von Hungersnöten und Epidemien heimgesucht. Viele von ihnen verdingen sich deshalb als Söldner im Ausland. Andere widmen sich der Versorgung der Reisenden entlang des Gotthardpasses, und später kommt zur Diversifizierung der Einkünfte die Heimarbeit hinzu.

Die wirtschaftlichen und sozialen Folgen dieser klimatischen Schwankungen wirkten sich auf Umfang und Höhenlage der Anbau- und Weideflächen aus: Es kam vor, daß die Bergbewohner hinunterstiegen, um verlassene Anbaugebiete in der Ebene zu bebauen, während die Bewohner der Ebene ihrerseits häufig gezwungen waren, ihren Unterhalt auf den Höhen zu suchen; auch hier darf die augenblickliche Aufteilung der Wälder und Weideflächen nicht als Konstante betrachtet werden.

Es muß auch vermerkt werden, daß die Bevölkerung der Urkantone sich aus verschiedenen Volksstämmen zusammensetzt. Der Mensch hat sich vor 5000 Jahren im Alpenraum niedergelassen. In Morschach fanden sich römische Münzen, und der für die nördlichen Alpentäler typische heiße und trockene Wind trägt einen lateinischen Namen: *Föhn* leitet sich von *favonius* ab – es handelt sich hier nicht um eine gelehrte Wortbildung, sondern um eine volkssprachliche Übertragung. Kelten, Römer, Alemannen und verschiedene germanische Stämme vermischten sich mit dem Homo alpinus oder ersetzten ihn. Im Laufe der Jahrhunderte folgten ihnen zahlreiche Siedler, Auswanderer, Flüchtlinge, Reisende, entflohene Soldaten, Abenteurer von unterschiedlichstem Schlag, vereinzelt oder in Gruppen,

deren Spur sich in der Geschichte verliert. *Melting-pot*, bemerkt Jean-François Bergier. Zwingender Schluß: ebensowenig, wie es hier einen ursprünglichen Wald gibt, gibt es ethnische Einheit. Der Zusammenhalt dieser Bevölkerungen beruht nicht auf ihrem gemeinsamen Ursprung, sondern auf der Notwendigkeit des vereinten Kampfes gegen die Naturgewalten.
Von all diesem Wandel, vom geologischen bis zum demographischen, erfassen wir nur den augenblicklichen Zustand, ohne uns weiter um die Heterogenität der Ursachen zu kümmern, die diesen hervorbrachte. Einige davon sind rein physischer Art, andere Folgen menschlichen Eingriffs. Vor dem Menschen gibt es kein Territorium im eigentlichen Sinne. Es gibt es erst dann, wenn eine menschliche Gruppe in eine dauerhafte Beziehung zu einer topographischen Fläche tritt und in Wechselwirkung mit einem Teil des Erdgrundes. Anders ausgedrückt – und selbst, wenn dies pedantisch klingen mag: Ein jedes Territorium ist ein „Ethnoterritorium". Wie kürzlich stattgefundene Arbeiten[1] zeigten, muß selbst der Urwald als eine Fläche betrachtet werden, die vom Menschen organisiert wird. Die indianischen Ureinwohner bemächtigen sich seiner Wasserläufe, seiner Pfade, seiner bebaubaren Flächen und seiner Früchte. Sie knüpften ein fast unsichtbares Netz ihrer Fehden, ihrer Sammelstellen und Jagdgebiete und schufen damit zunehmend sinntragende Orte.
Ein jedes Territorium ist also auf seine Weise ein Artefakt. Aus diesem Grund auch hat Georges Descombes nicht versucht, den Anschein zu erwecken, daß der zu gestaltende Weg naturgegeben sei. Er versucht ganz im Gegenteil, den Weg so zu zeigen, wie er ist, und hebt völlig zu Recht, aber doch diskret, seine Eigenschaft als menschliche Spur im Terrain hervor.

3

Bis zu diesem Punkt sind in unseren Bemerkungen tektonische mit landschaftlichen Elementen vermengt worden. Wir unterscheiden zwar zwischen den von der Natur gegebenen und den von Menschen hervorgerufenen Tatsachen, nicht jedoch zwischen dem materiellen Phänomen selbst und dessen Wahrnehmung. Auch wir haben das Schauspiel „en bloc" erfahren.
Das Wort Schauspiel ist nicht zufällig gewählt, denn unsere gefühlsmäßige Beziehung zu diesem See und diesen Bergen ist alles andere als gleichgültig. Wir empfinden diese äußerst kontrastreiche Stätte als „schön". Wir sind

nicht die ersten, aber es wäre falsch anzunehmen, daß es diese Bewertung immer schon gab. Sie ist ganz im Gegenteil recht neu und begann vor zwei Jahrhunderten. Zu jenem Zeitpunkt erfuhr die ästhetische Beurteilung dieser sehr bewegten Topographie eine umfassende Veränderung. Man könnte sogar behaupten, *daß es sich* bei dieser neuen, nun vorherrschenden Beziehung zwischen Mensch und Natur *gar nicht mehr um dieselbe Landschaft* wie im 2. oder 12. Jahrhundert *handelt*.
Im Altertum erfüllen laut Lukrez „Angst und Schrecken das Gebüsch, die Berge und die Tiefe der Wälder". Das Mittelalter sieht es nicht anders und bevölkert die Alpen mit Drachen, furchterregenden Abgründen und vor allem übernatürlichen Gefahren. Man geht soweit, die Alpen als eine Art Mißgeburt der Schöpfung zu betrachten. Ausreichender Beweis für diese langwährende Auffassung ist die stereotype Darstellung der Gipfel und Gletscher als gesträubte Zacken bei allen Malern, gleich welcher Schule. Der unzugängliche Berg war wegen seinen unheilbringenden Charakters im wahrsten Sinne des Wortes unsichtbar. Selbst Conrad Witz nimmt, als er 1444 sein Bild *Der wunderbare Fischzug* malt – es gilt als erste wirkliche Landschaftsmalerei der europäischen Kunst – das für uns so typische Profil des Mont Blanc nicht wahr oder gibt es jedenfalls nicht wieder. Aber dieser Berg hieß damals ja auch Mont Maudit (verfluchter Berg). Weder italienische Renaissance noch französischer Klassizismus ändern etwas an dieser Haltung. Falls sich Leonardo, Dürer und Breughel für das Alpenmassiv interessieren, bleiben ihre Zeichnungen jedenfalls unbeachtet. Unter dem Einfluß der Literatur des Altertums gilt zudem ein Harmonieideal, für das die Landschaften Claude Lorrains bester Ausdruck sind. Gewiß, es gibt daneben einige Versuche, die Berge als dramatisch oder pittoresk darzustellen, u.a. bei Salvator Rosa. Doch dies sind konventionelle Bilder, die an der allgemeinen Wahrnehmung nicht das geringste ändern.
Was war also geschehen, wenn ein zwar erfolgreicher, keinesfalls aber einer der besten Maler Ende des 19. Jahrhunderts behaupten konnte, daß der Urner See samt der ihn überragenden Felsmassen „der schönste Ort der Welt sei"? Nichts Geringeres als eine Umwälzung des westlichen Bewußtseins mit dem Namen Aufklärung. Diese förderte die wissenschaftliche Neugier, indem sie sie vor einer ganzen Reihe überholter Einschränkungen befreite, und ermöglichte eine philosophische Betrachtung über die „Natur der Natur" (Edgar Morin). Unter denen, die die Berge (er)finden, allen voran drei Städter. Der Berner Albrecht von Haller veröffentlicht 1732 sein Gedicht *Die Alpen*, eine Schilderung des Lebens der oberländischen Schäfer. Der Autor verherrlicht in der Beschreibung den zerklüfteten Cha-

rakter der Gegend, weil er in ihm die direkte und unleugbare Ursache für die Tugenden ihrer Bewohner sieht. Diese Idealisierung erweist sich als derart überzeugend, daß sich die europäische Intelligenzia umgehend auf sie beruft und an die Quelle eilt, um dort, zu ihrem maßlosen Entzücken, mitten im Herzen des Kontinents den edlen Wilden und damit auch den notwendigerweise erhabenen Charakter der ihn umgebenden Landschaft entdecken. Der Arzt und Universalforscher Haller beschäftigt sich mit Physiologie, Botanik und Mineralogie. Er vereint in sich zwei Geisteshaltungen, die sich getrennt weiterentwickeln: Die eine behandelt die Natur als Objekt, das man, will man es nutzen, erforschen muß, die andere betrachtet sie als Subjekt, das heißt als ein Wesen, mit dem man kommunizieren kann.

Zwei Genfer, die diese entgegengesetzten Haltungen vertreten, lösen ihn ab: Horace-Bénédict de Saussure, dessen systematische Studie über den Mont Blanc ab 1787 dazu beiträgt, die Erdwissenschaften auf experimentelle Grundlagen abzustützen *(Voyages dans les Alpes, 1779-1796)*, und Jean-Jacques Rousseau, dessen Roman *La Nouvelle Heloïse* (1761) mit der „wilden" Natur eine fast mystische Verbindung eingeht, ein Grundstreben der Romantik. Nach dem Lauterbrunnental treten auch der östliche Teil des Genfer Sees und das Wallis in die Literatur ein. Am Anfang des darauffolgenden Jahrhunderts kommt, dank der deutschen Dichtung und auch aus weitestgehend politischen Gründen, der Vierwaldstättersee hinzu.

Malerei und Graphik waren nur Hilfsmittel dieser lyrischen Eroberung. Auf Caspar Wolf, den ersten, der Gipfel, Sturzbäche, Alpseen und Gletscher malt und dessen Werk ab 1774 berühmt wird, folgt eine ganze Reihe von kleinen Meistern des Farbdrucks, der häufig von großer Qualität ist und dessen Markt sich stark ausbreitet. Selbst wenn die Panoramaserie mit dem *Prospect géométrique des montagnes neigées, dites Gletscher* (1755) ihren Auftakt nimmt, in dem noch ein anderer Genfer, Jacques-Barthélemy Micheli du Crest, die Gipfel von Graubünden bis zum Wallis zeichnet, und die Serie der Modelle mit dem Relief der Zentralschweiz von Franz-Ludwig Pfyffer von Wyer (1786 abgeschlossen) beginnt, kommt es doch zu einer Art regionaler Spezialisierung: Zum Mont-Blanc gehört die wissenschaftliche Forschung und zum Berner Oberland und dem Vierwaldstättersee der Gefühlsüberschwang.

4

Die einheimische Bevölkerung spielt bei diesem Wandel keine Rolle. Bezieht man sich auf den von Geographen und Historikern geschaffenen Unterschied zwischen dem durchquerten und dem gelebten Territorium, so wird klar, daß die *erhabene Landschaft* von jenen importiert wurde, die von nun an aus kulturellen Gründen reisen. Die Alpen verlieren den Status der „verbotenen Berge" (Philippe Joutard) und werden im 19. Jahrhundert zum „Spielplatz Europas". Die entstehende Tourismusindustrie bemächtigt sich ihrer. Dies auf Nachfrage einer zunächst britischen, dann internationalen und stets begüterten oder adligen Klientel. Königin Victoria erklärt, daß Morschach der schönste Ort sei, den sie in der Schweiz kenne. König Ludwig II. von Bayern verweilt hier, gefolgt von zahllosen Prinzen, Großfürsten, Generälen, Ministern, Nabobs und hochfliegenden Künstlern.
Zu dem Zeitpunkt, zu dem sich nach Rimbaud „Madame *** in den Alpen ein Klavier aufstellen läßt", ist die im 18. Jahrhundert entdeckte Schönheit schon zur Ware geworden. Denn wenn auch nach Amiel „die Landschaft ein Seelenzustand ist", so bietet sie auch und vor allem die Gelegenheit, reine Luft und Molke an all die zu verkaufen, die gekommen sind, um mit Hilfe des Alphorns die akustische Dimension der Gipfel zu erfahren.
Man rüstet sich aus für diese saisonbedingte Kolonialisierung: Dort, wo sich diese konzentriert, werden große weiße Gebäude, wenn möglich weithin sichtbar und entlang eines Grats, errichtet: Rigi, Bürgenstock, Seelisberg, Morschach. Sie gleichen Palästen, da sie für den Adel oder Möchtegern-Adel erbaut wurden, was niemanden im Herzen der „ältesten Demokratie der Welt" zu stören scheint. Ganz im Gegenteil: Eine gewisse Ehrerbietigkeit – oder Portiermentalität vor dem reichen Fremden – macht sich in gewissen Kreisen der Bevölkerung breit – und ist auch heutzutage nicht völlig verschwunden.
Bei Morschach werden die Hotels Axenstein, Axenfels und das Parkhotel errichtet. Das erste und wichtigste wird 1869 eröffnet, brennt 1900 ab und wird zwei Jahre später wieder aufgebaut. Während des Ersten Weltkrigs sind dort deutsche Offiziere interniert (goldenes Gefängnis, die Sektkorken knallen wie Salvenfeuer). Sein Niedergang beginnt mit der Weltwirtschaftskrise, 1947 wird es geschlossen und 1965 abgerissen. Ab 1905 war es durch Eisenbahnverbindung an Brunnen und damit an die Gotthardlinie angeschlossen.

Diese Verbindung wurde 1969 abgeschafft. Sie war aber bei weitem nicht die einzige der Region: Die älteste Zahnradbahn Europas verband seit 1871 Vitznau mit der Rigi (auf die ab 1874 über den entgegengesetzten Abhang noch eine zweite Linie führte), und 1889 wurde noch eine weitere Linie, die steilste Europas, zum Pilatus hinauf eröffnet (die Drahtseilbahn auf Luzerner Seite ist sehr viel neueren Datums). Auf der fast vertikal ansteigenden Nordseite des Bürgenstocks wird dagegen ein Fahrstuhl errichtet. Der Andrang der Touristen hatte jedoch zuvor zu einer Mechanisierung der Schiffahrt geführt: 1836 fuhr der erste Raddampfer auf dem Vierwaldstättersee. 1882 schließlich, bei der Eröffnung des Sankt-Gotthard-Tunnels, erhielt der internationale Tourismus nochmals Aufwind.

Es reicht jedoch nicht, den Reisenden in sein vom Klassenkampf abgeschirmtes Luxusghetto zu bringen, er muß dort auch unterhalten werden. Das Axenstein organisierte venezianische Feste und bot schon vor 1914 Tennisplätze sowie 1925 einen Golfplatz (junge barfüßige Bauernmädchen dienten dort als Caddies) und 1930 ein Schwimmbad.

Außerdem ist es angebracht, in der Landschaft die Punkte zu fixieren und herauszustellen, an denen sie betrachtet werden soll. Dies ist die Rolle der Aussichtspunkte, die einen bestimmten Blickwinkel festlegen und damit das Naturschauspiel auf eine Bühnenmalerei oder vielmehr einen Guckkasten reduzieren. Ambros Eberle, der Erbauer des Axensteins, spielt bei der „Landschaftsherstellung" eine aktive Rolle. Er setzt sich dafür ein, daß die Eidgenossenschaft das Rütli kauft, ist Mitglied des „Schillerstein"-Komitees (zwei Stätten, die Morschach gegenüberliegen); er beschränkt sich also nicht darauf, Aussichtspunkte zu schaffen, sondern bestimmt auch, was es von dort aus zu betrachten gibt.

Die Aussichtskanzel ist im übrigen keine isolierte Stätte. Sie ist vielmehr Höhepunkt und Moment beredten Ausdrucks in der Prosa des Weges. Dieser wiederum ist dynamisch, da er ständig sich wandelnde Aussichten ein- oder ausblendet. Er steht zwar nicht im Widerspruch zu dem, was man als Balkonästhetik bezeichnen könnte, ergänzt diese aber, indem er dem neuen Anliegen des gesunden Spaziergangs und Freiluftsports Genüge tut. Das Axenstein ist stolz darauf, den größten privaten Naturpark des Landes sein eigen nennen zu können (30 ha). Das Motto der Gesundheit durchs Wandern liegt übrigens auch noch implizit der Idee des Weges der Schweiz zugrunde.

Im 19. Jahrhundert schlugen sich diese Absichten noch nicht auf die Gestaltung des Weges selbst nieder. Er ähnelte nicht etwa einem heutigen Trimm-dich-Pfad, sondern inspirierte sich am romantischen Garten, der zwar unklar umschrieben, aber doch pittoresk und dicht belaubt war und sich wiederum vom englischen Park des 18. Jahrhunderts ableitete, der seinerseits die Bilder von Claude Lorrain imitierte. Ein eigenartiger Eklektizismus also, in dem sich zu guter Letzt die beiden Extreme der klassischen Harmonie und des romantischen Chaos miteinander verquicken! Der Weg der Schweiz ist eine seiner letzten Spielarten in Form eines schweizerisch eingebürgerten englischen Gartens, der sich linear und langgestreckt ins Gelände fügt.

Nun gut, werden einige entgegnen, wenn sich auch alles gewandelt hat, so ist doch alles beim alten geblieben. Eine Landschaft ist wie das Schiff der Argonauten, das durch ständigen Ersatz seiner Bestandteile über Jahrhunderte hinweg erhalten blieb, oder wie der Schrein von Ise, der alle 20 Jahre abgerissen und neu errichtet wird: Es bleibt zwar kein Stück als solches erhalten, aber das Ganze bleibt bestehen. Unnötig, zu meckern: „Die Materie verliert sich und die Form überdauert."

Um noch besser zu zeigen, daß eine Landschaft keine Gegebenheit der Natur ist, sondern der Ausdruck der Beziehung zu dieser und damit ein kulturelles Phänomen, ist es jetzt angezeigt, eine weitere Komponente des Territoriums zu betrachten, und zwar die politische. Hier muß wiederum festgestellt werden, daß die Veränderung der Wahrnehmung einer Stätte gleichbedeutend mit einer Änderung der Stätte selbst ist.

5

Daß der Weg der Schweiz um den Urner See herum führt, entspricht einer Idee, die in Vergessenheit geraten schien: „1291 trägt den Keim von 1848 in sich", das heißt, die heutige Eidgenossenschaft ist die direkte Weiterentwicklung des Ur-Bundes. Mir nichts, dir nichts schafft der Weg der Schweiz, obwohl er angeblich kein Programm besitzt, eine Art Prozessionsweg um zwei geweihte Stätten herum: das Rütli und die Tellskapelle. Es steht zu befürchten, daß hier wiederum Anlaß zu Mißverständnissen oder zumindest für einige Überlegungen besteht. Innerhalb der Vertiefung, am Ort jeden Zurückziehens, demjenigen des Ursprungs, sollte man endlich vom Terrain zur Geschichte gelangen. Dafür liefern aber unglücklicherweise die kleine Wiese und die Tellsplatte nur wenig Material. Schlimmer noch: Schenkt man Historikern, die nicht der geringsten Subversion verdächtig sind, Glauben, so ist der berühmte Schwur der drei Schweizer reine Erfindung und kann deshalb auch niemals auf der Rütliwiese stattgefunden haben: Es gab weder Verschwörung noch Erhebung. Der Pakt von 1291 hat keinesfalls den gründenden Charakter, den man ihm beigemessen hat. Es handelt sich um nichts anderes als die Erneuerung einer Absprache über einen Präventivfrieden (Bergier) unter Talgemeinden, die es erstmals ca. 1250 gab. Und was die Tellsplatte betrifft, wie soll man glauben, daß dorthin wirklich der rettende Sprung des rebellischen Armbrustschützen stattfand, wo doch die Existenz dieses Schützen ganz ernsthaft in Zweifel gezogen wird? Tell? Eine Ansammlung vereinzelter Fakten, einige davon sogar geschichtlich, unter einer „Art Kollektivnamen" (Bergier). Es ist wahrscheinlich, daß die Konfiguration des Ortes seinen Namen nahelegte. Womöglich besaß er auch schon vorher diese Bezeichnung (Franz Heinemann). Vor 1516 wurde dort eine dem Heiligen Sebastian geweihte Kapelle errichtet.

Das Ancien Régime, das im Staatenbund der dreizehn Kantone nur eine Verteidigung uralter Rechte gegen das Habsburger Hegemoniestreben sah, maß dem Rütli keine besondere Bedeutung zu. Ende des 18. Jahrhunderts kannte der Großteil der ländlichen Bevölkerung nicht einmal den Namen Wilhelm Tell (Daniel Frei).

Der Weg der Schweiz führt um ein Zentrum herum, aber das Zentrum ist hohl. Zumindest gilt dies für den *geschichtlichen* Standpunkt. *Ideologisch* hingegen ist das Zentrum übervoll. Obwohl es 1291 überhaupt nicht in Frage kommt, sich des Feudalsystems zu entledigen, die Waldstätten weit davon entfernt sind, eine egalitäre Gesellschaft zu bilden und im allgemeinen von einflußreichen Großgrundbesitzern regiert werden, entsteht schon bald der Mythos ihres demokratischen Charakters. Schreibt nicht Machiavelli in seinem *Portrait Deutschlands* von 1508, daß die Schweizer, „die in ihrem Land weder Herrscher noch Landesherren kennen, die vollkommene Freiheit und Gleichheit genießen, die Gott den Menschen gab", und „jene, die über sie regieren, nur während der Zeit auszeichnen, in der diese ihr Amt innehaben"? Kurz, der Natur- und Idealzustand. Dies, bevor Aegidius Tschudi in *Chronicon Helveticum* (1550) für mehrere Jahrhunderte die offizielle Version der eidgenössischen Ursprünge festhält. Aber die Darstellung war von Machiavelli ja auch nicht ohne Hintergedanken verfaßt worden, denn sie galt einem florentinischen Leser, und die Eidgenossen sollten als „Vorbild" dienen.

Ein anderer Autor, Thomas More, beschreibt 1516 in *Utopia* das Volk der Zapoleten (wahrscheinlich: unverwüstliche Trinker), das heißt die Schweizer, in wenig schmeichelhafter Art: „ein barbarisches Volk [...], hauptsächlich von Jagd und Raub lebend [...], nur für den Krieg geboren [...], auf das

Geld sind sie so versessen, daß der Zuschuß eines einzigen Hellers zu ihrem Tagsold sie leicht zum Parteiwechsel verleitet [...]. Habsucht [...], Ausschweifungen kläglichster Art [...], Räubergesindel ..." Und kein Wort von den staatsbürgerlichen Tugenden!
Bald gilt die Gestalt des Wilhelm Tell als Freiheitssymbol. Sowohl beim Bauernaufstand im 17. Jahrhundert als auch in beiden Lagern des Religionskrieges beruft man sich auf ihn und seine Sache. Danach wird unser Star „multinational" (Bergier); als Jakobiner kämpft er für die Französische Revolution, tritt dank Schiller 1804 in die Weltliteratur ein – was ein enormes politisches Echo findet – und erleidet, dank dem *Wilhelm Tell* von Rossini (1829), einem der Gipfel helvetischen Kitschs, seine Metamorphose zum Opernhelden.

Wie schon bei der Umwandlung scheußlicher Berge zu erhabenen Landschaften kam die Aufwertung des Armbrustschützen im wesentlichen von außen. Nun war es angezeigt, ihn aufs neue einzubürgern. Nach den Unruhen, die die sogenannte Regenerationszeit 1830 begleiteten, und insbesondere nach dem kurzen Sonderbundskrieg im Jahre 1847 begriffen die siegreichen Freisinnigen, daß es galt, aus der Schweiz, wie sie dann in der Verfassung von 1848 definiert wurde, eine neue Einheit zu schaffen. Sollte sich die Suche nach Vorbildern in der Geschichte als unergiebig erweisen? Nicht weiter tragisch, man würde sich diese schon für den übergeordneten Zweck zurechtbiegen. Paradoxerweise werden zu einem Zeitpunkt, da die Geschichtswissenschaftler unter dem Einfluß der Positivisten die Beschreibung der Ursprünge als ein Sammelsurium von Legenden bezeichnen, Tell, die drei Schweizer und einige andere Figuren zu den vereinenden Symbolen des umgestalteten Landes. „Wilhelm Tell und seine angeblichen Mitstreiter von 1291 kommen buchstäblich an die Macht" (Bergier).

Die Freisinnigen, und das ist das zweite Paradox, ersetzen zweifelhafte Traditionen durch einen solide untermauerten Mythos, nach dem, wie schon erwähnt, die neue schweizerische Demokratie sich direkt an die der Waldstätten anschließt. Ihr eigentliches Modell liegt jedoch anderswo: in den Verfassungen der Revolution und selbst in der Helvetischen Republik. Dieses Unterfangen dient einem zweifachen Ziel. Einerseits soll die Aufmerksamkeit von den eigentlichen Quellen abgelenkt werden, da die republikanische Anleihe fremd und damit suspekt ist, andererseits dient es dazu, den neuen Lauf durch eine historische und glorreiche Dimension (wenn auch ein Trugbild) zu legitimisieren.

Die Rechnung ging offensichtlich auf, denn der so gegründete Staat existiert heute noch. Aber wenn der Mythos den Sieg über die Geschichte davongetragen hat und die erwarteten Früchte trug, so nicht nur dank einer geschickten Auslegung oder eines sehr effizienten offiziellen Jargons, sondern vor allem wegen des Geniestreichs der „Territorialisierung der Vaterlandsliebe" (François Walter). Die Ideologie konnte damit vom gedachten zum gelebten Zustand werden. Indem sie in der Landschaft Wurzeln schlug, wurde sie verinnerlicht. Aufgrund der ihr eigenen Dynamik konnte sie sogar noch eine volkserzieherische Funktion ausüben. Was ist Ideologie? Etwas, was als evident erscheint und in diesem Sinne handeln läßt.

Man kann den Etappen dieser Markierung folgen, sie findet sogar ihren Ausdruck im „Hehren Vaterland" der Nationalhymne. So wird 1859 Schiller zum Hundertjahrestag seiner Geburt ein Stein mit Inschrift gewidmet, der genau gegenüber von Brunnen, an der Biegung des Urner Sees steht. 1867 führt die Klassifizierung der Findlinge dazu, daß sie ins ästhetische und patriotische Bewußtsein dringen. Sechs Jahre nach der landschaftlichen Gestaltung der Rütliwiese wird hier die Imitation einer traditionellen Berghütte erbaut, um den ursprünglichen Charakter dieses Ortes hervorzuheben. 1879 wird die Tellskapelle zum zweiten Mal wiedererrichtet. Ernst Stuckelberg malt dort vier Fresken, die den Rütlischwur, die Szene des Apfelschusses, den Sprung aus dem Boot und den Mord an Gessler zeigen, alles hochgradig dubiose Ereignisse. 1890 wird der 1. August zum nationalen Feiertag erklärt. 1901 schmückt Charles Giron den Saal des Nationalrats mit einem riesigen Bild vom Urner See mit Rütli, Brunnen, Schwyz, den Mythen – und, nebenbei bemerkt, der Genfer Teilstrecke des Wegs der Schweiz. Von nun an haben die Abgeordneten stets die Wiege des Vaterlandes vor Augen. Der Nabel des Landes fällt mit dem Bundeshaus zusammen. Vor einigen Jahren schließlich wurden der See und seine Umgebung in die Liste der Stätten von nationaler Bedeutung aufgenommen. Der schweizerische Schulatlas beginnt übrigens mit einer Karte des Vierwaldstättersees.

6

Trotz der ihm auferlegten Diskretion – die Rhetorik des 19. Jahrhunderts kommt heute nicht mehr gut an –, trotz der Abwesenheit eines Programms, lanciert der Weg der Schweiz den vereinenden Mythos aufs Neue. Nostalgie zweiten Grades: Sehnsucht nach einer Schweiz, die nach 1848 wie zu einem Stück zusammengeschweißt schien, und die ihrerseits wähnte, sich an das kompakte Helvetien der Ursprünge anzulehnen. Als ob die

Harmonie der Landschaft den politischen Konsens verbürgte! In Wahrheit hält aber keiner dieser Punkte einer Überprüfung stand.
Der Urner See, ein knapper, zentrierter und geschlossener Raum. Überall vertikal ansteigende Felswände, überlagert von turmförmigen Massen. Dahinter die aufeinanderfolgenden Bergketten, „Einfriedungen mit ewigen Ringmauern" (Johannes von Müller). Darunter weitere steile Anhöhen, gleich Schikanen angeordnet. Einige Durchblicke, kein Horizont. So die geographische Schmuckschatulle des Mythos. Alles läßt ihn als abgeschirmt, geschützt und bewahrt erscheinen. Als unzugänglich. Abgelegen von allem, was diesen ursprünglichen und fast geweihten Charakter der Stätte in Frage stellen könnte: Städte, soziale Spannungen, Industrie, Umweltverschmutzung, mit einem Wort: die Modernität. Kurz: Er ist das Gegenteil der aus der Aufklärung entstandenen Zivilisation.
Es ist aber so, daß diese Gegend hier ebenfalls – besser gesagt: vor allem – einer der überladensten Verkehrskorridore Europas ist. Sie wird pro Jahr von 80.000 Zügen durchquert, Güterzüge nicht inbegriffen. Die N2 wird jährlich von fünfeinhalb Millionen Autos, 650.000 LKW und unzähligen Motorrädern befahren. Hinzu kommt der Verkehr über die Axenstraße. 118.000 Linienflüge folgen Jahr für Jahr der gleichen Nord-Süd-Achse (genau auf der Strecke Zürich-Mailand gelegen), und die ständig wiederkehrenden geräuschvollen Militärflugzeuge erhöhen noch die Verkehrslast, die diese „geschützte Stätte" beeinträchtigt. Allein der See, der früher den gesamten Verkehr aufnahm, spielt nur noch eine Rolle für Tourismus und Sport.
Statt des geschlossenen Gefäßes eine Abflußrinne. Dies ist wahrscheinlich eine der Überraschungen, auf die der Spaziergänger am wenigsten gefaßt war: die Vielfalt und Intensität der Geräusche, die manchmal vom mächtigen Föhn übertönt werden. Diese Komponente, die von nun an Teil der Landschaft ist, könnte, da sie stört, verdrängt werden, wenn nicht Max Neuhaus sie nicht durch seine tönenden Eingriffe deutlich hörbar machte.
Zu diesem Punkt muß angemerkt werden, daß wir uns auch auf dem Weg der Schweiz in der Stadt befinden. „Stadt" nicht im herkömmlichen Sinne des Wortes als ein großes Ganzes kontinuierlich angeordneter Gebäude und als dem Land entgegengesetzt verstanden, sondern begriffen als der neue urbane Nebel, der die Schweizer Hochebene bedeckt und sich nach und nach über die nationalen Grenzen hinweg mit anderen Stadtgebilden verbindet. Diese Stadt der Zukunft breitet ein mehr oder weniger loses Netz über das gesamte Land aus und umfaßt große Gebiete von Ackerland, Wäldern und Bergen. Verschiedene Faktoren tragen jedoch zu

ihrer Vereinheitlichung bei. Fast alle Technologie, Ausrüstungen und Infrastrukturen kommen aus der Stadt und für die Städter. (Ist nicht auch der Weg der Schweiz die Arbeit von Architekten, Ingenieuren und anderen Planern aus der Stadt?) Insbesondere der Einfluß der Massenmedien führt dazu, daß die unterschiedlichen Mentalitäten der Bevölkerung sich nivellieren: Das Resultat ist ein gleichförmiger städtischer Lebensmodus.
Und wie steht es mit dem Konsens? Man kann zu Recht daran zweifeln, daß er jemals wirklich und dauerhaft war. Heute ist er es noch weniger. Wie in jeder Gesellschaft gibt es bei uns jene, die das Sagen haben, und jene, die am Rande leben, Gruppen, die Druck ausüben, und diejenigen, die diesen Druck erleiden, Engagierte und Gleichgültige, Wohlhabende und Ausgestoßene, wobei dieser Personenkreis alles andere als fest umrissen ist. Interessant zu wissen wäre, warum und seit wann es die schweizerische Innenpolitik sich zur Regel gemacht hat, Konflikte zu negieren, wo doch jeder Konflikt auch positive Energien freisetzt. Wenn über so lange Zeit hinweg die Fiktion einer bäuerlichen Schweiz aufrechterhalten wurde, wo doch der Bauernstand im Augenblick nicht einmal 5 Prozent der Bevölkerung ausmacht, dann wohl auch, weil die Stadt immer noch Angst einflößt, weil in ihr die vom 19. Jahrhundert als gefährlich eingestuften Klassen leben.
Diese krankhafte Furcht vor dem Konflikt und selbst der Debatte führt dazu, daß die Schweiz sich jeder Veränderung widersetzt. Es ist sogar ein Merkmal ihrer Geschichte, daß fast alle Änderungen auferlegt wurden. Wie paradox für ein Volk, das nicht müde wird, sich seines Freiheitsdrangs zu rühmen! (Oder sollte es sich gerade deswegen rühmen?) Die Geschichte der Schweiz, bemerkte einmal Alfred Berchtold, beginnt mit einem Trauma: Caesar schlägt die Helvetier, die versuchen, sich im Süden Galliens niederzulassen, zwingt sie, kehrtzumachen und die Städte wieder aufzubauen, die sie beim Abzug niederbrannten. Das ist nicht die einzige Backpfeife, die wir erhalten haben. Nach den Burgunder- und Schwabenkriegen, als der junge Bund der „Dreizehn alten Orte" in den Rang einer europäischen Militärmacht eintritt und seine Expansion vorbereitet, wird er dabei bei Marignano von Frankreich aufgehalten. Die Schweizer ziehen sich in die Berge zurück. Sie bleiben weiterhin auf den Schlachtfeldern gegenwärtig, aber nur als Kanonenfutter, denn von nun an sind sie vom politischen Spiel in Europa ausgeschlossen. Auch der Fall des Ancien Régime ist das Werk der Franzosen, die den Schweizern die Helvetische Republik und dann die Mediationsakte auferlegen. Ja selbst die Neutralität, der typischste Zug unserer Außenpolitik, wurde vom Wiener Kongreß und vom Zweiten Pariser

Frieden anerkannt und garantiert, aber auch mit einer Art Vormundschaft versehen. Und wir wissen, daß uns unsere nächste Veränderung wohl von Brüssel auferlegt werden wird. Derartige Gründungsmißerfolge erklären wahrscheinlich die für uns typische Verkrampfung. Diese führte zu einer außergewöhnlichen Unfähigkeit, antizipierend zu handeln, woraus wir eine Doktrin ableiteten, die besagt, daß unser Schicksal einzigartig und unser Fall ein *Sonderfall* sei. Ein solcher Anspruch ist nicht nur lächerlich, weil auch die Norweger, Slovenen, Katalanen und alle anderen einzigartig sind, sondern überdies eine Art profaner Variante des „erwählten Volkes". Falsche Vorstellung: In Wirklichkeit sind wir lediglich ein Volk von Wählern, das die Parole ausgibt, sich nicht zu weit hinauszulehnen und kein Risiko einzugehen. Und somit ist auch der Weg der Schweiz eine Art Rundweg, der aber nach innen weist. Unser vorgeschobenes Inseldasein ist eine Fiktion. „Ganze Zivilisationen verharren während Jahrhunderten in der natürlichsten, nämlich einer sich verschließenden Haltung, während sie gleichzeitig die Öffnung feiern, die in ferner Vergangenheit stattfand. Sie sind stolz darauf, erleuchtet worden zu sein, wobei sie doch diesem Lichte Gewalt antun müßten, um es zu ehren" (Raymond Tschumi).
Ist es unter diesen Umständen weise, um jeden Preis an einem Bild festzuhalten, das wir Tag für Tag als überholter empfinden? Das Scheitern des Verfassungsentwurfs von 1977 brachte schon gefährliche politische Spaltungen ans Licht. Zahlreiche Anzeichen der Degeneration haben in der letzten Zeit eine noch schwer einzuschätzende Kluft zwischen der institutionell vorgegebenen und der wirklichen Schweiz aufgezeigt. Wenn eine Nation eine Identitätskrise durchläuft, kann sie drei Wege beschreiten: die Krise verleugnen oder verniedlichen, sich krampfhaft an angeblich uralte Werte klammern, selbst wenn diese neu interpretiert werden müssen, oder aber der Realität ins Auge schauen, die zumindest partielle Hinfälligkeit der eigenen Mythen und damit der Institutionen erkennen und zur Wirklichkeit in eine neue Beziehung treten. Der erste Weg führt meistens zum zweiten, während der dritte Weg nie ohne einen gewissen inneren Widerstand beschritten wird. Alle drei sind riskant, die beiden ersten aber noch mehr als der dritte, weil die Verleugnung der Krise höchstens einen Aufschub einbringt. Die größte Schwierigkeit besteht vielleicht darin, zu lernen, daß es gefährlich ist, mit dem Blick in den Rückspiegel voranzuschreiten. „In einem jungen Land verkauft das Morgen das Übermorgen" (Henri Michaux). Haben wir denn wirklich nichts Besseres zu bieten als das Vorgestern?

Diese Überlegungen haben uns weniger vom „rechten Weg" abgebracht, als es zunächst erscheinen mag. Sie beschreiben den Rahmen und die Umstände, unter denen das Genfer Teilstück des Weges der Schweiz Gestalt annahm. Die vorgegebene Strecke mußte begehbar gemacht und gestaltet werden. Ein jeder Weg ist beschreibender Art. Da der uns zufallende Teil mitten durch den nationalen Bilderkrempel verläuft, hätte man ihn als eine Folge von Stationen gestalten können. Statt einer musealen Leistung jedoch bietet er eine Strecke, die den Spaziergänger so wenig wie möglich „führt" und die zu nichts zwingt. Dieser allein bestimmt über *Tempo* und Gangart und entscheidet, ob er weiterschlendern, innehalten, umkehren oder vom Wege abkommen will.

Die Weggestaltung begünstigt diese Absicht. Sie verzichtet darauf, spektakulär zu sein, versucht aber, die Wirklichkeit sichtbar zu machen. Die einzige Akzentuierung ist das Chänzeli, ein trommelförmiges Metallgerüst, in das der Spaziergänger sich begibt. Es dient dazu, gleichermaßen Aussicht und Distanz zu verschaffen. (Achtung, Landschaftsfalle! Was sie von hier aus sehen, ist die Projektion ihrer eigenen Kultur!) Die übrigen Beiträge der Künstler tragen zum gleichen Ziel bei: Ob sie nun natürliche Spuren hervorheben, Elemente des Weges photographieren oder mit Geräuschen arbeiten, all diese Arbeiten fügen sich in ein Projekt, das sich als demokratisch definieren läßt. Der Adressat wird nicht als Kunde behandelt. So sollte, unterstützt durch die Hervorhebung gewisser Merkmale des Ortes, der Spaziergang den Besucher auf die verschiedenen (physischen und anthropologischen) Schichten des Territoriums aufmerksam machen, auf die verschiedenen Ebenen, die sich überlagern oder miteinander verschlingen (in der Zeit, in der der Leser von Brunnen nach Morschach steigt, fliegen andere von Kloten nach Linate) und auch auf seine Mehrdeutigkeit (d.h. die verschiedenen ästhetischen und politischen Auslegungen, deren Gegenstand er war) hinweisen. Vielschichtiges Territorium! In dieser Reliquienlandschaft (Walter), steigt der Weg die Reliquie als solche auf. Ein Weg mit der Gelegenheit zu einem qualitativen Sprung, der wegen der Schlichtheit seiner Mittel aber nicht elitär ist. Ein Weg, wie ein Schweigen, wie eine Pause, wie eine Gelegenheit, die Augen zu öffnen und nachzudenken. Eine Weg für eine offenere Mentalität.

Die Überlegungen, die dieser Text angestellt hat, haben die Anfangssituation von Grund auf umgestellt. Er ist zu seinem Anfang zurückgekehrt, dies aber wie auf einem Möbiusschen Band: Wenn man eine seiner Seiten verfolgt und die gesamte Schlaufe hinter sich legt, gelangt man auf die Kehrseite des Anfangspunktes. Ist das Thema von *CH-700* aber nicht genau die Utopie?

Übersetzung: Susanne Kazyk Trottet

Anmerkung

1   Francesco Starace, L'illusione del paesaggio. Note sulla storia dell'idea di paesaggio, Neapel 1969; Eugenio Turri, Antropologia del paesaggio, Mailand 1974; Geoffrey und Susan Jellicoe, The Landscape of Man. Shaping the Environment from Prehistory to the Present Day, London 1975; Hans Weis, Die friedliche Zerstörung der Landschaft und Ansätze zu ihrer Rettung in der Schweiz, Zürich, 2. korrigierte Ausgabe 1981

Die kulturellen Grundlagen des territorialen Rasters in den USA

Wenn jemand im Flugzeug jenen Teil der Vereinigten Staaten überquert, der westlich der Appalachen liegt, dann entdeckt er recht schnell, daß über dem Land – so weit das Auge reicht – ein regelmäßiges Netz liegt, das aus Vierecken von identischer Größe besteht, die am Boden von Straßen begrenzt werden. Von den Großen Seen im Norden und der texanischen Grenze im Süden dehnt sich dieses gleichförmige Raster bis zu den Rocky Mountains aus. Dann taucht es hier und da wieder in den Ebenen und auf den Plateaus dieses langgestreckten Gebirgszuges auf. Allen Unterbrechungen zum Trotz zeigt es überall die gleiche geometrische Strenge, und auch in den Gebieten, die es nicht durchkreuzt, existiert es zumindest virtuell. Ein Beweis dafür ist die Tatsache, daß die Nationalparks, die Parks der einzelnen Bundesstaaten und auch die Truppenübungsplätze nach diesem allgemeinen System zugeschnitten worden sind, das entlang des Pazifiks auch alle nichtbergigen Gebiete überzieht. Dieses Raster erfaßt heute 78 Prozent des amerikanischen Staatsgebietes ohne Alaska und Hawaii, also vierzehneinhalbmal die Fläche Frankreichs. Es bildet die grundlegende Struktur in jenem Teil der Vereinigten Staaten, der westlich der dreizehn Gründerstaaten liegt. Auch Texas fällt nicht darunter, weil die Spanier es bereits in einem Kataster erfaßt hatten. Das Grundviereck hat eine Seitenlänge von einer Meile (1,6 km). Zwar haben sich zuerst die Eisenbahnstrecken und später die Autobahnen durchweg über dieses Raster hinweggesetzt, und dennoch wird das Land von einer einheitlichen geometrischen Logik beherrscht.
Die Umstände, die Vorbilder, die Gründe, die Prinzipien und die Beteiligten dieses großangelegten Unternehmens sind ebenso wie die nach und nach vorgenommenen Gesetzesänderungen untersucht worden, und zwar sehr ausführlich.[1] Von Anfang an stand fest, daß die neue Konföderation erweitert werden sollte. Thomas Jefferson zufolge wollte man die Weichen stellen für einen Staat, der sich über den ganzen Kontinent erstrecken und sowohl demokratischen als auch agrarischen Idealen gerecht werden sollte. Diese Idealvorstellungen lassen sich sowohl von den Physiokraten (Jeffer-

Minnesota

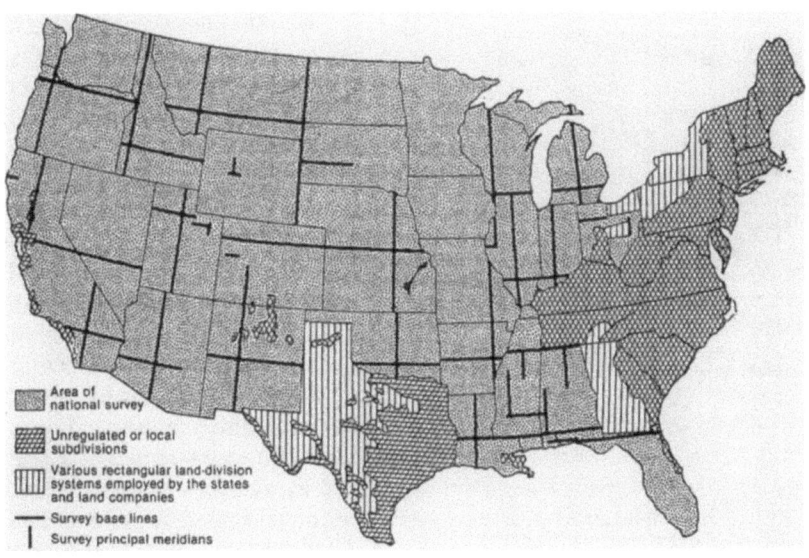

USA: Land Division Types, Basislinien

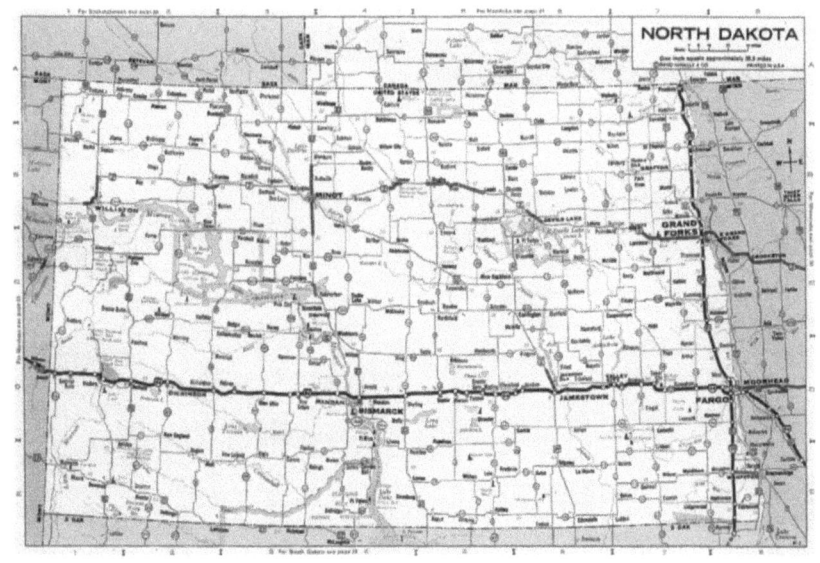

USA: Straßenkarte von North Dakota

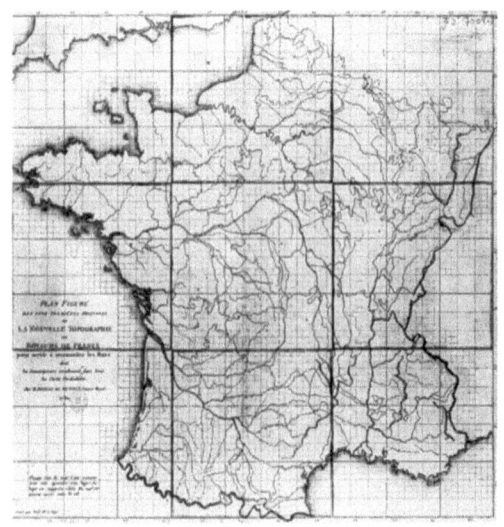

"La France divisée par carrés uniformes" (Robert de Hesseln, 1780)

son selbst war ein Anhänger von Quesnay) als auch von Rousseau herleiten (Jefferson wollte eine Gesellschaft gleichberechtigter Bürger und glaubte an die angeborene Güte der Menschen). Der zukünftige Präsident verabscheute Städte, insbesondere diejenigen, die von den Engländern gegründet worden waren, und wollte eine Nation von kleinen unabhängigen Bauern, für ihn „die Adeligen der Natur".

Eine aus drei Personen bestehende Kommission, deren Sekretär Jefferson war, verfaßte 1784 einen Gesetzentwurf über die Schaffung von vierzehn neuen Staaten, der im April des selben Jahres vom Kongreß gebilligt wurde. Eine andere, diesmal aus fünf Personen bestehende Kommission hat eine Woche später einen – ebenfalls von Jefferson verfaßten – Bericht über die Schaffung eines *Land Office* vorgelegt. Dieser Bericht war der erste Entwurf für die künftige territoriale Gliederung, mit dem sich der Kongreß aber nicht befaßt hat. Erst 1785 legte die *Land Ordinance* die Aufteilung des Landes nach dem System der *hundreds* in Parzellen mit einer Seitenlänge von einer Meile fest. Die *Land Ordinance* wurde 1787 abgeändert und in diesem Jahr auch zum ersten Male angewandt. Auch 1796 und noch mehrfach im 19. Jahrhundert wurde sie verändert, aber nur in weniger wichtigen Punkten.

Vielfach wird behauptet, daß Jefferson sich auch als Sekretär der Kommission nur wenig für das System interessiert habe, das er zusammen mit seinen Kollegen vorgeschlagen hatte. Treat und später Berkhofer Jr. haben behauptet, daß Jefferson das orthogonale Raster (das bereits in den Kolonien existiert habe) weder erfunden noch jemals sich zu diesem Projekt geäußert habe. In seinen späteren Schriften ist Jefferson wahrscheinlich deswegen nicht auf die *Ordinance* zurückgekommen, weil das Problem geregelt war und alles, was er dazu zu sagen hatte, in dem erwähnten Bericht stand. Aber sein Interesse für das Land kann man in seinen *Notes on the State of Virginia* spüren (ebenfalls 1784) und auch daran, daß er die wissenschaftlichen Expeditionen von Lewis und Clark zum Pazifik (1804-1806) und zum Red River (1806) ebenso mitorganisiert hat wie den Kauf Louisianas im Jahre 1803. Ablesen läßt sich dieses Interesse auch an seinen eigenen Stadtplanungen, deren Schachbrettmuster im wahrsten Sinne des Wortes wie Miniaturausgaben der von der *Ordinance* geschaffenen Raster wirken. Zudem kam Jefferson am 6. August 1784 als Botschafter der USA in Paris an und blieb dort bis 1789. Dann ging er in die Vereinigten Staaten zurück und begann dort eine politische Karriere, die ihn bis ins Präsidentenamt führte. Er beschäftigte sich also auch noch mit vielen anderen Themen.

Aus Platzgründen werden wir die von der *Ordinance* geschaffenen Mechanismen hier nicht beschreiben können. Wir werden uns vielmehr darauf beschränken, die Merkmale, die sie dem Land aufgeprägt hat, die Schwierigkeiten, die aus der Größe des Landes resultierten, und die Prinzipien, die Jeffersons Vision zugrunde lagen, in groben Zügen nachzuzeichnen. Die von der *Ordinance* vorgegebene Basiseinheit hat eine Seitenlänge von sechs Meilen. Jede davon besteht ihrerseits aus 36 Quadraten mit einer Seitenlänge von jeweils einer Meile. Diese Fläche von 36 Quadratmeilen wird als *township*, also als Verwaltungsbezirk, bezeichnet. Der Staat verkauft entweder das Ganze oder die einzelnen Parzellen. Vier Quadrate im Zentrum eines *township* verbleiben im Staatseigentum, während ein fünftes für die Schule vorgesehen ist. Diese soll sich durch den Verkauf von landwirtschaftlichen Produkten, die auf ihren 640 acres (etwa 256 Hektar) Land wachsen, selbst finanzieren. Mit knapper Mehrheit lehnte der Kongreß einen anderen Vorschlag ab, der darauf abzielte, ein weiteres Quadrat „für die Religion, der die Mehrheit der männlichen Erwachsenen angehört", zu reservieren. Die Kirchen gehen also leer aus. In der ersten Zeit wurden kleine Parzellen an die Veteranen des Unabhängigkeitskrieges verschenkt. Die *Ordinance* von 1785 sah gegeneinander versetzte Flächen vor, die von 1787 ersetzte dies durch alternierende Streifen Land.

Da die *Ordinance* auf das gesamte zukünftige Territorium angewendet werden sollte und da schnell klar wurde (für Jefferson war es das schon von Anfang an), daß das Land eines Tages am Pazifik enden würde, beschloß man, das Netz astronomisch an den Längen- und Breitengraden auszurichten, denen die Grenzen der Bundesstaaten vielfach entsprechen. Jefferson wollte, daß sich das Netz am geographischen Nordpol orientierte, aus praktischen Gründen aber votierte der Kongreß für den magnetischen Nordpol. Da die Längengrade jedoch die unangenehme Eigenschaft besitzen, an den Polen zusammenzulaufen, wären die Quadrate im Norden kleiner gewesen als im Süden. Daraus resultierten Korrekturen, die wiederum im Land einige Unregelmäßigkeiten nach sich zogen. Man mußte neue Vermessungstechniken entwickeln, um der riesigen Ausdehnung, und damit der Erdkrümmung, Rechnung zu tragen.

Von seinem Prinzip her läßt sich das Raster also grenzenlos erweitern. Es setzt Normen, weil es dem Land als Abstraktion vorausgeht – und mehr noch, es erfaßt Gebiete, die die Union noch nicht erworben hat. Es geht „all over", wie die Farbe auf einem Bild von Jackson Pollock oder eher wie die Platten-Arbeiten von Carl Andre, die in gewisser Hinsicht typisch amerikanisch sind. Wir sind also dem konfrontiert, was Bruno Vayssière –

wenn auch auf einen anderen Fall bezogen - als „katastrierte Nation" bezeichnet hat. Von wenigen Ausnahmen abgesehen geht das Raster natürlich ungerührt über Topographie, Hydrographie, über die Beschaffenheit von Boden und Untergrund und auch über Klimaunterschiede usw. hinweg. In ihm nehmen das Gleichheitsprinzip, das angeblich die amerikanische Gesellschaft bestimmt, und die antistädtische Ideologie, von der sie immer noch beherrscht wird, konkrete Gestalt an. Auf jeder Ebene bestimmt das Raster die Struktur des Territoriums, denn rechteckig ist das System bis in die kleinsten Parzellen hinein.

Noch eine Anmerkung, bevor ich einige Worte dazu sage, wie dieses Raster vorangeschritten ist, und dann auf seine Quellen und Vorläufer eingehe. In seinem Buch *Nach Westen - eine neue Welt* (Paris 1987) stellt Philippe Jacquin zum Kauf Louisianas fest, daß „Jefferson nur eine ungefähre Vorstellung von diesen Gebieten hatte, die auf den damaligen Karten weiße Flächen waren". Im Jahre 1803 war Louisiana nämlich nicht das, was wir heute unter diesem Namen kennen, nämlich jener kleine Bundesstaat im Mündungsgebiet des Mississippi. Das damalige Louisiana reichte vielmehr von der gegenwärtigen kanadischen Grenze bis zum Golf von Mexiko, so daß sich die Fläche der damaligen Konföderation durch den Kauf verdoppelte. Die inneren Ebenen, jener „weiße Fleck auf der Karte", wurde von Indianern bewohnt - wovon die Ortsnamen Zeugnis ablegen -, aber auch von den Franzosen geprägt: Mit Hilfe eines Straßenatlasses kann man feststellen, daß es zwischen Chicago und New Orleans unzählige Orts- und Flurnamen französischen Ursprungs gibt: Fond du Lac, Prairie du Chien, Rivière aux Vases, Pointe à la Hache, Pointe Coupée, Baton rouge ...[2]

Das Raster der *Ordinance* folgt der fortschreitenden Kolonisierung oder vielmehr Eroberung mit einigen Jahrzehnten Abstand und erreicht den Pazifik erst im Jahre 1910.

1931 dient es dazu, die verschiedenen Teile der zukünftigen Megastadt Los Angeles miteinander zu verbinden. Damit wurde man dem Geist der *Ordinance* gerecht, denn das Raster geht ja der eigentlichen Besiedelung voraus. Und als man 1980 beschlossen hatte, die beiden nördlich von Los Angeles liegenden Ortschaften Lancaster und Palmdale neu zu gründen, hat das Raster dazu gedient, die Verkehrswege für ein riesiges Ballungsgebiet festzulegen. Auch wenn dieses Gebiet heute noch zu neunzig Prozent unbesiedelt ist, stellt dieses Projekt doch die bleibende Aktualität dieses Prozesses unter Beweis. Selbst Broadacre City, die Utopie Frank Lloyd

Wrights aus den dreißiger Jahren, paßte sich in das Raster ein. (Zudem teilte Wright Jeffersons landwirtschaftliche und antistädtische Ideale.) Insgesamt gesehen ist das Raster also im vorhinein festgelegt, endlos zu erweitern und neutral. Es setzt eine Fläche ohne Erhebungen und ohne Variationen, eine ebene Fläche also, voraus. Man kann ihr das Attribut zuerkennen, das Alessandra Muntoni für Cerdas Plan von Barcelona verwendet hat: Es ist – im Musilschen Sinne – ein Raster ohne Eigenschaften.
Das Territorium wird in der Tat als reine und homogene Ausdehnung ohne Zentren aufgefaßt, wo sich die Bevölkerung nach statistischen Kriterien verteilt und damit also isotrop ist. Amerikanischen Historikern zufolge entstammt dieses Raster den Traditionen der englischen Kolonien in Nordamerika, wenn sie es nicht der Einfachheit halber einem bestimmten Ordnungsgeist zuschreiben oder sogar der Verwendung von Millimeterpapier! In den dreizehn ursprünglichen Staaten der Konföderation war das Liniennetz jedoch weder systematisch noch einheitlich ausgerichtet. An dieser Stelle muß man, auch weil es in Jeffersons Bibliothek stand, das Werk des helvetischen Colonels Henry Bouquet aus dem Jahre 1765 erwähnen, das den Titel *An Historical Account of the Expedition Against the Ohio Indians, in the Year MDCCLXIV* trug. Dort wurde eine territoriale Aufteilung vorgeschlagen, die der der *Ordinance* sehr nahekam: Es gab die Quadrate, die gemeindeeigenen Grundstücke und den Rückgriff auf die *hundreds*.
Wenn man die Hypothese von einem rein lokalen Ursprung verwirft, dann bleibt als wahrscheinlichste Quelle die römische Centuriation. Auffallend ist nicht nur die fast vollständige formale Identität der beiden Systeme, dieser Ursprung ist vielmehr auch deshalb naheliegend, weil die Gründerväter der Vereinigten Staaten sich leidenschaftlich für das republikanische Rom begeisterten, dessen staatsbürgerliche Tugenden sie schätzten. Auf den ersten Blick wird aus der Analogie zudem fast eine Homologie: Es gibt das gleiche System aus unterteilten Quadraten, das in alle Richtungen erweitert werden kann, und überdies war es das Hauptziel der römischen Centuriation, eroberte Gebiete zu kolonisieren, indem man dort Veteranen ansiedelte. Letztlich entspricht die *Centurie* den *hundreds*. Andere Aspekte lassen diese Hypothese jedoch als falsch erscheinen oder entkräften sie ganz erheblich. Die Ausrichtung der Jeffersonschen „Hundertteilung" ist einheitlich, die der römischen verändert sich – so scheint es zumindest – nach dem Tag ihrer jeweiligen Einführung. Das römische System leitet sich von zwei rechtwinklig zueinander stehenden Achsen her, dem *cardo* (Nord-Süd) und dem *decumanus* (West-Ost), die es in den Vereinigten

Staaten nicht gibt. Darüber hinaus sind diese beiden Achsen in den meisten Fällen auf eine Stadt gerichtet, wozu es in den Vereinigten Staaten keine Entsprechung gibt. Auch wenn es sich erweitern läßt, ist das römische System immer begrenzt. Wenn es aber auf ein Hindernis stößt, überspringt es dieses Hindernis – genau wie in den Vereinigten Staaten. Vor allem aber wurde die römische Hundertteilung erst 1833 entdeckt oder zumindest wieder öffentlich gemacht. Vielleicht wird man einwenden, daß es auch lange vor diesem Jahr Veröffentlichungen der römischen Landvermesser gegeben hat, wie zum Beispiel *De Agrorum Conditionibus* von Hyginus Gromaticus (Paris 1544). Dort wurde das System erklärt und auch mit der Darstellung von übersprungenen Hindernissen illustriert. Das Werk ist 1660 noch einmal in Amsterdam veröffentlicht worden, um nur diese Ausgabe zu nennen. Es gibt jedoch keinen Hinweis auf diese Veröffentlichungen im Katalog von Jeffersons Bibliothek (aber natürlich ist dieses stillschweigende Argument nicht entscheidend). Letztlich aber scheint Jefferson nichts davon gewußt zu haben, denn im Tagebuch seiner italienischen Reise erwähnt er es an keiner Stelle, obwohl er dort alles beschreibt, was er sieht oder sehen will.

Vielleicht ist die Analogie zwischen dem Raster der *Ordinance* und der römischen Hundertteilung kein reiner Zufall, aber sie reicht wohl nicht aus, um das amerikanische System zu erklären. Es fehlt ein zeitgenössischer Anlaß, der als Ausgangspunkt hätte dienen können, kurz, eine Idee, die in der Luft lag und der man eine eventuell vorhandene Kenntnis der römischen Praxis hätte unterordnen können. Damals kursierten aber sogar mehrere Ideen. Bestimmte Vorstellungen über die ideale Organisation eines Landes zirkulierten sogar genau zu der Zeit, als die *Ordinance* entstand und ihre direkte Nachfolge antrat.

In der Tat gab es 1780 in Frankreich einen Entwurf, der das Land in einheitliche Quadrate unterteilt. Er stammte von Matthias Robert de Hesseln, dem Zensor und Geographen des Königs. In dem *Prospectus* für seine *Neue Topographie oder detaillierte Beschreibung eines in einheitliche Quadrate geteilten Frankreich* will Hesseln nicht die Grundlage für die Verwaltung verändern, sondern ein Liniennetz über das Land legen, das die Kartographie, das heißt die Beschreibung Frankreichs in *verschiedenen Maßstäben* erleichtern soll. Auch Hesseln orientiert sich astronomisch, denn er richtet seinen Entwurf am Pariser Längengrad aus, den Cassini 1720 mittels Triangulation gemessen hat. Um eine immer genauere Triangulation zu ermöglichen, hatte Cassini Frankreich in Rechtecke aufgeteilt. Auch wenn die Analogie zur *Ordinance* sicherlich zufällig ist, ist sie durchaus überraschend. Hesseln schlägt Unterteilungen nach einem von ihm so genannten Neunersystem vor und bezeichnet jede Unterteilung mit einem technischen Begriff, das heißt vom Allgemeinen zum Besonderen: Regionen / Gegenden / Distrikte / Gebiete / Bänke / Bezirke / Grundstücke / Quadrate / Stücke / Maße.

Neun Jahre später hat die Revolution Hesselns Vorschlag tatsächlich als eine Methode der politischen Aufteilung des Landes aufgegriffen. Am 3. November 1789 hält Jacques-Guillaume Thouret, ein Mitglied der verfassungsgebenden Nationalversammlung, eine erste *Rede über die neue Aufteilung des Königreichs*, in der er im Namen des damit befaßten Ausschusses die Idee von achtzig quadratischen Departements mit einer Seitenlänge von achtzehn Meilen präsentierte, von denen jedes in neun Gemeinden aufgeteilt werden sollte. Er übernimmt diese Idee von Hesseln, zitiert ihn aber nicht. Die Departements haben eine vollkommene quadratische Form, aber trotzdem wird weder damals („ein Plan, wie es ihn seit der Antike noch nie gegeben hat", sagt ein Abgeordneter) noch in der jüngsten Vergangenheit eine Verbindung zur *Ordinance* hergestellt. Mit einer Ausnahme: Im Katalog der Ausstellung *Espace français*, die 1987 im Pariser Nationalarchiv stattfand, bemerkt Alfred Fierro-Domenech bezogen auf Hesselns *Prospectus*, aber ohne weitere Präzisierung, daß „dieses System zum erstenmal in Amerika angewendet worden ist". Der rein geometrisch ausgerichtete Entwurf von Thouret (und Sièyes) wurde damals abgelehnt, aber die gegenwärtige Aufteilung der Departements basiert auf der von ihnen formulierten Kritik. Jefferson hatte Paris 1789 schon vor dieser Debatte verlassen.

Unabhängig davon, ob sie nun geometrisch sein sollte oder nicht, wollte die neue Aufteilung die Einheitlichkeit des Landes erreichen und die regionalen Unterschiede beseitigen. Und selbst wenn Hesseln an einer neunstufigen Pyramidenstruktur festhielt, während die *Ordinance* nur zwei Stufen kannte (die *townships* und die Untereinheit mit der Seitenlänge von einer Meile), sind beide Entwürfe quasi identisch: Bei beiden geht es um den gleichen Prozeß, in dem der Raum gleichmäßig verteilt wird.

Geht es also um cartesianische Koordinaten? Das ist relativ unwahrscheinlich, denn das Ansehen von Descartes war ziemlich gering, während das Newtons seinen Gipfelpunkt erreicht hatte. 1686 hatte Newton in einer Anmerkung zu seinen *Principia mathematica* eine neue Definition des absoluten Raumes gegeben: „Der absolute Raum, der mit nichts in Verbindung steht, was sich außerhalb von ihm befindet, bleibt von seinem Wesen her immer gleich und unbeweglich." Man kann vielleicht einwenden, daß der hier postulierte Bezug zwischen Newtons absolutem Raum und der Ordnung eines Territoriums spekulativ ist und daß dieser Raum – wenn man diesen Beweis dann doch angetreten hätte – auf keine Weise in eine wie auch immer geartete Form gebracht werden könnte. Bei dem ersten Punkt, das heißt bei der *Rezeption* von Newtons Konzeption des Universums im allgemeinen und des Raums im besonderen, muß man zwischen zwei ganz verschiedenen Arten der Übermittlung unterscheiden. Als erster hat dies Adolf Max Vogt 1969 in einem grundlegenden Text über Boullée (*Boullées Newton-Denkmal – Sakralbau und Kugelidee*) die Rezeptionsgeschichte und die Ruhmesgeschichte gezeigt. Hierbei geht es einerseits um die Rezeption von Newtons Ideen in der Welt der Wissenschaft und andererseits um die Geschichte von Newtons Ansehen in Literatur und Kunst. Die erstgenannte widmet sich der Verbreitung, der Reduzierung und der Verzerrung der Gedanken des Philosophen, die andere, die mit der ersten kaum etwas zu tun hat, beginnt mit dem Tod Newtons im Jahre 1727 und erreicht genau 1784 mit dem Projekt Boullées, einen Kenotaph zu errichten, einen quasi schwindelerregenden Höhepunkt.

Bei dem zweiten Punkt muß man natürlich bedenken, daß eine Übertragung des Konzepts vom absoluten Raum nur eine Art Metapher sein könnte, da dieser Raum weder ein Oben, noch ein Unten, kein Zentrum und auch keine Grenze vorzuweisen hat (im Gegensatz dazu kann er aber unbegrenzt geteilt werden). Um eine Ahnung von seinem Wesen zu vermitteln, haben die Architekten Zuflucht zu riesigen und einheitlichen Oberflächen genommen, denen sie die Attribute des Homogenen und des Unbeweglichen verliehen haben. Zwei Beispiele dafür sind der Entwurf Antolinis für das Forum Bonaparte in Mailand aus dem Jahre 1801 und der von Rossi geschaffene Platz vor dem Palais in Sankt Petersburg aus den Jahren 1819 bis 1832.

Die Raster Hesselns und Jeffersons sollten von Anfang an isotrop und neutral sein. Sie verweisen auf die Newtonsche Physik, weil sie die Besonderheiten der einzelnen Orte, das heißt die historische Schichtenbildung, negieren. Die Basiseinheit wird *ad nauseam* wiederholt, und diese Wiederholung nimmt man als erstes wahr. Deshalb erinnert Hesselns Karte an Millimeterpapier. Bei den Vereinigten Staaten jedoch geht es nicht darum, wie in Frankreich, Struktur und Mentalität eines existierenden Landes über den Haufen zu werfen, sondern ein ganz neues zu schaffen auf einem Territorium, das noch nicht verfügbar war. Hinter dem rationalen Anschein steckt nichts weniger als ein demiurgischer Akt. Der Newtonsche Raum dient nicht nur dazu, das unbekannte Territorium zu erfassen, sondern

auch dazu, eine neue Gesellschaft zu schaffen, die agrarisch sein soll (das heißt ohne Städte, ohne Handel und ohne Industrie) und egalitär, was bedeutet, daß es im Raster keine Zentren geben soll. All das ist utopisch, selbst der Erwerb der angrenzenden Gebiete gehört in den Bereich der Utopie.
Ich will hier noch einmal unterstreichen, daß die grundlegende Idee der *Ordinance*, die, von der sie angetrieben wird, darin besteht, die gesamte zukünftige Bevölkerung statistisch über das Territorium zu verteilen, und das mit dem Ziel, sie zu verändern. Das letzte Ziel der ganzen Operation ist nichts anderes als das Glück des einzelnen und der ganzen Nation.
Das Wort *Utopie* ist mehrfach gefallen. Anzumerken bleibt an dieser Stelle, daß die Idee von einem geometrischen territorialen Raster seit der zweiten Hälfte des 17. Jahrhunderts immer wieder in der Literatur, vor allem in der französischen, auftaucht. Insbesondere geschieht dies im Zusammenhang mit imaginären Reisen. Das rechteckige Land taucht in den *Aventures de Jacques Sadeur* von Gabriel de Foigny aus dem Jahre 1676 auf, das in den Jahren 1692, 1693, 1705, 1732 und 1788 wieder aufgelegt worden ist. Spuren davon gibt es in *Histoire des Sévarambes* von Denis Vairasse (1677-1679), das auch später noch mehrfach veröffentlicht wurde. Die Idee der Regelmäßigkeit findet sich auch in den *Aventures de Télémaque*, dem Werk Fénelons, das auch noch fünfzig Jahre später gelesen wurde und in Virginia populär war. Ebenso findet man diesen Gedanken in der *Relation du voyage de l'île d'Eutopie*, einem anonymen Werk aus dem Jahre 1711, und im *Code de la nature* eines gewissen Morelly, das 1755 veröffentlicht worden ist.
Aber der überraschendste Text folgt hier: „Das ganze Land, das sich, wie wir später erfahren haben, von Osten nach Westen über einhundertdreißig und von Norden nach Süden über mindestens achtzig französische Meilen erstreckt, ist in Bezirke oder Dörfer eingeteilt. Die Bezirke haben exakt die Form eines Quadrats, dessen Seiten etwa 1500 Schritte oder anderthalb italienische Meilen lang sind. Jedes Quadrat ist von einem schnurgeraden, zwanzig Fuß breiten Kanal umgeben, der es von den anderen Quadraten trennt. Auf jeder Seite des Kanals verläuft ein fünfundzwanzig Fuß breiter Weg mit zwei Baumreihen in der Mitte, die eine Allee von fünfundzwanzig Fuß oder fünf geometrischen Schritten Breite bilden. Damit hat man die Ufer frei, so daß die Tiere, welche die Schiffe ziehen, ungehindert laufen können.
Jeder Bezirk ist in seiner Mitte noch durch einen zwanzig Fuß breiten Graben geteilt, der ebenfalls auf jeder Seite einen Weg hat mit Bäumen, die auf

die gleiche Weise gepflanzt sind. Die Länge dieser Wege entspricht einem halben Dorf und umfaßt elf Wohnsitze, von denen jeder mehr als 130 geometrische Schritte lang und etwa siebenhundert breit ist. Sie sind ebenfalls durch kleine, fünf Fuß breite Gräben voneinander getrennt, die parallel zu jeder Seite von jedem halben Bezirk verlaufen. An der Spitze jeder dieser Siedlungen oder auf der Seite des Grabens, der das Dorf in zwei gleich große Hälften teilt, befindet sich ein einstöckiges Haus, das aber sechzig Fuß breit ist. In seiner Mitte verläuft ein Gang, von dem aus man alle Zimmer, Ställe, Scheunen und anderen Räume erreichen kann. Sie haben keine hohen Zimmer, weil sie – wenn auch nicht sehr häufig – heftigen Stürmen ausgesetzt sind, die die Häuser, weil sie nicht sehr solide gebaut sind, niederreißen würden.
Da alles so gebaut ist, wie ich es gesagt habe, versteht man leicht, daß es in einem Bezirk zweiundzwanzig Wohnsitze oder Häuser gibt, die einander genau gegenüber stehen, die alle die gleiche Höhe und Breite haben und von denen elf auf der einen und elf auf der anderen Seite des Kanals stehen. An jedem Ende dieses Wassers gibt es auf jeder Seite Brücken..." usw.
Diesen Text findet man in *Voyages et avantures de Jaques Massé* von Simon Tyssot de Patot, einem Buch, das zwischen 1714 und 1717 erschienen ist. Das Land ist nicht nur geometrisch in Bezirke aufgeteilt, es hat keine Hauptstadt und auch keine Stadt. Die 8.320.000 Bewohner sind gleichmäßig über das ganze Land verteilt worden. Ist ein solcher Plan wirklich nur ein Phantasieprodukt? Pierre Versins sagt in seiner *Encyclopédie de l'utopie et de la science-fiction* (Lausanne 1972), daß viele solche Werke (fiktiv) in Holland erscheinen, wo auch Tyssot de Patot gelebt hat. Und in den Plänen Amsterdams findet man in jener Zeit kleine Siedlungen, deren räumliche Anordnung stark an die erinnert, die Jaques Massé in der Südsee entdeckt hat ...
Die beschriebenen Länder mögen noch so außergewöhnlich sein, in diesen Werken gibt es seltsamerweise keine Illustrationen. Stadtpläne und Landkarten werden beschrieben, aber nicht abgebildet. Warum nimmt das Erzählte keine Gestalt an? Das Text gewordene Land wird nicht dargestellt und ähnelt damit einem Plan, der *diktiert* wird. In der Vergangenheit zerfiel die Arbeit der Architekten, vor allem bei den Griechen, in zwei Phasen: In der ersten ersann und beschrieb ein Architekt das Gebäude, das errichtet werden sollte, in allen Details. (Der berühmteste Text dieser Art ist eine Darstellung des Arsenals von Piräus.) Ein zweiter Architekt nahm diese Beschreibung auf und sollte das Gebäude dann bauen. Es sieht so aus, als ob

diese Vorgehensweise – als Spott oder als literarischer Kunstgriff – von den Verfassern der Utopien wieder verwendet oder neu erfunden worden ist. Nun hat uns unsere Untersuchung über die kulturellen Wurzeln der *Ordinance* von Neu-England über die Hundertteilung der Römer und Robert de Hesselns *Nouvelle Topographie* bis zu den Romanciers des Phantastischen geführt. An dieser Stelle müssen wir den vielen Schichten noch eine weitere hinzufügen. Die diktierten Pläne, die man gewöhnlich zitiert, beziehen sich auf Häuser. Einer der ältesten überhaupt, den nicht irgend jemand, sondern Gott selbst diktiert hat, ist ein Entwurf für ein Territorium. Man findet ihn im letzten Kapitel des Buches Hesekiel, was uns in das sechste Jahrhundert vor unserer Zeitrechnung führt. „So spricht der Herr. Dies sind die Grenzen des Gebietes, das ihr unter den zwölf Stämmen Israels aufteilen sollt..." Jeder Stamm erhält ein Stück Land, das am Ufer des Meeres beginnt und 25 000 mal 10 000 Ellen, also etwa 11,250 km mal 4,5 km mißt. Die Stämme folgen aufeinander von Norden nach Süden; in der Mitte befinden sich zwei größere Flächen, die eine für den Tempel, die andere für die Stadt Jerusalem. Der Originaltext ist sichtlich bearbeitet worden. Er ist keineswegs eindeutig, und die Übersetzungen widersprechen einander. Die Darstellung des Gebiets nimmt insgesamt die Form einer entrollten Handschrift an: Entspricht es damit nicht einem Text, der diktiert wird? Den Gedanken hat Hesekiel sicherlich aus seinem Exil in Assyrien mitgebracht. Er hat das von Kanälen durchzogene Mesopotamien gesehen und daraus die Idee von der geometrischen Ordnung des zukünftigen Israel abgeleitet. Ist es möglich, daß Jefferson illustrierte Ausgaben der Bibel mit Darstellungen des „diktierten" Territoriums gesehen hat? Von den Bibeln des Mittelalters (wie etwa die *Postille* von Nicolas de Lyre aus dem 14. Jahrhundert in den Ausgaben von 1481, um 1485 und 1502 und andere, wie zum Beispiel die Lyoner Bibel von 1585, die als Castilionische bezeichnete Bibel von 1573) gibt jede dieses geometrisierte Land auf ihre Weise wieder. Gab es vor 1784 in den Vereinigten Staaten Bibeln mit solchen Darstellungen? Diese Frage ist nicht so akademisch, wie es scheint: Man muß nur festhalten, wie sehr die biblische Kultur in den dreizehn Neuengland-Staaten verwurzelt war, wo die Vertreter der Aufklärung mit den heiligen Texten vertraut waren.
Aber es gibt nicht nur eine formale Entsprechung zwischen dem zukünftigen Israel nach der babylonischen Gefangenschaft und dem zukünftigen Amerika westlich der alten Grenzen der Neuengland-Staaten: Wie die *Ordinance* organisiert Hesekiel das Land der Zukunft. Zum zweiten Male ist Kanaan das Gelobte Land, und auch der Westen wird häufig als Gelobtes

Land bezeichnet – und das schon von den ersten Siedlern. Dies ging so weit, daß Washington selbst manchmal mit Moses verglichen wurde. Es gibt also eine sehr interessante politische Analogie zwischen den beiden Visionen. Im 19. Jahrhundert, als es bei der Eroberung des Westens ganz banal nur noch um das Thema der Grenze geht, wird die religiöse Dimension sehr viel schwächer oder verschwindet ganz. Der Gedanke, daß es um etwas gleichsam Heiliges geht, überlebt vor allem bei den Mormonen, die Namen aus dem Heiligen Land nach Amerika übertragen, und bei Künstlern, vor allem bei Albert Bierstadt und Thomas Moran. Und das ist noch nicht alles: Mit der Besiedelung des Westens wurde immer wieder die Theorie formuliert, daß die Indianer Nachkömmlinge der verlorenen Stämme Israels wären. Ebenso wird die neue Hauptstadt Washington bei ihrer Gründung im Jahre 1790 als das neue Jerusalem bezeichnet.

Wir sind am Ende unseres Weges angekommen. Mit der Aufzählung der möglichen Quellen läßt sich zwar die Genese der *Ordinance* von 1785 erhellen. Aber weder die englischen Vorläufer noch Hesseln und noch viel weniger die utopischen Romane erklären das Besondere dessen, was in Amerika geschehen ist, nämlich den enormen *Qualitätssprung*, der die *Ordinance* von ihren möglichen Quellen trennt und aus ihr wegen ihrer räumlichen Dimensionen einen einzigartigen Fall von bewußt betriebener Geopolitik macht. Wir haben schon gesagt, daß sie etwas Prometheisches, wenn nicht sogar Demiurgisches hat, während die Mittel, mit denen diese Vision verwirklicht werden sollte, die eines Bastlers waren, der seine eigene Weltraumrakete bauen will. Aus einem Hirngespinst ist die Utopie also zu einem vollendeten Projekt geworden. Schon lange Zeit vor Marx wollten die Utopisten der Aufklärung die Welt nicht nur beschreiben, sondern sie verändern. Für sie war die Utopie kein Gegensatz zur Realität, sondern etwas, was dieser vorauseilt.

Festhalten sollte man auch, daß die geometrische Organisation des Landes und die statistische Verteilung der Bevölkerung in der Blütezeit der absoluten Monarchie und des Merkantilismus propagiert werden, sich aber unter einer demokratischen Regierung und als physiokratisches Ideal durchsetzen. Und da es auf weitere Absonderlichkeiten nicht ankommt, sollten wir ebenfalls festhalten, daß es sich bei der riesigen Ausdehnung Amerikas, die Korrekturen bei der Vermessung nötig gemacht hat, nicht um einen waagrechten Plan, sondern um ein Sphären-Fragment handelt: Wir haben es – avant la lettre – mit der Riemannschen Geometrie zu tun, denn die Basislinien sind keine Geraden mehr, sondern geodätische Linien: Das Ganze basiert auf der Topologie, bevor von dieser überhaupt die Rede ist.

Jeffersons Traum hat sich erfüllt: Die Struktur des Landes hat eine entscheidende Rolle bei der Schaffung des *homo americanus* gespielt.

Übersetzung: Christian Voigt

Anmerkungen

1   In chronologischer Reihenfolge: Edward Coles, History of the Ordinance of 1787, Philadelphia 1856; William Frederick Poole, „Dr. Cutler and the Ordinance of 1787", in: „North American Review", CCLI, April 1876; P.J. Treat, The National Land System 1785-1820, New York 1910; S. V. Proudfit, Frank M. Johnson, Public Land System of the United States, Washington DC 1924; Lowell O. Stewart, Public Land Survey, New York 1935; Paul W. Gates, History of Public Landlaw Development, Washington DC 1968; Robert F. Berkhofer Jr., „Jefferson, the Ordinance of 1784, and the Origins of the American Territorial System", in: „William & Mary Quarterly", 4/1972; Sam B. Hilliard, An introduction to Land Survey Systems in the Southeast, in: „West Georgia Studies in the Social Sciences", 12, Juni 1973; Hildegard Binder Johnson, Order upon Land. The US Rectangular Land Survey and the Upper Mississippi Country, New York 1978; John G. McEntyre, Land Survey Systems, New York 1978; William D. Pattison, Beginnings of the American Rectangular Land Survey System 1784-1800, New York 1979; R.V. Tooley, The Mapping of America, London 1980; Frederik C. Luebke (Hg.) Frances W. Kaye, Gary E. Moulton, Mapping the North American Plains. Essays in the History of Cartography, University of Oklahoma 1987; James Corner, Alex S. MacLean, Taking Measures Across the American Landscape, New Haven 1996; außerdem: Albert White, A History of the Rectangular Survey System, Washington DC o. J. (vor 1988); John Goss, Mapping America: Three Centuries of Map Making 1500-1800 (zitiert o.O. und o.J. in einer Bibliographie); siehe auch: Paul Claval, La conquête de l'espace américain du Mayflower au Disneyworld, Paris 1989

2   Vgl. Francis Parkman, Pioneers of France in the New World (1865), Williamstown MA 1970; ders. La Salle and the Discovery of the Great West. France and England in North America (1897), ebenda 1980; Reuben Gold Thwaites, France in America 1497-1763, (1905) New York 1969; Jean-Louis Aujol, L'Empire français du Mississippi, Paris o. J. (nach 1953); John A. Walthall, Thomas E. Emerson (unter der Leitung von), Calumet & Fleur-de-Lys. Archaeology of Indian and French Contact in the Midcontinent, Washington DC 1992

Schlußfolgerungen aus der Geologie:
Von Viollet-le-Duc zu Bruno Taut

> *Warum sollte ich meinen Körper zu einer Ortsveränderung nötigen, da meine Seele doch so mühelos auf Reisen geht? Und wozu Pläne in die Wirklichkeit umsetzen, wenn Plänemachen selber schon zu unserer Lust genügt?*
>
> Charles Baudelaire, *Die Pläne*

Ich habe mich unvorsichtigerweise darauf eingelassen, über ein Thema zu sprechen, dessen Vielschichtigkeit entmutigend ist: Dieser Vortrag wird also kaum etwas anderes leisten können, als eine unendliche Landschaft zu vermessen. Ich werde über die drei Architekten Viollet-le-Duc, Wenzel Hablik und Bruno Taut sprechen und im Hinblick auf ihre gemeinsame Beziehung zur Geologie zwischen ihnen einen Zusammenhang herstellen, der kaum anders als weitgehend hypothetisch zu nennen ist.
Ich hatte mir vorgenommen, einen der gebräuchlichen Wege einzuschlagen und eine Untersuchungsebene zu wählen, die vom Objekt oder vom Subjekt ausgeht. Im ersten Fall hätte ich die Auswirkungen beschrieben, die die gedanklichen Interventionen meiner drei Personen auf die allgemeine Wahrnehmung der Alpen gehabt haben. Beim zweiten hätte ich mir die Methoden selbst vorgenommen, mit denen sie sich mit ihrer Bildung die Alpen angeeignet haben, um sie zu verwandeln oder um sie zu verstehen (was auf das gleiche hinausläuft). Die von ihnen verfolgten Pläne wurden als wissenschaftlich, ästhetisch oder auch als gesellschaftlich ausgegeben, waren aber – zumindest im gleichen Maße – psychischer Natur.
Da sich jedoch die bildnerische Wirkung unserer drei komplementären Geister nur schwer erhellen läßt, wenn man ihr sonstiges Tun außer acht läßt, habe ich mich für eine im weitesten Sinne kulturelle Herangehensweise entschieden.
Bei den drei Personen handelt es sich um Eugène-Emmanuel Viollet-le-Duc (1814–1879), Architekt, Architektur- und Restaurationstheoretiker und Restaurator von historischen Gebäuden; um Wenzel Hablik (1881–1934),

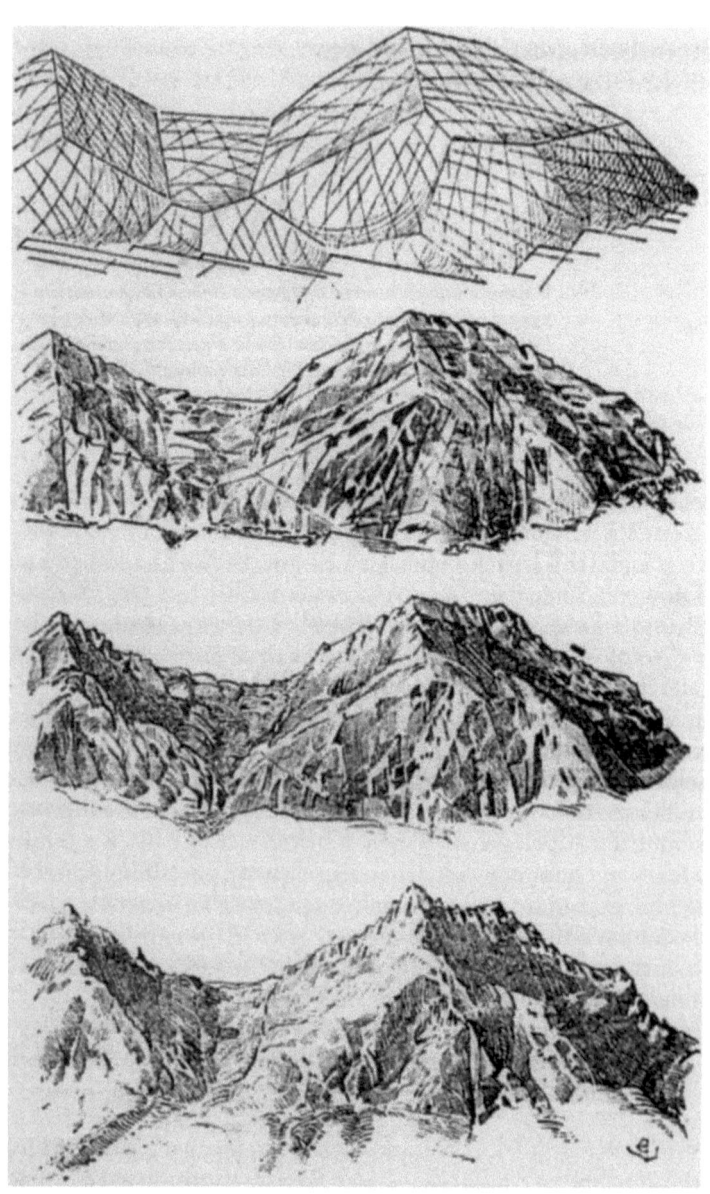

Mont-Blanc-Massiv (Eugène-Emmanuel Viollet-Le-Duc, 1876)

einen in Prag geborenen Maler und Architekten, der in Wien studiert und in Norddeutschland Karriere gemacht hat; und schließlich um Bruno Taut (1880–1938), einen deutschen Architekten und Stadtplaner, eine der herausragenden Persönlichkeiten des deutschen Expressionismus.
Vielleicht ist es nicht ganz sinnlos, wenn ich dem Begriff der Landschaft, der dem zugrunde liegt, was ich Ihnen zeigen will, einige Augenblicke widme. Danach werde ich die Beziehung von Viollet, Hablik und Taut zur Geologie oder zumindest zu den Phänomenen, mit denen sich die Geologie beschäftigt, beschreiben.
Paradoxerweise ist die Landschaft nichts Naturgegebenes. Mallarmé hat gesagt, daß eine Tänzerin keine Frau ist, die tanzt, weil sie keine Frau ist und weil sie nicht tanzt: „aber", fügte er hinzu, „das Wort ist eine Metapher, die einen der elementaren Aspekte unserer Form, sei es ein Schwert, eine Schale oder eine Blume usw., umreißt und zugleich durch eine körperliche Schrift und durch das Wunder perspektivischer Verkürzungen oder durch das ihres Schwungs suggeriert, wie viele Abschnitte einer ebenso dialogischen wie beschreibenden Prosa nötig wären, um in der letzten Fassung auszudrücken: Dies ist ein Gedicht, das vom Einwirken des Schreibers befreit ist."
Ebensowenig ist die Landschaft ein Ensemble geographischer Formen mit einer befriedigenden ästhetischen Funktion. Sie ist keine Skulptur, sondern eine zufällige Sammlung topographischer Fragmente, die von einem bestimmten Standpunkt aus zusammengesehen werden. Der Beobachter erhebt diese Sammlung in den Rang eines formalen Systems.

Wenn ich auf einer Karte jene Konturen herausfinde, deren Kontrast oder deren Einklang mich verführen, wenn ich auf der Karte die Flächen, Massen und Flecken entdecke, die diese Konturen wie eine Symphonie gestalten, dann habe ich nichts als ungegliederte Linien und Flächen. Die Landschaft ist die Bedeutung, die ich einem Teil der Erdoberfläche gebe, der im allgemeinen horizontal wahrgenommen wird. „Als Einheit", hielt Raymond Bloch fest, „existiert die Landschaft nur in meinem Gewissen."
Mit anderen Worten ist die Landschaft eine bestimmte Beziehung zwischen einem topographischen und klimatischen Phänomen und einer bestimmten Kultur oder zwischen einer Anzahl von geographischen Gegebenheiten und einer gesellschaftlichen Gruppe. Dies bedeutet, daß jede Landschaft ein geistiges Konstrukt, eine kulturelle Handlung ist. Es gibt keine Landschaft ohne eine Vorstellung von der Landschaft und auch nicht ohne die Übertragung einer Werteskala. Tiere kennen keine Landschaft:

Mein Hund sieht diesen See und diesen Berg, aber was er wahrnimmt, hat wahrscheinlich nur sehr wenig mit dem zu tun, was ich wahrnehme. Die Geschichte der gemalten Landschaften macht es möglich, diese veränderliche Beziehung der einzelnen Gesellschaften zu ihrer natürlichen Umgebung zu ermessen. An bestimmten Themen läßt sich diese Beziehung sogar besonders gut ablesen. Eines davon sind die Alpen. Vor dem 18. Jahrhundert sind sie von der Malerei kaum wahrgenommen worden, und wenn, dann nur negativ. Dies änderte sich mit der Aufklärung, die sich wissenschaftlich für die Gletscher, mit moralischer Begeisterung für die Lebensweise der Bergbewohner und mit ästhetisch gefärbter Faszination für die heroische Gestalt der Alpengipfel interessiert hat.

Von den beiden einander entgegengesetzten Auffassungen, die damals entstanden, haben die aufblühenden Wissenschaften die erste geprägt: Für sie war „die Natur" ein Objekt, ein Allgemeingut, über das die Menschheit nach Belieben verfügen kann und soll. Diese Auffassung weist auf den Positivismus voraus und wird ihren Höhepunkt nach der technischen Revolution erreichen. Der anderen Auffassung zufolge ist die „Natur" eine Art von Subjekt, das wie ein mystisches Wesen in einem Dialog mit den Menschen steht und die Seele der Menschen leiten und retten kann.

Dieser lange Umweg, der gleichwohl äußerst oberflächlich bleibt, soll es ermöglichen, die Vorgehensweise unserer drei Architekten einzuordnen.

Gegen Ende seines Lebens läßt sich Viollet-le-Duc in Lausanne nieder und begeistert sich dort für die Entstehungsgeschichte der Alpen, insbesondere für das Montblanc-Massiv, das er ausgiebig studiert und zeichnet. Viollet ist ein Positivist reinsten Wassers. Auf rührende Weise glaubt er an die Wissenschaft, und zwar an die Wissenschaft Claude Bernards und Auguste Comtes, die keine *Urheber*, sondern nur eine sakrosankte *Methode* kennt. In seinem Todesjahr (1879) veröffentlicht er ein Werk mit dem Titel *Geschichte eines Zeichners: Wie man das Zeichnen lernt*. Darin gibt es ein Kapitel mit dem Titel „Zwölf Tage in den Alpen", das ein wahrer Katechismus der positivistischen Erziehung ist und mit einer interessanten Zeichnung endet. Es handelt sich dabei weniger um eine realistische Darstellung als vielmehr um eine Art von Quintessenz der alpinen Wirklichkeit, in der sozusagen die komplexe geometrische Bildung von Kristallen zusammengefaßt wird und die Alpen als Phänomen metonymisch dargestellt werden. Ein natürlicher Vorgang wird überdies stillschweigend als ästhetisches Phänomen aufgefaßt.

Viollet ist unfähig, seiner Vorstellungskraft freien Lauf zu lassen und ist deshalb nicht in der Lage, die Ergebnisse seiner Beobachtungen durchzuarbeiten. Oder vielleicht engen seine wissenschaftlichen Überzeugungen, die er um keinen Preis aufgeben will, seine Imagination auch so sehr ein, daß er seine eigenen Phantasiebilder einer strengen Zensur unterwirft. Diese Kristalle sollen als Kristalle angesehen werden und nicht als Kathedralen der Phantasie.

Seine Vorstellungskraft ist jedoch nicht völlig abwesend, ganz im Gegenteil. Aber er läßt ihr nur dann freien Lauf, wenn sie sich in vorher festgelegten Bahnen bewegt. Viollet untersucht den Montblanc, aber er interessiert sich nur für seine ursprüngliche Form. 1876 hat er ein kaum bekanntes Werk veröffentlicht, das ziemlich heftig kritisiert wurde: *Das Montblanc-Massiv: Eine Untersuchung über seine geodätische und geologische Entstehung, über seine Veränderungen und über den Zustand seiner Gletscher in Gegenwart und Vergangenheit.* Dieses Buch enthält eine Anzahl von absolut erstaunlichen Nachbildungen, die den ursprünglichen Zustand des Massivs wiedergeben sollen. Viollet erkennt den ganzen Berg als kristalline Struktur. Oder er glaubt zumindest, dies erkennen zu können – und versucht diese Struktur zu verdeutlichen. Ihre Winkel und ihre Spaltflächen werden von ihm besonders untersucht, wobei das rationale Verstehen Vorrang vor der experimentellen Beobachtung hat. Diese partiellen Analysen führen ihn zu einem allgemeinen Erklärungsschema, das der orthodoxesten aller induktiven Vorgehensweisen folgt: Auf der einen Seite sieht man den Berg in seiner gegenwärtigen Gestalt, auf der anderen die ursprünglichen Prismen.

Viollet behandelt also die Alpen wie eine riesige Ruine. Man kann mit Recht annehmen, daß das, was er für einen Beweis hält, eher eine Übertragung ist. Aber eine Übertragung wovon? Von seiner eigenen Theorie der Restaurierung alter Bauwerke natürlich! Und tatsächlich gibt es eine seltsame Analogie zwischen der Rekonstruktion des Montblanc und der Definition der Restauration, die Viollet im achten Band seines *Dictionnaire raisonné de l'architecture française du XIème au XVIème siècle* (1854–1869) gibt: „Ein Gebäude restaurieren heißt nicht, es zu bewahren, zu reparieren oder neu zu errichten, sondern einen vollständigen Zustand wiederherzustellen, den es zu einem bestimmten Zeitpunkt vielleicht nicht gegeben hat."

Dieses Beharren auf der Geometrie, dieser Wille, den Montblanc wie das Werk eines Ingenieurs zu behandeln, haben mehr mit der psychologischen Befindlichkeit Viollet-le-Ducs als mit irgendeiner wissenschaftlichen Methode zu tun. Für Viollet sind die Alpen ein *Projekt*, das es wiederherzustellen gilt. Er unterstellt eine ursprüngliche Intention, die trotz des Verfalls der äußeren Form noch spürbar ist. Seine Imagination liegt im Kampf mit dem Engel des Kristalls und schlägt den einzigen Weg ein, der ihr noch verbleibt: Es ist dies der Traum von einem Willen, der immer nach einer vollkommenen – wenn auch trügerischen – Übereinstimmung mit den Verhaltensregeln strebt, die vorab erkannt oder aufgestellt worden sind. Es gibt keinen Zweifel daran, daß nur Viollet-le-Duc die Alpen auf diese Weise liest.

Was unseren Architekten bei diesem von ihm ausgearbeiteten Kristallsystem anzieht, ist weder die Härte noch die Transparenz, sondern Struktur, Anordnung und Rhythmus. Er findet dort all das wieder, was er bereits in der Kunst der gotischen Bauleute entdeckt hatte. Ihre Kunst hatte er auf die angestrebte Perfektionierung eines Systems von Schub und Gegenschub reduziert, ein System, das frei wäre von allen sozioökonomischen und vor allem theologischen Ansprüchen.

Man könnte auch annehmen, daß hinter dem altruistischen, didaktischen und eben *objektiven* Vorwand eine Versuchung durch die Macht zum Ausdruck kommt, die die Phasen des Niedergangs des Montblanc vergegenwärtigte, um zum unverfälschten Urzustand zurückzukehren und so aus dem Forscher eine Art Demiurg zu machen. Erst am Ende seines Lebens und in einem Umfeld, das nicht das ist, in dem er vorher Karriere gemacht hatte, hat sich Viollet diesen Forschungen gewidmet, die für ihn vielleicht als psychische Wunscherfüllung gedient haben. Es ist eine versteinerte Welt, in der Menschen nichts gelten, eine Welt, die eine „energetische Verzauberung" zuläßt und die, als sie scheinbar erforscht wird, die Dimension des Phantastischen verkörpert und freisetzt.

Auch Wenzel Hablik begeistert sich für das Granitgebirge, und der Ursprung dieser Begeisterung ist ebenfalls der Montblanc. Als er fünfundzwanzig ist, besteigt er ihn ganz allein und riskiert dabei mehrere Male sein Leben. Als er fast erschöpft den Gipfel erreicht und vor sich die endlose Weite mit den anderen Gipfeln erblickt, hat er einen Anfall: Er selbst nennt es eine Erleuchtung, ein ausgeprägt archetypisches Bild, das ihn bis zum Ende seines Lebens prägt.

Hablik ist nichts als Künstler und vom Wiener Jugendstil und vom germanischen Symbolismus der Jahrhundertwende geprägt. Kein pseudowissenschaftliches Vorurteil hindert ihn daran, im Einvernehmen mit seinem Unbewußten zu leben. Voller Begeisterung entdeckt er auf Fußreisen durch die Schweiz die Alpen, die für ihn zu einer Art *materia prima* werden, der

er unablässig eine andere Gestalt gibt und dabei einzig und allein seiner Schöpferkraft folgt. Aus der Zeit zwischen 1903 und ungefähr 1910 gibt es von Hablik Zeichnungen, Bilder und Radierungen mit phantasmatischen Alpenlandschaften. Er geht dabei von seinen Reiseskizzen, von freizügig veränderten Erinnerungen und vor allem von Kristallen aus, die er sein ganzes Leben lang gesammelt hat und die man heute im Wenzel-Hablik-Museum im schleswig-holsteinischen Itzehoe findet. Gleichzeitig verschlingt er Abhandlungen über Kristallographie und erwirbt sie für seine Bibliothek. Wenn er sich für die geometrisch orientierten Untersuchungsmethoden interessiert, die jene, damals in voller Blüte stehende Wissenschaft entwickelt hat, dann nutzt er sie auf traumversunkene Weise.
Die Kristalle aus seiner Sammlung stellt er zu kleinen Reihen zusammen, komponiert sie, fügt sie aneinander und verwandelt sie dann (indem er ihren Maßstab verändert) in ganze Gebirgszüge. Ein gutes Beispiel für eine pantographische Umwandlung ist eine aquarellierte Zeichnung aus dem Jahre 1903, die einen prismenförmigen Turm zeigt, der tief eingewurzelt am Rand einer blätterbedeckten Hochebene steht. Das Vorbild dazu gibt es in der „Schatzkammer" des Künstlers mit ihren vielen phallischen Formen, die man dann im Werk wiederfindet, wie zum Beispiel in der 1912 veröffentlichten Sammlung *Schaffende Kräfte*, in der unter jedem Bild eine philosophisch-moralische Sentenz steht.
Sie haben sicherlich bemerkt, daß diese aus der Kristallographie übernommenen Konkretionen nicht nur – wie bei Violet – felsige Ensembles bilden, sondern auch bewohnbar sind. Einige von ihnen erinnern an die Welt von Walt Disney, was sie in die Nähe des Kitschs rückt. Und das ist kein Zufall. Ich habe weiter oben schon von der Vorgehensweise gesprochen, durch die die eher winzigen Prismen vergrößert werden: Die Welt Habliks ist letztlich eine bloße Innenwelt und deren Entstehungsprinzip nichts anderes als eine „Gulliverisierung".
Hablik betrachtet einen Felskristall keineswegs als das Ergebnis eines gegenständlichen Prozesses, den man unter Zuhilfenahme bestimmter Untersuchungsmethoden verstehen kann. Der Kristall ist vielmehr ein Phänomen, das ein Streben symbolisiert, ja sogar eine Anstrengung, die das Sein in Hinblick auf ein vollgültiges intellektuelles und spirituelles Leben unternimmt.
In einem diametralen Gegensatz zu dem extrovertierten Violet steht der introvertierte Hablik, der in den Kristallen zwar Symbole der Intimität, vor allem aber das Schema und die Etappen eines Prozesses der Individuation erblickt. Der bewohnbare Felsen drückt eine Beziehung zur Schöpfung

aus, die ganz zum Thema „Die Natur als Subjekt" paßt, während sie bei Viollet-le-Duc nichts als Objekt war. Viollet könnte darin seinerseits ein Sinnbild für die räuberische Haltung der westlichen Welt erblicken, deren heiliges Buch mit dem gern befolgten göttlichen Befehl „Geht und macht euch die Erde untertan" beginnt. Hablik hingegen würde lieber einer eher taoistischen Anweisung Folge leisten: „Lebt in Symbiose mit der Erde." Er ist dabei keineswegs passiv, aber in seinem Handeln geht es ihm – vermittelt über seine Werke – um seinen eigenen Reifeprozeß.

Ein Gemälde aus seiner tschechischen Zeit, also aus der Zeit vor dem Montblanc-Erlebnis, zeigt schon seine Begeisterung für außergewöhnliche geometrische Formen. Aber dieses grundlegende Gefühl, eine Art von Hunger nach dem Sublimen, bestimmt völlig Habliks Emotionalität und seine menschliche Entwicklung. Eine andere Zeichnung aus dem Jahre 1903 enthält alle Themen, die Gilbert Durand als spektakuläre Symbole bezeichnet hat: Man stößt dort auf das Thema des Aufstiegs mit all seinen schwierigen Abschnitten und seinen einzelnen Etappen und auf das Fehlen eines klar umrissenen Ziels. Darüber hinaus besitzen die höheren Sphären etwas Strahlendes, während das Ganze als Projekt die eindeutigen Merkmale einer Vision besitzt: Dieser „Isomorphismus des Aufstiegs, des Lichterfüllten und der Vision" wiederholt die ursprüngliche Erfahrung des realen Aufstiegs und gibt ihr eine neue Aktualität.

Hablik greift dieses Thema in den zwanziger Jahren wieder auf, allerdings mit größerem Pathos und einer geringeren gestalterischen Effizienz: In dieser schwierigen Zeit frischt der Traum wieder auf.

Wenn wir kurz zu Habliks Arbeiten an den mineralischen Formen zurückkehren, die er mit schwärmerischen Hoffnungen befrachtet, und diese chronologisch ordnen, dann stellen wir fest, daß ab 1919 zum Initiationswert der Miniaturisierung ein anderer Wert hinzutritt, den man als mehrstimmigen, wenn nicht sogar als sozialen Wert betrachten kann.

Nach dem Krieg gehört Hablik nämlich den wichtigsten Gruppen expressionistischer Künstler, der *Novembergruppe* und dem *Arbeitsrat für Kunst*, an. Er stellt gemeinsam mit den *Unbekannten Architekten* aus, und vor allem ist er Mitglied der *Gläsernen Kette*, einer esoterischen, stark anthroposophisch geprägten Bewegung, deren französische Entsprechung der Unanimismus Jules Romains sein könnte. Von daher rühren Projekte, bei denen eine versöhnte und verbrüderte Menschheit scheinbar neue Versammlungsorte findet: Ein Beispiel hierfür ist eine Art lyrischer Tempel, dessen Konstruktionsprinzip, nebenbei bemerkt, nicht nur 1921 von Hablik veröffentlicht worden ist (und 1967 auf der Weltausstellung in Mont-

real plagiiert wurde), sondern das auch aus einer Passage von Platons *Menon* über die Verdoppelung des Quadrats abgeleitet wurde ... Die Vorstellungskraft der Materie, die Hablik zufolge ihre Härte durchdringt, sie bewegt und sogar belebt, zielt aber kaum auf ein wie auch immer geartetes reales Eingreifen an einer ganz bestimmten Stelle ab. Selbst wenn Hablik vorgibt, zum Bauen anzustacheln (er spricht tatsächlich vom „Ruf zum Bauen"), oder wenn er riesige Gemeinschaftskugeln an Orten plant, bei denen er selbst darauf aufmerksam macht, daß sie schwer zu erreichen sind, dann verbleibt er im gewöhnlichen Imaginären und will dies auch gar nicht anders, wobei das Imaginäre das Gegenteil der Realität ist.
Ganz anders liegt die Sache bei Bruno Taut.
Vielleicht habe ich auf eine etwas rhetorische Weise, das heißt, indem ich die Unterschiede stark betont habe, Viollet-le-Duc als Erben der Aufklärung und Hablik, den Nachfahren der Romantiker, einander konfrontiert. Wenn diese Sichtweise zulässig ist, dann verkörpert Taut eine dritte Position, die sich der impliziten Alternative verweigert und statt dessen eine in ihren Modalitäten und Mitteln ebenso großmütige wie unbestimmte soziale Utopie ins Spiel bringt. Dabei sollen gemeinsam errichtete Gebäude, die man nur errichtet hat, um sie zu errichten, zu einem Zusammenhalt der Menschengruppen führen.
Dieser Übergang von der Beschreibung oder von der Träumerei zur konkreten *Arbeit an der Materie* scheint mir bedeutsam zu sein – wenigstens als Bestandteil eines Projekts, denn selbstverständlich existiert es nur auf dem Papier. Die siebte Tafel in dem 1919 unter dem Titel *Alpine Architektur* veröffentlichten Werk enthält die wesentlichen Themen von Tauts Vorstellungen. Dort findet man Bögen (aus smaragdgrünem Glas), die auf den schneebedeckten Kuppen der Alpen errichtet werden sollen, diamantene Formen, die direkt aus den kristallinen Gipfeln geschnitten werden sollen, Nadeln (aus rotem Glas), die bestimmte ausgewählte Erhebungen markieren sollen, und zuletzt Brücken oder gestreckte Strukturen (auch aus – vielfarbigem – Glas) in Schluchten und Tälern. Das Werk enthält dreißig Tafeln, die in fünf Kapiteln die Themen *Kristallhaus, Architektur der Berge, Der Alpenbau,* dann noch den *Erdrindenbau* und schließlich den *Sternbau* behandeln. Damit die Absichten des Werkes verstanden werden, hat Taut ausdrücklich darauf hingewiesen, daß es 1917 konzipiert und im Frühjahr und im Sommer 1918 gezeichnet worden ist. Die ebenso absurden wie zahllosen Gemetzel des Ersten Weltkriegs und der Oktoberrevolution sind also der geschichtliche Hintergrund seines Buches. Die *Alpine Architektur* ist ein Manifest gegen den Krieg. Auf seine Weise stellt sich Taut über das

Schlachtgetümmel und will der Bote einer neuen gesellschaftlichen Ordnung sein, in der die Menschen mit sich selbst versöhnt wären. Wie interessant die Bestrebungen Tauts (zu denen ich ein paar Worte sagen mußte) auch immer sein mögen, so will ich doch zu den von ihm vorgeschlagenen Eingriffen kommen, bei denen das „Tal als Blüte" sozusagen den weiblichen Aspekt verkörpert. „In der Tiefe", sagt Taut, „ein See mit blumenartigem Schmuck aus Glas im Wasser. Dieser und die Wände leuchten nachts. Ebenso die Bergspitzen. Sie sind mit glatten Kristallspitzen besetzt. Scheinwerfer auf den Bergen lassen diese Spitzen in der Nacht hell auffunkeln. Wände sind die Abhänge hinauf aufgestellt, aus farbigem Glase in festen Rahmen. Das durchscheinende Licht erzeugt vielfach wechselnde Effekte, sowohl für die im Tal und zwischen ihnen Gehenden wie für die Luftfahrer. Der Blick aus der Luft wird die Architektur sehr umwandeln und auch die Architekten." Wie man sieht, verliert er kein einziges Wort über die Funktion dieser Konstruktionen.

Zwischen Viollet und Hablik gab es – über den Montblanc – eine lose geknüpfte thematische Verbindung und dazu noch ein gemeinsames, wenn auch ganz unterschiedlich ausgeprägtes Interesse für wissenschaftliche Erklärungen auf den Gebieten der Geologie und der Kristallographie. Zwischen Taut und Hablik gibt es eine persönliche Beziehung und von Hablik zu Taut eine Nachfolge, was das formale Repertoire angeht. Ohne Hablik hätte sich Taut wahrscheinlich nicht mit dieser Thematik der Felsen beschäftigt. Die ersten vier Tafeln der *Alpinen Architektur* sind meiner Ansicht nach ein Hinweis dafür, behandeln sie doch das Thema des Aufstiegs. Die erste trägt den Titel *Aufstieg zum Kristallhaus*: Tief aus dem Tal steigt vom Ufer eines Sees ein sehr steiler Treppenaufgang hinauf, der von blank versilberten Stangen gesäumt wird. Glattes Wasser und eine Felsenpyramide: Das ist der ursprüngliche Ort. Auf der zweiten Tafel setzt sich der Aufstieg in einer engen Schlucht fort, die von mehreren Brücken aus schwerem farbigem Glas überspannt wird. Über die Brücken führt aber kein Weg. Der Hintergrund wird von einem Glasbogengitter in allen Farben geschlossen, in das harmonisch abgestimmte Äolsharfen eingesetzt sind.

Am Ende des Weges steht in Schnee und Eis ein ganz aus farbigem Glaskristall errichtetes Bauwerk, das Taut als den *Tempel des Schweigens* bezeichnet. Auch hier gibt es die üblichen *Kristallmaste* am Weg, deren Größe durch die kleinen Menschen deutlich wird, die man unten links sehen kann. Auf der letzten Tafel blickt man in das Innere des Tempels. Nachdem er so etwas wie eine Hommage an Hablik geleistet hat, verändert Taut jetzt den Maßstab: Er produziert noch einige Tafeln, auf denen er andere formale Elemente verwendet (wie in „Groteske Gegend mit bearbeiteten Bergspitzen") und wo man blanke Flächen, Bögen und Nadeln erkennen kann, wo aber auch ein hauchzarter Überbau und etwas, was zerlaufenen Edelsteinen ähnelt, zu sehen sind.

Dies sind aber nur Vorstufen zu etwas ganz Neuem: Es geht um nichts weniger als um die Idee, in einer ersten Phase eine bestimmte Zahl von Gipfeln und Kuppen in den österreichischen und in den Schweizer Alpen, aber auch in den Voralpen und an der ligurischen Küste umzugestalten. Man schaue sich nur die „Schematische Karte des Baugebiets" an, zu der ein wirrer Text über die Langeweile der bürgerlichen Bauten und über die Schrecken des Krieges gehört, aus dem ich hier aus Zeitgründen nicht zitieren will, dessen Titel aber genug sagt: „Völker Europas! Bildet euch die heiligen Güter – Baut! Seid der Gedanke eures Sterns, der Erde, die sich schmücken will – durch euch!"

Und die zweite Phase? Sie besteht darin, daß man den ganzen Planeten genauso behandelt. Zum Beispiel werden die Anden und die Rocky Mountains mit Kristallnadeln, mit Glasdomen und mit in Blumen verwandelten Tälern übersät, während Asien „heller als Europa" im Dunkel der farbigen Nacht leuchtet ...

Aber wenn man die Erde erst einmal umgestaltet hat, dann bleibt noch das ganze Sonnensystem als Betätigungsfeld: Die Kristallnadeln sind zu Strahlen geworden, die von dieser atomischen Struktur ausgehen (lieber würde ich von einer atomalen Struktur sprechen, um ihren bildlichen Charakter zum Ausdruck zu bringen). Selbst unsere Galaxie erweist sich dann jedoch als zu klein: Jenseits dieses abgelegenen Winkels gibt es noch andere Territorien, „Systeme von Systemen – Welten-Nebel" die man architektonisch gestalten sollte, schreibt Taut.

Angesichts dieser grenzenlosen Perspektiven strahlen die Vorschläge für die Alpen eine beruhigende Bescheidenheit aus. Für einige Berge, wie zum Beispiel den Vorderglärnisch bei Glarus in der Schweiz, plant Taut nur einige geringfügige Veränderungen, das heißt, „seine zufälligen Formen sollen kantig-glatt werden, in ihn eingelassen weiß-gläserne Kristalle funkelnd in der harten Fassung. Auch in den Tiefen der Wälder solche Kristalle." Das Matterhorn wird zur Pyramide: Eine kleine Veränderung genügt, die darin besteht, das Dreieck am Gipfel mit einem Kristall-Feld zu versehen und noch einige Kristalle mehr auf den anderen Seiten anzubringen. Die gleiche geringfügige Veränderung erfährt das Graubündner Tal, das von Pontresina nach St. Moritz hinunterführt: Riesige Skier aus weißem Beton, die „nachts von innen erleuchtet" werden, gliedern die Topographie rhythmisch, indem sie aus den Wäldern herausragen. Andere Berggipfel werden noch radikaler behandelt: Der Monte Resegone bei Lecco am Comer See wird mit einer Kuppel aus Dreiecke bildenden Glasstreben geschmückt, während der zu Blütenblättern zugeschnittene Felsen diese Konstruktion überragt. Es scheint mir durchaus angebracht zu sein, diese Zeichnung mit einem der Pavillons aus dem Park Güell in Verbindung zu bringen, den Gaudí zwischen 1900 und 1914 in Barcelona gebaut hat. Es ist die gleiche Form des heiligen Berges, es sind die gleichen Blütenblätter, die ihn erblühen lassen, und die gleiche abschließende kuppelförmige Schwellform. Hier haben wir die ganze Bildung Tauts, mit der ich mich hier überhaupt nicht beschäftigen werde.

Auf dem Monte Sairo, eher bekannt unter dem Namen La Rocca, jenem Tafelberg, der die Stadt Garda am gleichnamigen See beherrscht, errichtet Taut eine Plattform, die von einem gläsernen Vieleck gekrönt wird. In einem anderen Fall tut das Vorhaben den topographischen Gegebenheiten in einem solchen Maße Gewalt an, daß sie nicht mehr wiederzuerkennen sind. Die Linien des sehr regelmäßig geformten Monte S. Salvatore in der Nähe von Lugano erschienen Taut vielleicht zu wenig ausgeprägt, deshalb verschreibt er ihm eine angemessene Behandlung: Nach einer stufenförmigen Umgestaltung können die Terrassen „für Fluglandung und als Zuschauerraum für Flug-, Ballon-, Licht- und Wasservorführungen" dienen. (Ein Plakat aus dem Jahre 1912 für einen in Lugano stattfindenden Flugtag könnte diese Nutzung angeregt haben.)

Verschiedene Berggruppen in den Tiroler Alpen werden jener Kur unterzogen, deren Merkmale wir inzwischen schon kennen: Nadeln, Kristalle, Bögen, Blütenblätter (hier sind sie aus Metall) und glatte Oberflächen, wohingegen er auf die Spitze des Wetterhorns eine gläserne Kugel setzt. (Taut irrt sich aber hinsichtlich des Ortes, denn: Grindelwald und das Wetterhorn liegen in den Berner Alpen. Dieses Detail legt die Vermutung nahe, daß er anhand von Bildern gearbeitet hat und nicht auf der Basis eigener, an Ort und Stelle gewonnener Eindrücke.) Bevor ich zum Ende komme, möchte ich zu diesen vielen Beispielen von Eingriffen, die Bruno Taut vorgeschlagen hat, noch einige Bilder hinzufügen. Das erste zeigt einen für Portofino geplanten Glasdom – mit Säulen –, der nachts erleuchtet wird. Dann die Küste nahe Portovenere: „Ein steiles Gestade", erklärt der Autor, „mit funkelnden massiven edelsteinartigen Glaskristallen besetzt – Halbinsel davor mit Bauten von mattem Glase, die ins Meer hinuntergehen. Sie verankern das Projekt in Höhe des Meeresspiegels."

Den Mittelpunkt des Systems aber bildet in einer Höhe von 4 634 m die Glasglocke des Monte Rosa in den Walliser Alpen, die jedes Maß sprengt, so daß es schwierig ist, ihre Bedeutung in dem gesamten Netz zu erfassen. Ein schönes Aquarell (das an die Aquarelle von Klees Afrikareise erinnert) hebt sie ihrerseits hervor: In der Nacht wird die mächtige Glocke durch farbige Scheinwerfer aus dem Dunkel herausgelöst. Auf diesen Punkt beziehen sich die anderen Eingriffe, wie man es auf einem Panoramabild sehen kann, das vom Monte Rosa über andere umgestaltete Alpengipfel hinweg bis zum Matterhorn reicht.

Aber im Mittelpunkt wird der Monte Rosa nicht nur – künstlich – bei Nacht angestrahlt, mehr noch, am Tag strahlt er um vieles stärker sein Licht aus, wie man es auf einer anderen Tafel sehen kann, die den Titel *Das Baugebiet vom Monte Generoso gesehen* (einem anderen, zuckerhutförmigen Schmuckstück des Tessins) trägt. Von diesem Aussichtspunkt erblickt man viele kleine Bauten und Retuschen an der Landschaft, die bestätigen, daß diese Eingriffe Taut zufolge die Erde bewohnbarer machen sollen. Und tatsächlich verkündet der letzte Satz der Bildunterschrift: „Unsere Erde, bisher eine schlechte Wohnung, werde eine gute Wohnung." Auch wenn diese Tafel nicht am Ende des dritten Teils steht (in dem es um den Umbau der Alpen geht), kommt ihr meines Erachtens doch eine besondere Bedeutung zu: Das Projekt scheint hier vollendet, das große Werk ist fertig, der Schöpfer betrachtet sein Werk und „siehe da, es war wohl getan". In der vorausgegangenen Tafel hatte der Visionär aber auch festgehalten: „Die Kosten sind ungeheure, und welche Opfer! – Aber nicht für Machtsucht, Mord und Elend."

Zweifeln kann man nicht an der Intensität von Tauts Engagement und an seiner Hoffnung, die er auf die strahlende Gesellschaft der Zukunft setzte. Aber hinter seinen vielfach kundgetanen optimistischen Ansichten könnten auch ganz andere emotionale Belastungen stecken. Hinter seinem Enthusiasmus und den Idealen von Liebe, Brüderlichkeit und Glauben an eine wiedererstandene Menschheit scheint er einen verborgenen Widerspruch wahrzunehmen. Denn ist es nicht zutiefst beunruhigend, daß der Ort für diese Gesellschaft der Zukunft unbewohnbar ist? Die für diese zukünftige Versöhnung auserwählte Gegend ist eine mineralische Welt, fast nur aus Steinen, Schnee und Eis. Sie ist völlig steril, in ihr herrschen Schweigen und Kälte, und es ist kein Zufall, daß sie eine Wüste geblieben ist! Mir scheint, daß Taut nur scheinbar die alte Bedeutung negiert, die man den Alpen zugeschrieben hat. Er redet nicht mehr über den Tod, aber der Todestrieb ist überall zu spüren. Er schlägt eine Welt vor, aber es ist eine verkehr-

te Welt, eine Art gelobtes Land, das wie in vielen Science-fiction-Texten kaum etwas anderes ist als eine Glorifizierung des Nichts.
Die Themen aus der *Alpinen Architektur* finden sich in jener Zeit auch in anderen Werken Tauts und werden dort weiterentwickelt. Ein Jahr nach *Alpine Architektur* erscheint 1920 *Die Stadtkrone* und behandelt die Themen des monumentalen Stadtzentrums und der strahlenden Stadt. Ebenfalls 1920 erscheint *Die Auflösung der Städte*, wo ein Thema vertieft wird, das in der *Alpinen Architektur* nur angerissen wurde. Es geht darin um die Stadt, die nicht mehr die Antithese zum Land ist, sondern das Land vielmehr in Form von gestaltlosen Gemeinden, die weder Grenzen noch Hierarchien kennen, unter sich begräbt. Ebenfalls 1920 erscheint *Der Weltbaumeister* und – mit einer spirituellen Ausrichtung – von 1918 bis 1922 die Zeitschrift *Frühlicht*.
Wenn sich Architekturhistoriker mit Bruno Taut beschäftigen, dann ist es ihnen immer unangenehm, wenn sie sich mit diesem Teil seines Werkes beschäftigen müssen. Ab 1924/1925 war Bruno Taut in der Tat einer der mutigsten, einflußreichsten und fruchtbarsten Architekten und Stadtplaner des Berliner Siedlungsbaus und einer der wichtigsten Vertreter der neuen Architektur. Diese rastlose Tätigkeit – er hat fünf oder sechs große Arbeitersiedlungen in ebenso vielen Jahren gebaut – macht es unmöglich, ihn zum Außenseiter zu erklären. Meiner Meinung nach sind diese utopischen Alben weder ein expressionistisches Intermezzo noch eine Flucht, sondern einer der Schlüssel zu seinem späteren Werk. Keine funktionale Untersuchung könnte wirklich zufriedenstellend den Plan der zwischen 1925 und 1931 errichteten Großsiedlung Berlin-Britz erklären. In ihrem Mittelpunkt liegt ein Teich, am Scheitelpunkt des Hufeisens stößt man auf eine längliche Form aus zwei gegenüberliegenden Zirkumflexen. Ich würde darin gerne die Übertragung eines Bildes namens *Die große Blume* aus *Die Auflösung der Städte* sehen, in dem männliche und weibliche Symbole einander gegenüberstehen: In Britz steht der gekrümmte zentrale Raum mit dem Teich und dem kleinen Wäldchen für die Blütenkrone, während der Stempel in die Horizontale umgelegt und nicht als Turm gebaut wurde.
Schließlich scheint mir der Nachweis interessant, daß Tauts Projekte später durchaus aufgegriffen worden sind. Den von ihm geplanten Brücken aus verschiedenartigem Glas kann man legitimerweise die von Vittorio Gregotti 1976 projektierten Sozialwohnungen in Cefalù (Sizilien) an die Seite stellen. Dabei schrumpft das Utopische ganz erheblich, wenn es mit der Wirklichkeit, das heißt mit Programmen, Budgets und Bauvorschriften in Kontakt kommt. Der Diamant, dessen Form man vor drei oder vier

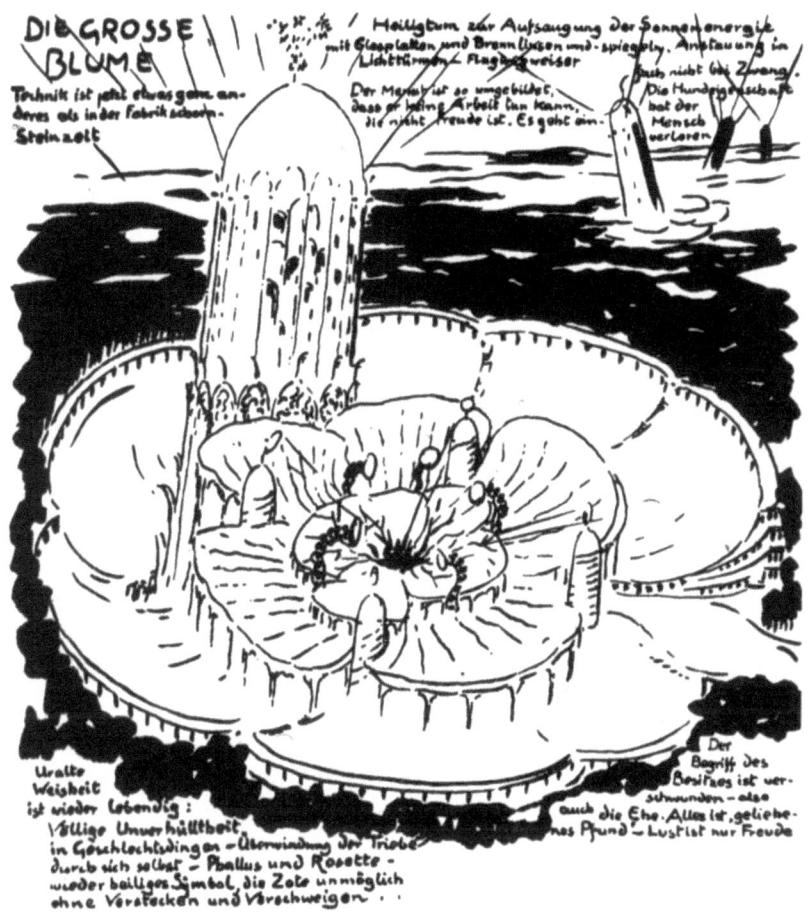

Bruno Taut, Die Große Blume, 1920

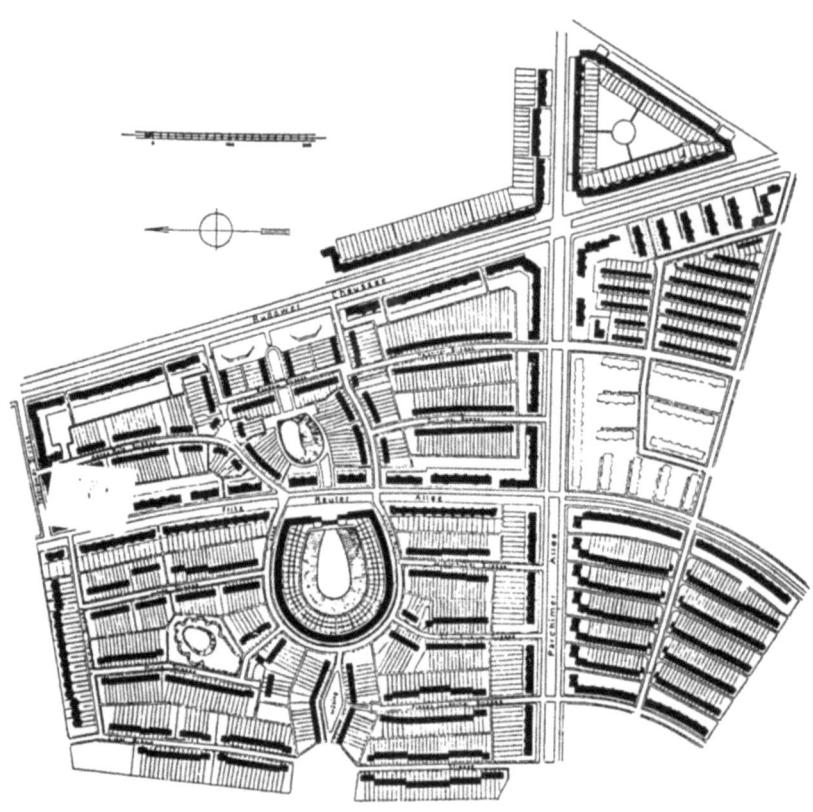

Siedlung Berlin-Britz, 1925–1931

Jahren einem auf dem Jungfraujoch in den Berner Alpen geplanten Restaurant geben wollte, ist sicherlich die erste kristalline Struktur ihrer Art, die man beinahe auf einen Berggipfel gesetzt hätte. Das rein kommerzielle Projekt wurde jedoch voller Entrüstung verworfen. Es hätte sich dabei aber nur um einen isolierten Lichtpunkt gehandelt, an eine Verknüpfung mit anderen Punkten hätte niemand gedacht. Ich würde jede Wette eingehen, daß sein Architekt Tauts *Alpine Architektur* noch nie gelesen hat.
Ebenso wie Viollet-le-Duc hatte Taut die prometheische Kraft, Probleme in einem sehr großen Maßstab aufzuwerfen. Und wie Hablik verfügte er über die poetische Kraft, die geologischen Formen weiterzuentwickeln, die das Terrain im Rohzustand bereithielt. Ich weiß nicht, ob Taut das Werk Viollets über den Montblanc gekannt hat: Es ist relativ unwahrscheinlich und auch nicht notwendig, um die *Alpine Architektur* zu verstehen. Aber wie Hablik kannte er auf jeden Fall die Thesen zur gotischen Architektur, so daß die Auffassung von den Alpen als einer gigantischen Kathedrale dem Werk unserer drei Protagonisten gemeinsam ist. In einem sehr weiten Sinn ist dies zudem ein Gemeinplatz der romantischen Literatur.
Bei Taut könnten (was ich aber nicht habe überprüfen können) die aus dem Geologischen abgeleiteten Schlußfolgerungen nur ein zweitrangiges Phänomen sein. Er geht von den Ergebnissen seiner Vorgänger aus, nicht von einer Sammlung von Werken über metamorphische Felsen. Ausgehend von den Exerzitien seines Freundes Hablik gibt sich Taut den Ambivalenzen des Imaginären hin: Gegen den Krieg *träumt* er Granit. „Das heißt", sagt Bachelard, „man nimmt sich vor, im Innersten gegen alle Schläge und gegen alle Beleidigungen unempfindlich zu bleiben." Seine „zielbewußte Kontemplation der Felsen" habe wirklich „etwas von einer Herausforderung".
Diese Alpen lebt er wie eine Art stoßweiser Projektion: Dort schürt er Korrespondenzen, er betont ihr Emporragen, und er unterstützt ihr Strahlen. In Anfällen von Redundanz verdoppelt er Wasserfälle und Gletscher durch Glas und Kristall. Wie in einer rückwärts gewandten Bewegung gibt er die Alpen für die ganze Erde, dann für die Galaxis und dann für das ganze Universum auf – ein panisches Streben ins kosmische Ganze. Er führt sich auf wie ein vulkanischer Weltenschöpfer. Seine Bilder sind immer auch Beschwörungen von Energie, Aufrufe zur Arbeit und Orte des Handelns. Die von ihm skizzierten Konstruktionen umschließen das Licht, um es wieder auszustrahlen. Man könnte glauben, daß er Wege für das Leben

bahnt, denn unter seinem Stift scheinen die Alpen zu blühen und sich in Klarheit zu vollenden. Taut ist das genaue Gegenteil dessen, was Baudelaire als einen grasfressenden Landschaftsmaler bezeichnet hat, aber er bezahlt einen hohen Preis dafür. Er will die Werte des Einsseins wiederfinden, aber seine Geste versteinert und er kehrt letzten Endes zu den gleichen Werten der Einsamkeit zurück, von denen er ausgegangen ist. Die Schlange beißt sich in den Schwanz, aber das ist letztlich kaum eine Überraschung. Müßte also die Disziplin, die sich mit Tauts Denken beschäftigen würde, nicht die Tautologie sein?

Übersetzung: Christian Voigt

Über die Elastizität der Alpenlandschaft in der Malerei

Wahrnehmung oder Konstruktion?

Wenn man die Bilder vergleicht, die zwischen dem 17. und 20. Jahrhundert von ein und demselben Punkt in den Alpen gemalt worden sind, dann kann man nur über die Unterschiede zwischen den einzelnen Darstellungen staunen. Beispiele dafür sind so bekannte Orte wie die Schöllenenschlucht mit der Teufelsbrücke, der Uri-Rotstock von Brunnen aus gesehen, das Tal von Lauterbrunnen, die Dents du Midi, von Lavaux aus gesehen, oder auch – abhängig von der Entfernung – der Montblanc. Selbst wenn sich der Blickwinkel kaum verändert, unterscheiden sich die einzelnen Werke trotzdem ganz erheblich voneinander, nicht nur, was das Licht – und damit die Farben – angeht, sondern viel stärker darin, wie die topographischen Elemente angeordnet sind und welche Dimensionen sie jeweils haben. Die Unterschiede der bildlichen Bearbeitungen sind manchmal so groß, daß eine Gegenüberstellung der „extremen Lösungen" Zweifel wecken könnte, ob es sich tatsächlich um das gleiche Motiv handelt.
Natürlich verändert sich jede Landschaft im Laufe der Zeit, aber wie sich ihr Bild verändert, läßt sich nicht durch den Rückgang beziehungsweise das Vordringen der Gletscher oder durch die Ausbreitung der Wälder erklären (seitdem man ihr Holz nicht mehr zum Heizen oder zum Bauen benötigt), die auf die oft kahlen Landschaften aus älteren Darstellungen folgen. Auch daß sich ihre Erscheinung aufgrund von Wetterumschwüngen verändert, reicht als Erklärung nicht aus: Je nach dem Feuchtigkeitsgehalt der Luft scheinen die Berge nah oder fern zu sein, und außergewöhnliche Wetterbedingungen können sogar dazu führen, daß durch einen bläulichen Nebel bei intensiver Sonneneinstrahlung ein Panorama vollständig verschwindet, so als solle der bekannte Slogan „Schleift die Alpen, wir wollen das Meer sehen!" in die Realität umgesetzt werden.
Daß sich die Darstellungen derselben Landschaft sogar widersprechen, kann man, von wenigen Ausnahmen abgesehen, weder auf das mehr oder weniger große Talent der Künstler bei der Abbildung von „Realität" noch auf ihr Streben nach dem Besonderen zurückführen, mit dem sie sich von

anderen unterscheiden. Diese Widersprüche sind vielmehr darin begründet, daß die ästhetische Wiedergabe der Natur kein rein passives Aufzeichnen ist. Die positivistische Phase der Wissenschaft auf der einen und die Verbreitung der Fotografie auf der anderen Seite haben die Menschen davon überzeugt, daß die gemalte Landschaft die natürliche Landschaft festzustellen habe. Die automatische Aufnahme duldet sozusagen keinen Widerspruch, was aber die eigentümliche Subjektivität der Fotografie nicht verhindert. Es hat aber dazu beigetragen, daß eine Selbstverständlichkeit in Vergessenheit gerät: Jede Darstellung ist nämlich zuerst einmal etwas Konstruiertes.

Auf der anderen Seite können wir uns kaum vorstellen, daß viele Kulturen – wie etwa die der australischen Ureinwohner, das westliche Mittelalter und sogar das antike Griechenland – den Landschaftsbegriff gar nicht gekannt haben.[1] Darüber hinaus muß derjenige, der eine natürliche Landschaft wahrnehmen will, von außerhalb kommen, weil sie für ihre Bewohner selbstverständlich ist.[2] Auch wenn die Berge hinter den Wolken verschwunden sind, sind sie für ihre Bewohner, die sie gleichsam auf übersinnliche Weise wahrnehmen, dennoch präsent. Es ist also keineswegs erstaunlich, daß Städter die Alpenlandschaft in Europa bekannt gemacht und sie – als Projektion – in einen paradiesischen Ort verwandelt haben. Kurz, „Landschaft" ist kein Formensystem, das man voller Aufmerksamkeit zur Kenntnis nimmt, sondern etwas, das man sich erarbeitet hat.

Über das doppelte Statut der Alpen

Die kulturelle Stellung der Alpen hat eine jahrhundertelange Entwicklung durchlaufen, die ihren Wert letztlich vollständig verändert hat. Für das Mittelalter, für die Antike – und sicherlich ebenso für die Vorgeschichte – waren die Alpen der Ort des Unheilbringenden par excellence. In der Romantik sind sie dann zum Ort des Erhabenen geworden. „Heute noch unsere Erde, die banges Entsetzen verbreitet, / Überall hoch in den Bergen, im Hain und im Dickicht des Waldes. / Aber es steht ja doch meistens bei uns die Orte zu meiden", heißt es bei Lukrez.[3] Schrecklich sind sie wegen der wilden Tiere, der noch schlimmeren Drachen und der anderen Ungeheuer, von denen noch im 18. Jahrhundert Bilder in – vorgeblich wissenschaftlichen – Werken veröffentlicht werden.[4] Das Christentum hat Gipfel, Wege und Täler durch Andachtsstätten und Prozessionen geheiligt und hat so versucht, den in den Alpen präsenten Schrecken zu bekämpfen. Auf diese

Weise aber hat man ihren unheilvollen Charakter nur anerkannt und sich darauf beschränkt, eine Form des magischen Denkens durch eine andere zu ersetzen.[5] Dies war aber nicht genug, um das Statut der Berge zu verändern: Man hätte die Verbote, sich den Bergen zu nähern, abschaffen müssen. Diese Veränderung wurde von einigen isoliert lebenden Humanisten und von den wenigen „Urvätern der Alpenvereine"[6] durchgesetzt. Die Besteigungen des Mont Ventoux durch Petrarca im Jahre 1336 und des Mont Aiguille durch Antoine de Ville im Jahre 1492 waren die ersten verbürgten Besteigungen und sind immer noch die bekanntesten. Sie wurden publik gemacht und legten Zeugnis ab von einem gleichsam kosmischen Enthusiasmus, der in späterer Zeit von Leonardo da Vinci, Breughel und vielen, weniger bedeutenden, aber kompetenten und fruchtbaren Künstlern wie Jan Hackert oder Johann Ulrich Schellenberg geteilt wurde. Und dennoch fürchteten sich die Menschen immer noch vor den Schrecken der Berge. Trotz der vielen Texte und Bilder also, die aus der Perspektive der Renaissance „mit großem Einsatz versuchten, eine Welt zu erschaffen, die immer mehr mit dem Zeugnis der Sinne übereinstimmte"[7], mußte man das Zeitalter der Aufklärung abwarten, bis sich die Wahrnehmung der Alpen von Grund auf veränderte. Der Mut der Intellektuellen, der Wille, die wissenschaftliche Erkenntnis auf eine experimentelle Basis zu stellen, aber auch die Bestrebungen, die aus der Kritik der Philosophen hervorgegangen waren, erzeugen zwei Betrachtungsweisen der Natur, die auf den ersten Blick widersprüchlich erscheinen: diejenige Albert von Hallers, dessen berühmtes Gedicht *Die Alpen* 1729 erschienen (und 1749 ins Französische übersetzt worden) ist, und diejenige Horace-Bénédict de Saussures, des Verfassers von *Voyages dans les Alpes* (1779-1796), berühmt, weil er 1787 den Montblanc bestiegen hat. Beide verkörpern zwei gegensätzliche Positionen: Der Natur als Subjekt steht die Natur als Objekt gegenüber.
Es ist immer noch erstaunlich, daß Haller Erfolg hatte – und Rousseau in seiner Nachfolge ebenfalls. Was die literarische Technik angeht, so bietet sein Text nichts Neues. Er verharrt vielmehr in einer antiquierten Rhetorik, die konventionelle Formulierungen im Überfluß verwendet. Wahrscheinlich wurde das Werk gerade deshalb zum Erfolg, entsprach es auf diese Weise doch den Geschmacksvorstellungen der gebildeten Kreise. Vor allem aber brachte Haller ein so harmonisches Bild der Alpenbewohner zum Ausdruck, das dem Leser zeigte, wie eine ideale Gesellschaft aussehen könnte. Die Wahrhaftigkeit seiner Beschreibungen wurde nicht angezweifelt, auch wenn sein Gedicht kein ethnographischer Bericht avant la lettre

war. Haller verfolgte vor allem das Ziel, die adeligen Kreise Berns indirekt zu kritisieren, indem er von einer weitgehend erfundenen Gesellschaft berichtete.[8] In der unmittelbaren Nachfolge von Vergils *Georgica* ist dieser Kunstgriff vielen fiktionalen Werken des Barock gemeinsam: „Die großen Vorzüge der Kreter sind die Gesundheit, die Kraft, der Mut, der Frieden und der Zusammenhalt der Familien, die Freiheit aller Bürger, der Überfluß aller notwendigen Dinge, die Verachtung für das Überflüssige, die Liebe zur Arbeit und der Haß auf das Nichtstun, das Streben nach Tugend", sagt Fénelon in *Die Abenteuer des Telemach* (1699)[9], wobei er im voraus die typischen Eigenschaften der Bewohner des Oberlands aufzählt!
Für Hallers Leser verstand es sich von selbst, daß so außergewöhnliche Eigenschaften von der Umgebung hervorgebracht wurden, in der sie gediehen. Mit anderen Worten wird Rousseau später dasselbe sagen, wenn er in seinem *Projet de constitution pour la Corse* (1769) die Bewohner der Alpen und die Reinheit ihrer Sitten preist. An dieser Stelle ist es sehr interessant, daß diese Ansicht nicht das Leitmotiv eines Romans ist (wie in *La Nouvelle Héloïse* (1761), wo den Bewohnern des Wallis alle Tugenden zugeschrieben werden), sondern zur Vision einer Gesellschaft gehört, die angeblich auf existierenden Vorbildern aufbaut.
Im 18. Jahrhundert wurde der Einfluß der Religion immer weiter zurückgedrängt, und zugleich ist die Begeisterung für die Natur, die als Erzieherin der menschlichen Seele angesehen wurde, zum Ersatz für das Heilige geworden. Unbewußt liegt dem die Sehnsucht nach dem verlorenen Paradies zugrunde. Zugleich entwickelt sich die Kritik an der Stadt und bringt Reformvorschläge hervor, die formal orientiert wie in Marc-Antoine Laugiers *Essai sur l'architecture* (1753), aber auch der Hygiene verpflichtet sein können wie Pierre Pattes *Mémoire sur les objets les plus importants de l'architecture* (1769) oder auch eine soziale Utopie beschreiben können wie *L'An 2440, rêve s'il en fut jamais* (1771) und *Le Tableau de Paris* (1781-1788) von Louis-Sébastien Mercier. Saussure gehört einer anderen Richtung an, einer, die verstehen will, um eingreifen zu können. Seine Schriften geben entscheidende Anstöße zur Erforschung und Untersuchung der Berge und begründen zugleich die Geologie. Diese aktive Haltung orientiert sich am Nutzen und betrachtet die Natur als die Gesamtheit der Ressourcen, die zum Nutzen der Menschheit ausgebeutet werden können.
Es scheint einen Gegensatz zwischen Haller und Saussure zu geben, mit dessen Hilfe man die geistige Haltung der Aufklärung zu den Alpen beschreiben kann, aber es ist ein künstlicher Gegensatz, weil sich unsere beiden Helden weder miteinander auseinandersetzen noch einander ergän-

zen. Jeder von ihnen besitzt auch das, was den anderen in den Augen der Zeitgenossen auszeichnet. Haller, seines Zeichens Botaniker, Mediziner und Chirurg, gehört zu den ersten, die experimentelle Methoden in der Physiologie anwenden, und macht eine brillante Karriere an der Universität Göttingen. Saussure, überdies ein Schüler Hallers, ist es jedoch, der um 1760 bei der Besteigung des Dôle, eines nur mäßig hohen und recht ungefährlichen Berges, Empfindungen äußert, die man eher einem deutschen Romantiker zutrauen würde. Oben angekommen sieht er sich in einer seltsamen und schrecklichen Lage: „Mir war, als säße ich allein auf einem Felsen inmitten der stürmischen See, weit entfernt vom nächsten Kontinent, der von einem langen unzugänglichen Felsenriff umgeben ist", schreibt er später.[10] Nimmt er damit nicht – und dann noch mit viel stärkerer Kraft – den *Wanderer über dem Nebelmeer* von Caspar David Friedrich vorweg? Überdies macht sich Saussure die Ansichten Hallers zueigen, der gesagt hat: „Wenn man irgendwo in Europa Menschen zu finden hofft, die eher zivilisiert als wild und eher natürlich als korrumpiert sind, dann muß man sie in den Alpen suchen."[11]

Die gemalte Landschaft als Stilleben

Wenn wir jetzt nach diesem langen Exkurs zur Alpenlandschaft in der Kunst zurückkehren, ist die Feststellung durchaus naheliegend, daß die Aufspaltung der Natur in Subjekt und Objekt eine Parallele in der Ikonographie besitzt. Der Natur als Person, als Verkörperung der Großen Mutter, als ursprünglicher Göttin, zu der man eine persönliche Beziehung[12] unterhalten sollte, entsprechen die Bilder, auf denen ein Berg den Betrachter überragt, insbesondere in den Tälern, wo der Blickpunkt der Maler nahe am Wasser zu finden ist. Daß die Natur ein vom Verstand beherrschtes Feld menschlicher Betätigung ist, kann man in den Panoramen erkennen, auf denen der gebieterische Geist seinen Willen zur Macht zeigt.[13] In extremis kann man sogar einen Gegensatz von männlichem und weiblichem Prinzip (die Bergspitzen auf der einen Seite, die Abgründe auf der anderen) feststellen, aber diese Antinomie ist hier nicht so ausgeprägt, wie man annehmen könnte: Im Jahre 1810 malt Franz Niklaus Koenig ein Bild mit dem Titel *Die Alpen vom Rigi aus gesehen*, wo ein Beobachtungsturm der aufgehenden Sonne gegenübersteht. Das Bild hat einen panoramatischen, also „männlichen" Charakter, obwohl der Name Rigi von Mons Regina, der Berg der Jungfrau, abgeleitet ist.[14]

Der Rhône- oder Furka-Gletscher, 1758

Unabhängig davon, ob er sich lyrisch oder veristisch orientiert, unterliegt der Künstler noch ganz anderen Zwängen, denen nämlich, die ihm die visuelle Kultur aufzwingt, in die er sich einreiht oder die er bekämpft. Dies ist das Phänomen des „modellhaften Blicks", der von der politischen Großwetterlage beeinflußt ist. Paradoxerweise reicht es schon aus, einen flüchtigen Blick auf die Entwicklung der Kartographie vom 16. bis zum 19. Jahrhundert zu werfen, um festzustellen, wie sehr sich die Idealvorstellungen von der ästhetischen Darstellung der Landschaft gewandelt haben. Die ersten Zeichner, die sich um eine angemessene graphische Präsentation des Landschaftsreliefs bemühten, zogen sich mit Hilfe von Ideogrammen aus der Affäre: Anstelle einer differenzierten Topographie gaben sie sich mit verstreuten, aus der Kavalierperspektive gezeichneten Hügeln zufrieden (so Aegidius Tschudi im Jahre 1538 und Johann Jakob Scheuchzer noch im Jahre 1712). Das heißt, sie verfügten nicht über die Technik, mit deren Hilfe sie eine systematische und kodierte Transskription des Geländes hätten ausarbeiten können. Die Fortschritte bei der Vermessung und bei der Triangulation und später die Entwicklung von Schraffierungen und Höhenlinien werden diesen Code nach und nach entwickeln. Erst dann kann man auf eine geographische Region die Aufnahmeprinzipien anwenden, die die *Lettera sull' Architettura a Leone X* (um 1519) für die Architektur formuliert hatte[15], das heißt, die Punkt für Punkt vorzunehmende senkrechte Darstellung des Gegenstandes.

Trotzdem gibt es einen wesentlichen Unterschied: Im Gegensatz zu dem, was für ein Gebäude gilt, gibt es bei der ebenen Aufnahme einer Geländetopographie keine offensichtliche Beziehung zu den Profilen, die es dort gibt, und ebenso wenig ermöglichen letztere Rückschlüsse auf die Verteilung der Massen. Bei seinem *Prospect géométrique des montagnes neigées, dites gletscher* (1755) beruft sich Jacques-Barthélemy Micheli du Crest auf Scheuchzer, was die (falschen) Entfernungen angeht. Er bemüht sich, die Höhen zu vermessen (will dabei die Brechung aber nicht berücksichtigen) und kennt die Namen der Gipfel nicht (die selbst Haller, sein Briefpartner, nicht identifizieren kann)[16]: daher die Schwierigkeiten, die eine objektive Herangehensweise mit sich bringt. Die Karte hat obendrein einen doppelten Code. Selbst wenn eine Legende fehlt, nehmen wir zuerst die graphischen Konventionen wahr, während das dargestellte Gelände das Ergebnis einer Auswahl ist. Selbst wenn die Wiedergabe des Reliefs bisweilen einer perspektivischen Täuschung ähnelt, faßt die Karte, die benutzt werden soll, das, was sie bezeichnet, eher zusammen, als daß sie es vor dem Betrachter ausbreitet.

In der Landschaftsmalerei existiert eine ähnliche Problematik. Blättert man eine Sammlung von Alpenlandschaften durch, die vom Mittelalter bis zum Barock chronologisch geordnet ist, dann wird man entdecken, daß sich der dargestellte Raum, ähnlich einer Zugbrücke, Stück für Stück zur Horizontalen absenkt. Da sich die Perspektive immer weiter durchgesetzt hat, geht man bei der Darstellung davon ab, die verschiedenen Ebenen übereinanderzulegen, sondern staffelt sie vielmehr in die Tiefe. Es ist ein neuerliches Paradox, daß dies geschieht, obwohl die Luftperspektive, die die Landschaftsmalerei seit der Renaissance beherrscht, anders als die Zentralperspektive nicht aus einem geometrischen Verfahren entstanden ist. Aber in beiden Fällen läßt man die Welt der Transzendenz, in der die Werte vertikal angeordnet sind, Stück für Stück hinter sich zurück und dringt in die Welt des individuellen Bewußtseins vor, wo die Tiefe des Raumes zugleich als Betätigungsfeld dient. Trotzdem überdauern die alten Darstellungstechniken, die oft den Eindruck der Veränderlichkeit hervorrufen. So scheint sich eine 1758 veröffentlichte Ansicht des Rhônegletschers auf ein anderes Objekt zu beziehen als auf diejenigen, die Caspar Wolf nur zwanzig Jahre später vom gleichen Gegenstand gemalt hat. Ein Beispiel unter vielen anderen ist das ähnlich gelagerte der Ansicht der Teufelsbrücke: Ein Stich aus dem Jahre 1716 hat kaum einen Bezug zu dem Bild, das Carl Blechen um 1833 gemalt hat. Aber natürlich lesen wir die Werke der Vergangenheit, indem wir den neuesten Code, das heißt unseren, darauf anwenden.

Eine Differenz ganz anderer Art zeigt sich sogar innerhalb des Darstellungssystems, das aus der Renaissance hervorgegangen ist und eine gewisse Wahrhaftigkeit postuliert. Bis in die zweite Hälfte des 19. Jahrhunderts hinein wird ein Werk in der Regel nicht vor dem Motiv, sondern im Atelier gemalt. Trotzdem gibt es drei physische Parameter, über die man sich nicht vollständig hinwegsetzen kann. Die beiden ersten haben mit dem Gegenstand und der dritte mit dem Künstler selbst zu tun. Es sind dies die Wetterbedingungen, die die Sichtbarkeit dessen bestimmen, was man auf der Leinwand wiedergeben will, die Qualität und der Einfallswinkel des Lichts, die – je nach Tageszeit – ganz unterschiedliche Akzente setzen und so die Konnotationen des Dargestellten verändern (sie wirken, je nachdem, mysteriös, bedrohlich, prachtvoll, tragisch oder melancholisch). Schließlich und vor allem ist es der Standpunkt, dessen Wahl das Wesen des dargestellten Objekts ganz wesentlich mitbestimmt, vor allem weil er seinerseits die Bildeinstellung impliziert.

In Kunstbüchern oder bei den Künstlern selbst[17] stößt man häufig auf Formulierungen wie „nach der Natur" oder „vor Ort" gemalt, die viele Kunst-

Der Rhône-Gletscher (Caspar Wolf, 1778)

freunde auf die Idee gebracht haben, daß damit die gleichsam fotografische Objektivität eines Bildes bescheinigt würde. Vergleicht man aber das Bild mit der Landschaft oder einfach mit mehreren Bildern, die alle die gleiche Landschaft abbilden, dann merkt man, daß diese Formulierungen keineswegs eine identische „Aufnahme" garantieren (wenn das Wort „identisch" hier überhaupt einen Sinn haben kann). Auf dem Titelblatt einer Sammlung von Kupferstichen spricht Canaletto von „vedute [...] prese dai luoghi", was man als „von den Orten genommene Ansichten" verstehen sollte, die den Orten ähnlicher sind als diese sich selbst.

Warum das so ist? Sicherlich weil die Landschaft nicht von vornherein als ein beschränktes System von Zeichen definiert ist, die einen autonomen Gegenstand wiedergeben. Damit steht sie in einem diametralen Gegensatz zum Porträt, das sich notwendigerweise (zumindest vor Picasso und Klee) auf eine konstante Anzahl von distinkten Merkmalen beschränkt, die nur auf eine, einzigartige Weise angeordnet sein können. Die Landschaft hingegen steht in einer Analogiebeziehung zum Stilleben, wo die Objekte unabhängig von ihrer jeweiligen Position identifiziert werden, weil Bedeutung aus ihrer Anordnung entsteht. Der Maler legt die Distanzbeziehungen fest und verändert die Größenverhältnisse, um das noch mehr hervorzuheben, was ohnehin schon im Vordergrund steht oder die Betonung verdient. Gibt es Beispiele dafür nicht schon beim Urvater jener Landschaftsmalerei, die man als realistische bezeichnet? Wenn man den *Wunderbaren Fischzug* von Konrad Witz aus dem Jahre 1444 betrachtet, dann kann man den Ort auf den ersten Blick erkennen, und zwar sowohl als Ganzes als auch jedes topographische Detail. Trotzdem gehorcht das Werk nicht einem einzigen Standpunkt, sondern führt Elemente zusammen, die jeweils aus einem anderen Blickwinkel stammen. Die Entfernungen zum Petit Salève, zum Môle und zu den Voirons und die Höhen dieser Berge entsprechen nicht denen, wie man sie vom rechten Ufer des Sees aus erblickt. Aber es kommt noch besser: Der Montblanc ist als Montblanc nicht zu erkennen, obwohl viele Stimmen versichern, daß er den Hintergrund der Tafel bilden würde: An seiner Stelle erblickt man übereinanderliegende Eisschollen, hinter denen man die berühmte Silhouette vergebens sucht. Warum? Angeblich soll dieser Teil des Werks beschädigt worden sein, sagen einige – aber das scheint jeder Grundlage zu entbehren.[18] Es gibt vielmehr zwei Gründe, die einander ergänzen: Zum einen hat es den „Montblanc" zu jener Zeit sozusagen noch gar nicht gegeben (vor 1741 hat man den Berg als solchen noch gar nicht identifiziert[19]); zum anderen, und das scheint der Hauptgrund gewesen zu sein, hat sein Ruf eine entscheidende Rolle gespielt, denn er war

als *Montagne Maudite* oder als *Mont Maudit* (Verfluchter Berg) bekannt und galt als Behausung des Teufels[20]. So gesehen muß man im Môle, der sich genau oberhalb von Christus befindet, das Äquivalent des Berges Tabor sehen, die Wolke am Gipfel muß also als die Wolke begriffen werden, in der der Allmächtige thront.[21]
Mit anderen Worten, der Môle könnte auf dem Altarbild eine beschwörende Rolle spielen und Genf vor der Bedrohung durch die Gletscher schützen. Es wäre also anachronistisch, in dem Bild von Witz – trotz seines relativen Realismus – etwas anderes sehen zu wollen als eine Zusammenstellung von Elementen, die nach einem bestimmten Programm ausgewählt worden sind.[22]
Ebenso falsch wäre die Annahme, daß die Konventionen der Luftperspektive diese „voluntaristischen" Praktiken[23] verdrängt hätten. Mit der von Witz vorgegebenen Perspektive sind zum Beispiel die Maler des 18. Jahrhunderts ganz unterschiedlich umgegangen. Die einen haben die Landschaft sozusagen aufzählend beschrieben, das heißt, sie haben Massen und Gipfel nacheinander in der Reihenfolge ihrer Erscheinung zwischen Voirons und Salève festgehalten. Die anderen, die aber in der Minderheit waren, die von der Ästhetik der komponierten Landschaft beeinflußt waren und vielleicht *A New Method of Assisting the Invention in Drawing Original Composition of Landscape* von Alexandre Cozens aus dem Jahre 1785 gelesen hatten, haben die gleichen Elemente hierarchisch angeordnet. In einer Gouache setzt zum Beispiel Carl Hackert den Montblanc auf die Mittelachse der Landschaft und präsentiert ihn unter dem einförmig blauen Himmel als Pyramide. Der Anstieg der Voirons korrespondiert dem des Grand Salève, der Petit Salève wird von den Aravis gekrönt, die wiederum dem Môle antworten. Auf diese Weise beherrscht der ehemalige Mont Maudit das Gelände wie eine barmherzige Jungfrau, während die Betonung der Mitte durch zwei Barken mit Lateinsegeln noch unterstrichen wird, die wie weiße Kommata vor blauem Hintergrund wirken. Aber Hackert ist ebenso in der Lage, vom selben Standpunkt aus ein ganz anderes Panorama zu malen, in dem die Masse der Stadt nach rechts verlagert worden ist und wo sich die wunderbare Konstruktion des anderen Bildes auflöst.[24]
Ob die Künstler nun eine Vision der Landschaft entwerfen, die die einzelnen Komponenten aneinanderreiht, oder ob sie das Gelände in seinen Volumina darstellen, sie alle nehmen sich Freiheiten heraus, die man erst in einer vergleichenden Analyse entdecken wird. Vom gleichen Standpunkt aus ragt der Montblanc in die Höhe oder duckt sich, der Petit Salève wird run-

der oder streckt sich, der Môle verwandelt sich in einen regelmäßigen Kegel oder erhält das Profil eines Kielbogens[25], während mehrere, von der Faucille aus gesehene Panoramen ihn ganz verschwinden lassen.[26]
Diese Bemerkungen treffen natürlich auf jede beliebige Alpenlandschaft zu. Im Jahre 1849 schaut Alexandre Calame von Norden her auf den Urner See und verwandelt ihn in eine Art Fjord, der von einem sehr komprimierten Uri-Rotstock beherrscht wird, während die Felswand des Seelisberg doppelt so hoch ist und der Oberbauenstock kleiner ist als in Wirklichkeit. In eine ganz andere Richtung geht Albert Bierstadt im Jahre 1858: Die Berggruppe aus Uri-Rotstock und Engelberger Rotstock gestaltet er vielseitiger, er verdoppelt die Masse des Niederbauen, den er wie einen Bergfried aufragen läßt, und verkleinert die Felswand, die den Schillerstein überragt. Der Standort, von dem aus man den letzteren unter diesem Winkel sehen kann, liegt überdies an einer ganz anderen Stelle als der, von dem aus man Brunnen in eine Linie mit dem Uri-Rotstock bringen kann usw. Man kann ebenso noch zwei andere Bilder der gleichen Maler anführen, den *Staubbach bei Lauterbrunnen* (1835) von Calame, wo das Tal in einen Engpaß verwandelt wird, an dessen Ende das Silberhorn nicht zu sehen ist[27], und *Majesty of the Mountains* (1857) von Bierstadt, der in diesem Bild die Größe des selben Tals verdreifacht oder vervierfacht und nicht davor zurückschreckt, in den Hintergrund neben das Silberhorn die Jungfrau zu setzen, die alles überragt, vor Ort aber nicht zu sehen ist.[28]

Die Elastizität spielt mit dem Code: von der Topographie zur Topothesie

Die letzten vier Beispiele sind besonders aussagekräftige Grenzfälle. In der Begrifflichkeit des 18. Jahrhunderts handelt es sich nicht um Ansichten, sondern um Capriccios. Aber da Capriccios die gleichen plastischen Versatzstücke verwenden wie Ansichten, kann derjenige, dem die Orte unbekannt sind, nicht erkennen, mit welchem Genre er es zu tun hat: Der Code ist nämlich der gleiche. Manchmal aber „zwinkert" das Werk dem Betrachter zu: Unter rein beschreibenden Titeln wie *Aussicht gegen die große Felsenwand in Pfefers* oder *Aussicht einer Gegend von Moustiertravers* veröffentlicht Johann Heinrich Lips 1796 Graphiken, deren Vordergrund voller Rätsel steckt: Auf dem ersten Stich sieht man Elefanten, Löwen, Affen und andere Tiere, die in der Schweiz nicht unbedingt ansässig sind. Auf dem zweiten erblickt man Schwarze, Indianer und Orientalen. Will er auf diese Art das irdische Paradies beschwören? Ebenso kann man auf den Tapeten

des Stockalperpalastes in Brig, die aus dem 18. Jahrhundert stammen, helvetische Szenen sehen, wo das Matterhorn neben dem Schloß von Grandson liegt. Das gleiche gilt für John Ruskin: Als er etwa um 1835 den *Pilatus nahe Luzern* zeichnet, verwandelt er ihn in eine Art superschroffen Großen Mythen mit drei Gipfeln. Was das Matterhorn, diese Mona Lisa unter den Berggipfeln, angeht, so sieht es Gabriel Loppé um 1864 als eine Art nicht zu erkennenden Felsenturm. Schinkel hat sich auf eine *Landschaft, an den Montblanc erinnernd* beschränkt. Am Ende dieser kapriziösen Tradition steht die Fotomontage, bei der wir uns auf ein Beispiel neueren Datums beschränken: Es gibt eine Ansichtskarte mit einem aus niedriger Höhe aufgenommenen Blick auf Zürich, wo man im Süden der Stadt die Triade der Berner Alpen flankiert vom Matterhorn sehen kann, als ob diese Gipfel 10.000 Meter hoch wären! (Hier wäre interessant, auf elektronischem Wege die unterschiedlichen Umrisse der Berge übereinanderzulegen, um zu zeigen, in welchem Maße die Künstler die Gestalt der Landschaft manipuliert haben, als sie sie in ihr Werk integrierten.)
Im 20. Jahrhundert verändert sich das Problem noch einmal, weil die Beziehung zum Berg immer subjektiver wird und das Subjekt den Sieg über das Objekt davonträgt. In seinem Gemälde *Genfer See mit dem Montblanc vor Sonnenaufgang* (1915) kehrt Hodler zum Register-System zurück, die Berge Môle, Montblanc und Salève liegen in der mittleren Ebene wie stenographische Schriftzeichen hintereinander. Und Cuno Amiet verwandelt in *Der gelbe Hügel* (1903) einen nicht zu identifizierenden Berg in eine majestätische gelbe Fläche. In jüngster Zeit hat eine Ausstellung die neuesten Entwicklungen dieser Thematik ins Bewußtsein gerückt.[29]
Allerdings muß darauf hingewiesen werden, daß die Veränderungen in der Darstellung die Qualität der Bilder weder begründen noch in Frage stellen. Es ist zudem unnötig, daß der Künstler das, was er darstellt, auch tatsächlich gesehen hat, denn nicht seine persönliche Beziehung zum Gegenstand entscheidet über die Qualität des Bildes, sondern die Intensität der plastischen Darstellung. Caspar David Friedrich malt 1825 eine *Ansicht des Watzmanns*, obwohl er niemals in den Alpen gewesen ist, und trotzdem besitzt dieses Werk die Kraft der anderen Bilder. Das bedeutet aber auch, daß kein grundlegender Unterschied zwischen der genauesten Darstellung – auch die gibt es – und der phantasievollsten existiert.
Weil sie viel betrachtet werden, sind bestimmte Landschaften zu Stereotypen geworden. Das Original erkennt man nur unter dem Blickwinkel, unter dem es einem vertraut gemacht worden ist. Diese Erfahrung besitzt durchaus eine Beziehung zu jener, die die Stühle von Adelbert Ames jr. ver-

mitteln: Hier wird eine Ansammlung von Linien zusammen mit einem realen Objekt präsentiert, und es gibt mehrere Standpunkte, von denen aus das Objekt von allen anderen nicht mehr zu unterscheiden ist.[30] Eine ähnliche Herangehensweise legte Markus Retz an den Tag: Er hat Anordnungen von Stäben, wie zum Beispiel bei einer *Kopf* betitelten Arbeit (1984), entwickelt, deren Sinn sich nur von einem Standpunkt aus erschließt – von keinem anderen aus entsteht eine Figur im eigentlichen Sinn.[31]
Das Schema einer Landschaft erweist sich manchmal sogar als so stark, daß es eine Art von Autonomie erlangen kann und dann die Rezeption anderer Landschaften bestimmt. Albert Bierstadt sieht die Rocky Mountains zuerst durch die Brille seiner Wahrnehmung der Berner Alpen (überdies entdeckt er dort ein neues gelobtes Land, und „Haller" triumphiert wieder einmal über „Saussure"). Und wenn man am Westufer des Lake Champlain, der die Grenze zwischen den US-Bundesstaaten Vermont und New York bildet, spazierengeht, dann kann man, wenn man nach Osten schaut, glauben, daß man das gleiche Bild vor Augen hat wie von La Perle du Lac in Genf aus. Natürlich gibt es einige Abweichungen: Hier ist das von großen Bäumen gesäumte savoyische Ufer, dort die Moränenböschung, die die Hügel von Cologny verlängert. Aber die Voirons sind zur Hälfte versunken, der Montblanc ist verschwunden, und es gibt nicht nur einen Môle sondern mehrere. Dieser surrealistische Eindruck entstammt natürlich einem verinnerlichten Code, und die im wahrsten Sinne des Wortes poetische Wirkung leitet sich aus der Entfernung her, die zwischen dem besteht, was man sieht, und den Erinnerungen, die den Reflexen eingeschrieben sind.
Man begreift, warum das nationalistische 19. Jahrhundert, vor der Notwendigkeit, die Schweizer nach 1848 zusammenzubringen, in der Begeisterung für die Alpenlandschaft nach einem gemeinsamen Gefühlsausdruck gesucht hat.[32] Die Wahrnehmung, überdeterminiert durch eine Reihe kultureller Faktoren, kann eine Rückkehr zum Objekt vollziehen, von dem sie aber wiederum bestimmt wird.
Dies führt uns zu einer Schlußfolgerung, die nicht neu ist, aber notwendig: „Natur ist das, was die Kultur als solche bezeichnet."[32]

Übersetzung: Christian Voigt

Anmerkungen

1. Vgl. Augustin Berque, Les raisons du paysage. De la Chine antique aux environnements de synthèse, Paris 1995. Darüber hinaus: Oskar Bätschmann, Entfernung der Natur. Landschaftsmalerei 1750-1920, Köln 1989, und Renzo Dubbini, Geografie dello sguardo. Visione e paesaggio in età moderna, Turin 1994
2. Vgl. die Überlegungen Cézannes in: Philippe Joutard, L'invention du Mont Blanc, Paris 1986, 39
3. Lukrez, Über die Natur der Dinge, dt. von Hermann Diels, Fünftes Buch (Kosmologie, Kulturgeschichte), 40-42
4. Zum Beispiel ein Fabeltier mit menschlichem Antlitz, „wie man es in den Alpen südlich von Graubünden im Jahre 1696 sehen konnte", veröffentlicht von Johann Jakob Scheuchzer im Jahre 1716. Siehe zu diesem Thema Paul Guichonnet, „L'homme devant les Alpes", in: ders. (Hg.), Histoire et Civilisation des Alpes, II, Destin humain, Toulouse-Lausanne 1980, besonders 169ff. Ebenso: Roy Oppenheim, Die Entdeckung der Alpen, Frauenfeld-Stuttgart 1974, S. 74ff.
5. Siehe hierzu die Anmerkungen von François Jacob in Le jeu des possibles. Essai sur la diversité du vivant, Paris 1981, S. 100: „Das Gehirn funktioniert nicht so, daß es ein genaues Bild der Welt als einer metaphysischen Wahrheit speichert, sondern sein eigenes Bild schafft."
6. Ph. Joutard, a.a.O., 51
7. F. Jacob, a.a.O., 24
8. Vgl. Ute Heidmann Vischer, Vorwort zur Neuausgabe des Gedichts, Genf 1995 (und dort Anm. 1)
9. François de Salignac de la Mothe Fénelon, Les aventures de Télémaque (1699) Paris 1987, 196
10. Zitiert bei A. Berque, a.a.O., 97
11. Zitiert bei Ph. Joutard, a.a.O., 127
12. Vgl. Erich Neumann, The Great Mother. An Analysis of the Archetype, Princeton 1955, und E.O. James, Le culte de la déesse-mère dans l'histoire des religions, Paris 1960
13. Man muß zwischen dem Panorama im Sinn eines bis zum Horizont schweifenden Blickes und jenem anderen Panorama unterscheiden, bei dem es sich um eine Rotonde handelt, die eine Rundumansicht enthält, die vom Zentrum der Rotonde aus betrachtet werden soll. Die Geschichte des ersten Typs, der uns hier interessiert, ist als Vorläufer in der des zweiten enthalten. Siehe vor allem: Gustav Solar, Das Panorama und seine Vorentwicklung bis zu Hans Conrad Escher von der Linth, Zürich 1979; Stephan Oettermann, Das Panorama. Geschichte eines Massenmediums, Zürich 1980; Silvia Bordini, Storia del panorama. La visione totale della pittura del XIX secolo, Rom 1984; Giovanni Segantinis Panorama und andere Engadiner Panoramen, Ausstellungskatalog, Chur 1991; Sehsucht. Das Panorama als Massenunterhaltung des 19. Jahrhunderts, Ausstellungskatalog, Bonn 1993. Unglücklicherweise habe ich nicht den Text von Bruno Weber einsehen können: Bruno Weber, „Entwicklungsformen des topographischen und kartographischen Landschaftsporträts vom Manierismus zum Barock", in: Schweizerisch-deutsche Beziehungen im konfessionellen Zeitalter. Beiträge zur Kulturgeschichte 1580-1650, Wiesbaden 1984.
14. Vgl. P. Guichonnet, a.a.O., 179

15 Vgl. G. German, Einführung in die Geschichte der Architekturtheorie, Darmstadt 1980, 92f. Die Autorschaft ist nicht eindeutig belegt. Renato Bonelli (Scritti rinascimentali di architettura, Rom 1978) halte den Brief für ein Gemeinschaftswerk von Raffael und Baldassare Castiglione.
16 Vgl. Martin Rickenbacher, Das Alpenpanorama von Micheli du Crest. Frucht eines Versuchs zur Vermessung der Schweiz im Jahre 1751, Murten 1995; Bruno Weber, Der „Prospect géometrique von Micheli du Crest als Initiator der Gebirgspanoramenkunst", in: Micheli du Crest 1690-1766, homme des Lumières, Vorträge eines Kolloquiums, Genf 1995, 158-165; außerdem: Jean Guen, zitiert in: Un collectionneur dans ses États, Ausstellungskatalog, Genf 1987, 51: „Die hohen Gipfel blieben namenlos", und warum.
17 Vgl. etwa Hans Conrad Escher von der Linth, Ansichten und Panoramen der Schweiz. Die Ansichten 1780-1822, veröffentlicht von Gustav Solar, Zürich 1974, 40, 42-48 usw.
18 Vgl. Danielle Buyssens, „Le retable de Konrad Witz et la notion de patrimoine à Genève, de la fin du XVIIe au début du XIXe siècle" in: Geneva, n.s. XLI, 1993, 119-140 (vor allem 129). Nur die Gesichter waren mit Schmissen versehen worden. Darüber hinaus, Adrien Bovy, „La restauration des peintures de Conrad Witz conservées au Musée d´art et d´histoire", in Geneva, III, 1925, 308-318
19 Vgl. Ph. Joutard, a.a.O., 22 und 98-110.
20 A.a.O., 25, 66, 99, 129
21 Gott als Wolke: Vgl. den theologischen und soziologischen Index in: La Bible, Ancien Testament, II, Bibliothèque de la Pléiade, Paris 1959, S. 105, und Nouveau Testament, Paris 1971, Konkordanz, 1004
22 Vgl. Florens Deuchler, „Konrad Witz, la Savoie et l´Italie. Nouvelles hypothèses à propos du retable de Genève", in: Revue de l'art, 71, 1986, 7-16
23 Vgl. Michel Prieur, „Le paysage tolédan du Greco", in: Le paysage à la Renaissance, unter der Leitung von Yves Giraud, Fribourg 1988, 314
24 Siehe Barbara und Roland de Loës, Genève par la gravure et l´aquarelle, Genf 1988, 110-133; außerdem Maurice Pianzola, Genève et ses peintres, Genf 1972. Zur Ikonographie der Alpen im allgemeinen vor allem Sven Stelling-Michaud, Unbekannte Schweizer Landschaften aus dem 17. Jahrhundert, Zürich 1937; Liselotte Fromer-Im Obersteg, Die Entwicklung der Schweizerischen Landschaftsmalerei im 18. und frühen 19. Jahrhundert, Basel 1945; Ulrich Christoffel, La montagne dans la peinture, o.O. 1963; Marcus Bourquin, Die Schweiz in alten Ansichten und Schilderungen, Sigmaringen 1968; Marc Sandoz, „Essai sur l'évolution du paysage de montagne consécutive à la ‚découverte' des glacières du Faucigny du milieu du 18e au milieu du 19e siècle", in: Geneva, n. s. , XVII, 1969, 81-221; XIX, 1971,183-243; XXII, 1974, 365-386; XXIII, 1975, 177-192; Die Alpen in der Schweizer Malerei, Les alpes [sic] dans la peinture suisse, The Alps in Swiss Painting, Ausstellungskatalog, Zürich 1977; Bruno Weber, Graubünden in alten Ansichten. Landschaftsporträts reisender Künstler vom 16. bis zum frühen 19. Jahrhundert, Chur 1984; Gabriele Seitz, Wo Europa den Himmel berührt. Die Entdeckung der Alpen, Zürich 1987; Maurice Jean-Petit-Matile, Die Alpen mit den Augen der Maler, Lausanne 1987; Svizzera Meravigliosa, Vedute di artisti stranieri 1770-1914, Ausstellungskatalog, Mailand 1991; über das Montblanc-Massiv im besonderen: Gherardo Priuli, Patrizia Garin, Montblanc, Chamonix, Courmayeur dargestellt auf alten Stichen, Ivrea 1985; Découverte et sentiment de la montagne 1740-1840, Ausstellungskatalog, Annecy 1986. Über das Matterhorn: Charles Gos, Le Cervin par l'image, Lausanne 1923; Chantal Saclier,

„Mais qu'ont-ils fait du Cervin?", in: Un collectionneur dans ses États, Ausstellungskatalog, Genf 1987; Yvan Hostettler, Cervin, montagne de Pub, Genf 1990
25 de Loës, a.a.O., 116f, 122f, 132f, 136f, 172f, 181f
26 Escher von der Linth, a.a.O., „Aussicht vom Col des Fosilles" (1816), 163; Théodore Rousseau, nicht datiertes Werk im Minneapolis Institute of Arts; Jean du Bois, Frontispiz in de Loës, a.a.O., o. J.
27 Vgl. Jean-Petit-Matile, a.a.O., 64; über Calame, vgl. Valentina Anker, Calame, vie et œuvre. Catalogue raisonné de l'œuvre peint, Fribourg 1987; außerdem Max Huggler, Das Lauterbrunnental in der Malerei, Bern 1978
28 Vgl. Svizzera meravigliosa, a.a.O., 183; über Bierstadt, vgl. Gordon Hendricks, Albert Bierstadt, Painter of the American West, New York 1988; Nancy K. Anderson, Linda S. Ferber, Albert Bierstadt, Art and Enterprise, New York 1991
29 „Chacun sa montagne", Museum Jenisch, Vevey, 1995; siehe auch: Schweiz im Bild – Bild der Schweiz? Landschaften von 1800 bis heute, Ausstellungskatalog, Zürich 1974
30 Vgl. E.H. Gombrich, L'art et l'illusion. Psychologie de la représentation picturale (1959), Paris 1971, 310f
31 Vgl. Skulptur im 20. Jahrhundert, Ausstellungskatalog, Basel 1984, 177
32 Vgl. vor allem Fritz Ernst, Naturgefühl und Vaterlandsliebe, Zürich 1945; Hans Ulrich Jost, „Dufour, l'esthétique politique et l'appropriation de l'espace", in: Guillaume-Henri Dufour dans son temps 1787-1873, Genf 1991, 111-121; Bernard Crettaz, La beauté du reste, confession d'un conservateur de musée sur la perfection et l'enfermement de la Suisse et des Alpes, Genf 1993; François Walter, „La montagne des Suisses. Invention et usage d'une représentation paysagère (XVIIIe –XXe siècle)", in: Études rurales, 121-124, 1991, 91-107; und „Dall'antropologia alla topografia, dalla pittura alla cartografia. Osservazioni sulle referenze identitarie alla fine del XVIII secolo" in: Quaderni storici, 90, XXX, 3, 697-728; Jean-Luc Piveteau, Temps du territoire. Continuités et ruptures dans la relation de l'homme à l'espace, Genf 1995
33 André Corboz, „Le territoire comme palimpseste", in: Diogène, 121, 1983, 35 (im Gegensatz zu dem, was Anne Cauquelin auf Seite 82 von L'invention du paysage (Paris 1989) sagt, stammt dieser Text nicht von Alain Corbin!)

Drucknachweise

Die Forschung: drei Lehrfabeln
C'est la faute à Voltaire. C'est la faute à Rousseau. Recueil Anniversaire pour Jean-Daniel Candaux, hg. von Roger Durand, Genf 1997

Auf der Suche nach ‚dem' Raum
Werk, Bauen + Wohnen 3/1996

Zeitgenosse werden!
Darmstädter Blätter für kulturelle Evolution 3-4/1991

Die Schweiz, Fragment einer europäischen Galaxie der Städte
Werk, Bauen + Wohnen 3/1997

Die Geschichte des Städtebaus als Bedeutungsforschung
Archithese 2/1982

Die vier Phasen der theoretischen Auseinandersetzung mit der Stadt im 20. Jahrhundert
Archithese 3/1993

Zur Wiedergründung – oder Stadtkernforschung einmal anders
Die Stadt mit Eigenschaften. Eine Hommage an Paul Hofer, hg. von André Corboz, Zürich 1991

„Non-City" Revisited
Le temps de la réflexion, Heft VIII, 1987: La ville inquiète

Das Territorium als Palimpsest
Le territoire comme palimpseste, Diogeste, Diogène, Nr. 121, Janvier-Mars 1983

Entlang des Wegs. Das Territorium, seine Schichten und seine Mehrdeutigkeit
Georges Descombes et. al., Von Morschach bis Brunnen: Weg der Schweiz – die Genfer Strecke, Genf 1991

Die kulturellen Grundlagen des territorialen Rasters in den USA
Faces. Journal d'architectures, Heft 46, 1999

Schlußfolgerungen aus der Geologie: Von Viollet-le-Duc zu Bruno Taut
Science et imaginaire, Grenoble 1983

Über die Elastizität der Alpenlandschaft in der Malerei
Martin Körner, François Walter (Hg.), Quand la montagne aussi a une histoire. Mélanges offerts à Jean-François Bergier, Bern / Stuttgart / Wien 1996

Bildquellen

S. 31 Richard Serra, Sculpture, Ausstellungskatalog The Museum of Modern Art, New York 1986
S. 59 Marcello Fagiolo, Die Psycho-Ikonologie, in: Das architektonische Urteil. Annäherungen und Interpretationen von Architektur und Kunst, Basel (Birkhäuser) 1989, 142, Abb. 3
Zeichnung von Paul Hofer
S. 60 Jurgis Baltrusaitis, Réveils et Prodiges. Le gothique fantastique, Paris (Armand Colin) 1960, 251
Italo Insolera, Roma, Roma / Bari (Laterza) 1980, 200, Abb. 208
S. 74 Pierre Matthey (1815), Collection iconographique du Vieux-Genève, Genf
S. 77 Bibliothèque publique et universitaire, Genf
S. 79 Collection iconographique du Vieux-Genève, Genf
Foto: André Corboz
S. 80 Bibliothèque publique et universitaire, Genf
S. 82 Privatsammlung, Zürich
Collection iconographique du Vieux-Genève, Genf
S. 84 Collection iconographique du Vieux-Genève, Genf
S. 86 Bibliothèque publique et universitaire, Genf. Foto: François Martin, Genf
Foto: A. und G. Zimmermann, Genf
Foto: André Corboz
S. 89 Collection iconographique du Vieux-Genève, Genf
Assistenz, Lehrstuhl Geschichte des Städtebaus, ETH Zürich
S. 91 Su l'architettura e su la nettezza della città, Firenze 1808
Soufflot e l'Architecture des Lumières. Les cahiers de la recherche architecturale, Paris 1980
S. 92 Foto: André Corboz
S. 94 Foto: A. und G. Zimmermann, Genf
S. 102 Zentralbibliothek Zürich
Zentralbibliothek Zürich
S. 105 Le Temps des Gares, Ausstellungskatalog Centre Georges Pompidou, Paris 1978
S. 108 Foto: Laboratorio aerofotogrammetrico L. Rossi, Firenze
S. 109 Zeichnung: J. Käferstein
S. 110 Zeichnung: J. Käferstein
S. 113 Mona Ozouf, Le cortège et la ville, Annales E.S.C., 5 / 1971
S. 114 Pianta di Padova di Giovanni Valle (1784), Padova 1968
S. 166 Wanderkarte "Weg der Schweiz 1291 ... 1991", © Bundesamt für Landestopographie, CH-3084 Wabern
S. 187 Minnesota. Foto: André Corboz

Walter Sullivan, Landprints, Times Books, New York 1984, 300
S. 188 Rand McNally & Company, Interstate Road Atlas, Chicago, New York, San Francisco 1982
Bibliothèque Nationale de France, Paris
S. 202 Massiv du Mont-Blanc, Paris 1876
S. 215 Bruno Taut, Die Auflösung der Städte oder Die Erde eine gute Wohnung oder auch Der Weg zur Alpinen Architektur, Hagen 1920
S. 216 Bruno Taut 1880-1938, Ausstellungskatalog Akademie der Künste, Berlin 1980, 275
S. 224 Adrian Zingg, Der Rhône- oder Furka-Gletscher, 1758
Aarau, Kunsthaus

Bibliographie

Abkürzungen

A	Archithese, Niederteufen
AFF	Architecture formes fonctions, Lausanne
CISA	Bollettino del Centro internazionale di studi di architettura „Andrea Palladio", Vicenza
GE	Genf
L'a	L'architettura, cronache e storia, Roma
MG	Journal de Genève
SADG	Bulletin de la Société des architectes diplômés du gouvernement, Paris
SLDG	Samedi littéraire des Journal de Genève
TG	Tribune de Genève
W	Werk, Niederteufen
A	Werk/archithese, Niederteufen

Bücher

1968
Invention de Carouge 1772–1792, Payot, Lausanne

1970
Haut Moyen Age, Office du livre, Collection „Architecture universelle", Freiburg 1970
Frühes Mittelalter, deutsche Übersetzung des vorstehenden Titels, Office du Livre und Hirmer Verlag, Freiburg und München 1971, 2. Aufl. 1971; 3. Aufl. Taschen, Köln 1994

1978
Peinture militante et architecture révolutionnaire: à propos du thème du tunnel chez Hubert Robert, Birkhäuser Verlag, Basel–Stuttgart, 1978

1985
Canaletto. Una Venezia immaginaria, 2 Bde, Electa, Mailand 1985

1992
Looking for a City in America: Down These Mean Streets a Man Must Go..., Vorwort von Kurt W. Forster, The Getty Center for the History of Art and the Humanities, Santa Monica 1992

Artikel, Aufsätze, Vorworte, mit anderen Autoren verfaßte Beiträge

1952
„Percevoir la musique", Revue de Suisse, n. 5, Februar 1952, 66–77

1957
„Peinture et structure, I, Le tracé régulateur chez Piero della Francesca", TG, 12. Februar 1957
„Peinture et structure, II, La section d'or chez Juan Gris", TG, 26. Juni 1957
„Lettre ouverte à Albert Skira", Présence, n. 4, Frühjahr 1957, 77–82
„Palerme à l'œil nu", TG, 24. Dezember 1957

1958
„Palerme normande", TG, 7. Dezember 1958
„Palerme baroque", TG, 4. Februar 1958
Trois églises du lac de Thoune: Einigen, Amsoldingen, Spiez; présentation, notes historiques et archéologiques, in: Suisse romane, Zodiaque, La Pierre-qui-vire, 1958, 270–274

1960
„Bruno Zevi et l'architecture organique", Dire, n. 3, Juni 1960, 28–35
„Mœurs étranges des Ichnopleustes", TG, 16. Juli 1960
„Une explosion: le baroque alémanique", Dire, n. 4, August 1960, 40–45
„Le baroque, rebut du musée imaginaire", TG, 6. September 1960
„Le baroque: audace et cohérence", TG, 14. September 1960
„Foisonnement du rococo", TG, 24. September 1960
„Baroque marginal", TG, 1. Oktober 1960

1961
„Au milieu de la nuit, j'ai vu le soleil resplendir", Action et Pensée (Revue de l'Institut international de psychagogie), Genf, September 1961, 69–77

1962
„Catherine Colomb et le ‚temps libre'", Etudes de Lettres, Faculté des Lettres de l'Université de Lausanne, April–Juli 1962, 150–152

1963
„Photographier l'architecture", SLJG, 11. Mai 1963
bis. idem. Photo Revue Suisse de photographie, 23. Juni 1963, 351–354
ter. idem. SADG, n. 18, Juni 1963, 719–720
„La beauté, qui promet la fonction...", SLJG, 13. Juli 1963
„Das Victoriaspital in Bern (1906). Deutungsversuch eines Jugendstil-Werkes", Schweizerische Bauzeitung, 28. August 1963, 613–620
„De l'anastylose au plan régulateur", SLJG, 14. September 1963
„Sur l'insertion d'édifices modernes dans les ensembles anciens", SLJG, 23. November 1963
La formation urbaine de Genève, in: Genève, carrefour des nations, Editions Générales, Genf, 1963, 158–171

„Une expérience novatrice: Carouge 1775-1790", AFF, n. 10, 1963-1964, 104-109

1964
The urban structure of Geneva, in: Geneva, Crossroad of the Nations, Editions générales, Genf 1964, 149-161
„L'architecture moderne à la merci des vandales", SLJG, 18. Januar 1964
„Une architecture de parcours: opere degli architetti Frei, Hunziker et associés". L'a, März 1964, 810-828
„Métamorphose baroque et art d'aujourd'hui", SLJG, 14. März 1964
„Cosa", SLJG, 9. Mai 1964
„Genève, demain; I, l'urbanisme", SLJG, 19. September 1964
„Respecter les ensembles", SLJG, 10. Oktober 1964
„Marqueterie, théâtre et urbanisme dans l'Italie du XV siècle", AFF, n. 11, 1964-1965, 93-100

1965
„Méconnue: la bande de lancement", SLJG, 30. Januar 1965
„Structure et totalité: l'exemple de Vittone," SLJG, 3. April 1965
„Marqueterie, théâtre et urbanisme dans l'Italie du XV siècle", SADG, n. 142, Dezember 1965, 352-361
„Les fossés burgondes de Carouge en 1783", GNV, n.s. XIII, 1965, 311-318

1966
„Die Landschaft als Kunstwerk", W, Februar 1966, 96-101
„Francesco Luigi Garella", Atti e rassegna tecnica della Società degli ingegneri e degli architetti in Torino, September 1966, 311-318
„Pour comprendre le pont de Carouge", SLJG, 8, Oktober 1966
„...ou la métaphore généralisée", Vorwort zu Françoise Pochon Emery, Ausstellungskatalog Cabinet des estampes du Musée d'art et d'histoire, Genf 1966, 3-7
„Perspective cavalière du néoclassicisme", Bastions de Genève, Winter 1966-1967, 65-79

1969
„L'historien de l'architecture face au déclin des idéologies", L'a, März 1969, 820-821
„L'intervention en milieu urbain historique: quelques réflexions à bâtons rompus", Pro Fribourg, April 1969, 4-8
„L'architecture moderne face à la tradition japonaise", Vorwort zu Tomya Masuda, Japon, Office du Livre, Collection „Architecture Universelle", Freiburg 1969, 3-5
„Au-delà des sentiments et des systèmes", MG, Juni 1969, 2-4
„Il portico della cattedrale di Saint-Pierre a Ginevra, architetto Benedetto Alfieri", L'a, August 1969, 262-269
„Venise alpine", MG, 20. September 1969
Guide d'architecture moderne à Genève (in Zusammenarbeit mit Jacques Gubler und Jean Marc Lamunière), Payot, Lausanne 1969
Une ville piémontaise en Suisse: Carouge (1772-1792), in: Genève et l'Italie, Société genevoise d'études italiennes, Droz, Genf-Paris 1969

1970
„Les quartiers anciens, pour quoi faire?", W, Februar 1970, 155-120

„Un pont inconnu de Robert Maillart?", W, Mai 1970, 292
„Un probabile inedito di Maillart a Leningrado e i prolungamenti del suo insegnamento nell'opera di Pierre Tremblet", L'a, Oktober 1970, 406–414

1971
„Après une tentative d'architecture insurrectionnelle", SLJG, 15. Januar 1971
„Palladio: entre centre et absence," CISA XII, 1971, 337–345
„Du bon usage de la couleur", MG, n. 43, August 1971
„La funzione dei quartieri antichi è di essere quarieri antichi", Edilizia, 15. November 1971
„Un pont inédit de Robert Maillart?", A, n. 2, 1971, 38–39

1972
„Hypothèses autour de Villadeati", Bollettino della Società piemontese di archeologia e di belle arti, n.s., XXIII–XXIV, 1969–1970, Torino 1972, 166–195
„Usine au programme précis et prétexte d'une ville utopique: la saline royale de Chaux", Radio-TV – je vois tout, 13. Januar 1972
„Encore Pessac. Remarques sur la notion de transformation en architecture", A, n. 1, 1972, 27–36
„Un passé sans avenir", A, n. 2, 1972, 5–11
„L'architettura neoclassica in Russia", CISA XIII, 1972, 274–285
„Du Molard à la Corraterie, ou l'évidence de notre provincialisme", SLJG, 5. August 1972
„Le kitsch dans tous ses états", SLJG 16. September, 23. September und 7. Oktober 1972
„Procedimenti dell'urbanistica palladiana", CISA XIV, 1972, 235–250

1973
„A propos de la sincérité dans l'architecture médiévale", in A, März 1973, 235–250
„Hyperréalisme ou néovérisme?", SLJG, 11. August, 18. August, 25. August 1973
„Aménagements du territoire: délivrez-nous des bâtisseurs!", SLJG, 20. Oktober 1973
„Les Iroquois de Turin", Vie des Arts, n. 72, Montreal, Herbst 1973, 74

1974
„Remarques sur un problème mal défini: l'architecture des non-architectes", A, März 1974, 2–14
„Place Bonaventure: kraak de l'import-export", A, Juni 1974, 34–40
„125 ans après la mort d'Edgar Poe: plaidoyer pour une traduction française intégrale", SLJG, 5. Oktober 1974
„Du bon usage des sites historiques", Vie des arts, Herbst 1974, 14–19
„Serlio au carré", Psicon, Oktober–Dezember 1974, 88–90
„Sur la prétendue objectivité de Canaletto", Arte Veneta XXVIII, 1974, 205–218

1975
„Alexander Klein et le logement comme problème de circulation: un précèdent canadien", Psicon, Januar–Juni 1975, 57–60
„Bâtiments anciens et fonctions actuelles: esquisse d'une approche de la ‚réanimation'", W, November 1975, 992–994
„Le palais Eynard à Genève: un design architectural en 1817", GNV, n.s. XXIII, 1975, 195–275

„Per un'analisi psicologica della villa palladiana", CISA XV, 1975, 249-266
„Une icone maçonnique de Canaletto?", Psicon, Juli-Oktober 1975, 44-46

1976
Re-Animation: Alte Gebäude für neue Funktionen, in: Entwerfen, in der historischen Straße, Arbeiten des IDZ-Symposiums im Herbst 1975 zur baulichen Integration Alt-Neu, Abakon, Berlin 1976, 20-28
La Place Neuve, composition progressive, Le Musée Rath a 150 ans, Musée d'art et d'histoire, Genf 1976, 9-36
„Lieu dit", La Revue de Belles-Lettres, n. 3-4, 1976, 77-81
„Un lieu pour un autre: remarques sur une image ambiguë de Giovanni Salucci", GNV, n.s. XXIV, 1976, 291-306
„Vecchi edifici per nuove funzioni – Old buildings and Modern Functions", Lotus International, Dezember 1976, 68-79

1977
„Néo-palladianisme et néo-borrominisme à Fribourg: l'énigme du château de La Poya (1698-1701)", Revue suisse d'art et archéologie (ZAK), n. 34, 1977, 187-206
„Architecture parlante?", WA, September 1977, 6
„La Bibliothèque", WA, September 1977, 77ff
„Maximal Arch: Roche & Dinkeloo", WA, September 1977, 30-32
„Un pont système Grubenmann à Genève: le projet inédit de Johannes Herzog, 1779", GNV, n.s. XXV, 1977, 199-203

1978
„Le dessin, degré zéro-zéro de l'architecture", WA, Januar-Februar 1978, 4ff
La réanimation des bâtiments anciens, in: Actes du colloque ‚La charte de Venise' (Québec 1977), Conseil des monuments et sites du Québec, document 6, Québec 1978, 48-57
„Esquisse d'une méthodologie de la réanimation: bâtiments anciens et fonctions actuelles", Restauro. Quaderni di restauro dei monumenti e di urbanistica dei centri antichi, anno IX, n. 36, Neapel 1978, 55-73
Die Schwierigkeit, Venedig zu sehen. Venezianische Kunst in der Schweiz und in Liechtenstein, Electa, Mailand 1978, 33-51
Venise difficile à voir, Art vénitien en Suisse et au Liechtenstein. Ausstellungskatalog, Musée d'art et d'histoire, Genf, 1978, Text frz., Electa, Mailand 1978

1979
„Françoise Pochon Emery et sa stupéfiante capacité d'invention", SLJG, 10. Februar 1979
„Tactile", Einführung zum Katalog der Ausstellung Les mains regardent, Association musée d'art moderne, Musée d'art et d'histoire, Genf 1979, V-XI
„Fin de partie", WA, n. 25-26, Januar-Februar 1979, 7
„Genital architecture (a propos Tigerman's Daisy House)", Archetype, vol. I, n. 1, San Francisco, Frühjahr 1979, 31ff
„La pianta di Hochelaga (1556) come opera di Andrea Palladio", CISA, XX, 1979, 145-155
„L'articolazione verticale degli spazi nelle ville palladiane", CISA, XX, 1979, 129-143
Primordial final, poema prefazione per una serie di acqueforti di Francine Simonin, Lausanne 1979

„Un monument à la bière: paisible continuité au centre de Zofingue", WA, n. 27–28, März–April 1979, 90ff.
„Pygmalion, serviteur de deux maîtres (Introduction à une expérience canovienne qui n'aura pas lieu)", GNV, n.s. XXVII, 1979, 165–175

1980
„A Zurich, services industriels et bureaux d'archéologie travaillent de conserve", SLJG, 12. Juli 1980
L'immagine di Venezia nella cultura figurativa del '500, in: Architettura e utopia nella Venezia del Cinquecento, Ausstellungskatalog, Venezia 1980, Electa, Mailand 1980
„Une analyse de l'article ,Restauration'", in: „Viollet-Le Duc e il restauro dei monumenti", Restauro. Quaderni di restauro dei monumenti e di urbanistica dei centri antichi, anno IX, 47–48–49, Napoli 1980, 248–268
Contributo all'urbanistica palladiana: la pianta di Hochelaga (1556) quale progetto del Club Barbaro, in Palladio. Ein Symposium, Bibliotheca Helvetica Romana, XVIII, Rom 1980, 57–60
„Micheli du Crest, Polybe et Salomon: l'examen du projet d'extension de Genève en 1730", GNV, n.s. XXVIII, 1980, 155–182; n.s. XXIX, 1981, 151–171

1981
„L'architecture commerciale dans le Vieux-Montréal", Le Journal du Vieux Montréal, vol. I, n. 2, März 1981, 6–8
„Fin de citation", Charles Méyron – David Young Cameron, Ausstellungskatalog, Genf 1981, 63
„Ces entrepôts que l'on recycle", Vie des Arts, XXVI, 105, Winter 1981–1982, 26–28

1982
Die Geschichte des Städtebaus als Bedeutungsforschung, Einführungsvorlesung ETH Zürich, Lehrstuhl für Geschichte des Städtebaus, 3. Februar 1981, „Image de l'architecture", n. 2, März–April 1982, 43–47
Una città sognata. Daniele Barbaro, Andrea Palladio e la pianta di Hochelaga, oggi Montreal in: Palladio e Venezia, Florenz 1982, 81–87
Un capriccio non tanto capriccioso, in: Canalett – Disegni – Dipinti – Incisioni, Ausstellungskatalog, Venedig 1982, Vicenza 1982, 102–104
„Monde à relire", Christiane Lovay. Dessins, Ausstellungskatalog, Freiburg, 1982, 9
Les architectes de la Renaissance italienne face à l'antiquité, in: Conservation du patrimoine et création contemporaine: complémentarité ou alternative?, Incontri dell'Ecole du Louvre 1981, Paris 1982, 103–111
„Venise, ville orientée", Swissair Gazette, 10, 1982, 21–25
A la recherche des paramètres urbains: vers une mentalité nouvelle, in: La ville, expression de dialogue et de conflit (Colloque de Morat, 1982), Lausanne 1982, 77–90
„Proto-Rationalist Montreal. Commercial Architecture in The Late Nineteeth Century", Archetype, vol. II, n. IV, San Francisco, Herbst 1982, 5–9
„Walks around the Horses", Oppositions, n. 25, New York, Herbst 1982, 85–101

1983
„Le territoire comme palimpseste", Diogènes, n. 121, Januar–März 1983, 14–35

„The land as Palimpsest", Diogenes, n. 121, Frühjahr 1983, 15–26
„El Territorio como palimpsesto", Diogenes, n. 121, Frühjahr 1983, 15–36

1984
Il Louvre come palazzo di Salomone, in: Gian Lorenzo Bernini Architetto e l'architettura europea del Sei-Settecento, Atti del Congresso Bernini, Rom 1981, Rom 1984, 563–598
„Une œuvre méconnue de l'Agence Mansart à Genève: l'Hôtel Buisson (1699)", GNV n.s. XXXII, 1984, 89–111

1985
Géologie extrapolée: de Viollet-le Duc à Bruno Taut, in: Science et imaginaire..., Juni 1983, Grenoble 1985, 107–119
Mémoire, méthode, réseau, ouverture: Georges Descombes, in: Vu de l'intérieur ou la raison de l'architecture (Biennale de Paris 1985, section d'architecture), Ausstellungskatalog, Paris 1985
Sur les Zitelle, le Temple et les façades ,à intersection', in: Institut für Geschichte und Theorie der Architektur. Fünf Punkte in der Architekturgeschichte, in: onore di A. M. Vogt, gta, Basel 1985, 34–53
Venezia negata, hg. von L. Puppi und G. Romanelli, Le Venezie possibili. Da Palladio a Le Corbusier, Ausstellungskatalog, Venedig 1985, Electa, Mailand 1985
Les Métamorphoses du Temple de la fin du moyen âge à l'époque baroque, in: Actes du Colloque sur le Temple, Juni 1983, Centre européen d'art sacré, Pont-à-Mousson 1985, 82–103
„Il territorio come palinsesto", Casabella, n. 516, September 1985, 22–27
Vitruvius Helveticus, in: Palladio e il Palladianesimo. Atti del convegno internazionale, Vicenza–Venedig 1980, CISA, XXII, 1980, I, 1985, 215–220

1986
Le ciel de l'Arcadie se couvre, in: P. Chessex (Hg.), Abraham-Louis-Rodolphe Ducros (1748–1810), Ausstellungskatalog, Musée cantonal des Beaux-Arts, Lausanne 1986, Éditions du Tricorne, Genf 1986
Le piazze ,imperiali' dell'Italia del Nord (Vigevano e Carpi): un'ipotesi di lavoro, in: La famiglia e la vita quotidiana in Europa dal ,400 al '600. Atti del convegno internazionale, Mailand, 1983, Ministero per i beni culturali e ambientali. Pubblicazioni degli archivi di stato, Saggi, 4, Roma 1986
„Faut-il récrire l'histoire des Rues Basses?", Le Courrier, 12. August 1986
„Cadastres exquis: les plans Billon (1726) et Céard (1837) et leur intérêt pour l'histoire de l'urbanisme", GNV, n.s. XXXIV, 1986

1987
„Genève, ou la triple métamorphose", Swissair Gazette, n. 5, 1987, 15–18
Il cielo dell'Arcadia si rannuvola, in: Ducros 1748–1810: Paesaggi d'Italia all'epoca di Goethe, Ausstellungskatalog, Rom 1987, 33–42
,Non-City' Revisited, in: La Ville inquiète (Le Temps de la réflexion, VIII), Gallimard, Paris 1987, 45–59
Verso la città controllata, in: Storia dell'Europa moderna, Bd. I, Electa, Mailand 1987
Vorwort zu Tom F. Peters, Transitions in Engineering. Guillaume Henri Dufour and the Early 19th Century Cable Suspension Bridges, Birkhäuser, Basel–Boston 1987

"Catasti eccellenti: le mappe Billon (1726) e Céard (1837). Loro importanza per la storia dell'urbanistica ginevrina", Storia Urbana, n. 41, Franco Angeli, Mailand 1987, 123–139
"Einführung zu Bernhard Klein, Brand und Wiederaufbau der Dorfmitte von Kirchzarten bei Freiburg i. Br., Heft 11, Schillinger, Freiburg 1987, 5–6

1988

Vorwort zu Elisabeth Blum, Le Corbusiers Wege. Wie das Zauberwerk in Gang gesetzt wird, Bauwelt Fundamente, Bd. 73, Birkhäuser, Basel–Boston–Berlin, 3. Aufl. 1995
"Großstadt Schweiz? Stadt der Planer-Stadt der Architekten", A, Juni 1988
"La ,Non città' rivisitata", Urbanistica, n. 92, September 1988
"Pour un inventaire des maquettes de villes", Unsere Kunstdenkmäler..., n. 39, Bern, Dezember 1988, 466–475
Vedute riformatrici, in: D. Succi (Hg.), Capricci veneziani del Settecento, Ausstellungskatalog, Gorizia 1988, Allemandi, Turin 1988, 36–61
Le Corbusier als Raubtier, in: Le Corbusier im Brennpunkt, Fachvereine, Zürich 1988
Stadt der Planer – Stadt der Architekten, Fachvereine, Zürich 1988
Memoria sì, citazione no/Memory, Method, Network, Opening, in: G. Descombes, Il territorio transitivo/Shifting Sites, Gangemi, Rom 1988
Architetture zenitali/Zenithal Architecture, D. Prola, G. Jano, E. Peyrot, Architetture barocche/Baroque Architecture/in Piemonte, Alinari, Florenz 1988
Mathod-Maser, Das architektonische Urteil/Annäherungen und Interpretationen von Architektur und Kunst, Birkhäuser-gta, Basel 1988, 117–138
Presset le Juste/Presset, ein Trachten nach Richtigkeit/Presset, The quest for Rightness, in: Henri Presset, sculptures 1959–1988, Ausstellungskatalog, Musée des Beaux-Arts, La Chaux-de-Fonds; Aargauer Kunsthaus, Aarau, Musée Rath, Genf 1988
Les Lumières, notre seul héritage certain, in: Moderne-postmoderne: deux cas d'école, l'avant-garde russe et hongroise, 1916–25; Giorgio de Chirico, 1928–1934, Ausstellungskatalog, Cabinet des estampes, Musée d'art et d'histoire, Éditions de Tricorne, Genf 1988
Flat movies..., R. Meyer, Pully 1988

1989

"Ein Netz der Unregelmäßigkeiten und Fragmente, Genese einer neuen Stadtgliederung im 18. Jahrhundert. A network of Irregularities and Fragments. Genesis of a New Urban Structure in the 18th Century", Daidalos, n. 34, Berlin, 15. Dezember 1989
La posterità del Tempio di Salomone: iconografia e architettura, in: Carlo Cresti (Hg.), Massoneria e Architettura, Convegno di Firenze, Bastogi, Foggia 1989, 267–269
Urbanisme conceptuel, I. Lavin, (Hg.), World Art. Acts of the XXVIth International Congress of the History of Art (Washington DC, 1986), Pennsylvania State University Press, University Park and London 1989, 181–186

1990

Dans l'entre-deux, in: Le Sens: Cultural Meanings: Hommage à Raymond Tschumi, L'Age d'homme, Lausanne 1990, 95–104
"Du carolingien au XVI siècle?" Unsere Kunstdenkmäler, n. 4, 1990, 485
Vers la ville-territoire, in: Ergänzungen. Ergebnisse der wissenschaftlicher Tagung anläßlich der Einweihung des Ergänzungsbaus der Hochschule St. Gallen, Paul Haupt, Bern und Stuttgart 1990, 631–635

„L'urbanistica del XX secolo: un bilancio", Urbanistica, n. 101, 1990, 7–12

1991
„Zeitgenosse werden!" Darmstädter Blätter, n. 3–4, 1991, 7–12
Vues réformatrices, in: Une Venise imaginaire, Ausstellungskatalog, Cabinet des estampes, Musée d'art et d'histoire, Genf 1991, 15–27
Au fil de chemin: le territoire, ses assises et ses doubles, in: Voie Suisse. L'itinéraire genevois de Morschach à Brunnen, République et Canton de Genève, Genf 1991, 121–157
Entlang des Wegs: das Territorium, seine Schichten und seine Mehrdeutigkeit, in: Weg der Schweiz. Die Genfer Strecke von Morschach bis Brunnen, République et Canton de Genève, Genf 1991, 121–157
L'espace sous-entendu, Actes du colloque Géopoint 90, Histoire, Temps et Espace, Groupe Dupont, Faculté des Lettres et Sciences Humaines, Avignon 1990
Zur Wiedergründung – oder Stadtkernforschung einmal anders, Aa. Vv., Die Stadt mit Eigenschaften. Eine Hommage an Paul Hofer, ETH Zürich 1991
„Die zweischichtige Stadt. Zur Archäologie des Piano Nobile. The City on Two Levels. On the Archeology of the Piano nobile", Daidalos, n. 42, Berlin 1991, 48–55
La ciudad como templo, in: Dios, Arquitecto, J. B. Villalpando y el Templo de Salomo, unter Leitung von J. A. Ramírez, Ed. Siruela, Madrid 1991, 51–57

1992
M. L. ou le grand écart, Mona Lisa un certain sourire... Anthologie d'une obsession, Université de Lausanne, Lausanne 1992, 15–18
„Watch your step". ... Musée Jenisch, Vevey 1992
Il Parco di Stra (1791): piste per una ricerca, in: Il giardino come labirinto della storia. Atti del 2° convegno internazionale, Palermo, Oktober 1985, Centro studi di storia e arte dei gardini, Palermo 1990, 25–38
L'urbanisme du XX siècle. Esquisse d'un profil, FAS, Genf 1992
„La Refondation de Genève en 1830 (Dufour, Fazy, Rousseau)", GNV, n.s. Tome XL, 1992

1993
„Avete detto ‚spazio'?" Casabella, n. 597–598, Januar–Februar 1993
„L'urbanisme du XX siècle. Esquisse d'un profil" (dt.), A, März 1993, 93–96
E se ci fossimo sbagliati sulla natura di quell'eredità?, P. Gabellini (Hg.), Progettare nella città esistente per la società esistente. Atti del convegno internazionale di urbanistica (Siena 1992), Danibel, Novi Ligure 1993, 23–27
Vorwort zu Berhard Klein, Die physiocratische Verlandschaftung der Stadt um 1800, Scaneg, München 1993
La città del Guardi, in: Francesco Guardi, vedute, capricci, feste, Ausstellungskatalog, Fondazione Cini, Venezia, Electa, Milano 1993, 27–29
C'è un'urbanistica della rivoluzione francese?, Bruna Consarelli (Hg.), 1789: La rivoluzione e i suoi ‚miti', Editrice Flaminia, Pesaro 1993
„Le dessous des cartes", Atlas du territoire genevois. Service des Monuments et sites, Département des travaux publics, République et Canton de Genève–Ecole d'Architecture de l'Université de Genève, Centre de recherche sur la rénovation urbaine, Georg, Genf 1993, 4–7
„Le dessous des cartes", Quaderno della ricerca sulle trasformazioni dell'habitat urbano in Europa, 1, IUAV, Venezia, November 1993, 31–34

„La Suisse, fragment de la galaxie urbaine européenne", Revue économique et sociale, Lausanne 1993, 253-259

1994

„La Suisse, fragment de la galaxie urbaine européenne", Architecture et comportement/Architecture and Behaviour, vol. X, Lausanne 1994, 143-150
La ciutat desbordada, in: Ciutats del globus al satèl.lit, Ausstellungskatalog, Centre de Cultura Contemporania de Barcelona, Barcelona 1994, 219-227
The Sprawling City. Cities from the Balloon to the Satellite, Electa, Madrid 1994, 35-39
„L'urbanisme du XX siècle. Esquisse d'un profil" (span.), La Vanguardia, 6. Dezember 1994
„La ville comme temple", Comp(a)raison, n. 2, 1994
Die Venezianische Vedute zwischen Wirklichkeit und Mythos/La veduta veneziana fra realtà e mito, Mythos Venedig – Venezianische Veduten des 18. Jahrhunderts, Ausstellungskatalog, Stiftung Langmatt, Baden, Electa Milano 1994, 20-37
„Pour une ,ultrahistoire' de Tell", Revue Suisse d'histoire, vol. 44, Schwabe & Co, Basel 1994, 266-287
Profilo per una iconografia veneziana (Übersetzung von „Venise difficile à voir"), in: Isabella Reale e Dario Succi (Hg.), Luca Calevarijs e la veduta veneziana del Settecento, Catalogo dell'esposizione, Padova, Salone, 1994, Electa, Mailand 1994, 21-34
Critica i anàlisi de les imatges: l'exemple de les vistes urbanes en els gravats italians del segle XVIII, in: La imatge i la recerca historica ponencies i communications, Ausstellungskatalog, Ajuntament de Girona 1994, 111-125
Aptitudes territiorialis, logiques concurrentes et implications politiques du projet d'urbanisme, in: Reading and Design of the Physical Environment, n. 3, ILAUD 1993, Quattro Venti Urbino 1994, 16-19
„Apprendre à décoder la nébuleuse urbaine", Cahier, n. 8, Institut pour l'art et la ville, „Du centre à la périphérie: un autre logistique de l'art", Givors 1994, 5-12
vgl. auch: Quaderno della ricerca sulle trasformazioni dell'habitat urbano, n. 2. IUAV, Venezia 1994; „L'ipercittà" (ital. Übers.), Urbanistica, n. 103, 1994, 6-10
„Dans le vif de l'object", Vorwort zu F. Walter, La Suisse urbaine 1750-1950, Editions Zoé, Genf 1994
„Une connaissance profondément renouvelée", Vorwort zu La Genève sur l'eau, DTPE, Genf 1994, VIIIf
„Micheli du Crest critique les projets de fortification de Genève, 1717-1730", Stadt und Landmauern, H. 1, ETH, Zürich 1994, 117-122
„La fortification urbaine après 1500: les phases de sa mutation", Stadt- und Landmauern, H. 1, ETH, Zürich 1994, 123-134

1995

Petita tipologia de la imatge urbana, Retrat de Barcelona, Ausstellungskatalog, Centre de Cultura Contemporània de Barcelona, I vol., Barcelona 1995, 23-39; span: „Breve tipologìa de la imagen urbana", ebd., 311-320
„A propos de quatre tours de verre", Art press, Mai 1995, VI
„Une Très Grande Perplexité", Midi-Minuit, n. 13, Cabinet des Estampes de Genève, 1995
„Guardare Canova Oggi", Arte Veneta, n. 47, 1995, 79-83
„Églises perforées", Des pierres et des hommes. Hommage à Marcel Grandjean, Bibliothèque historique vaudoise n. 109, Lausanne 1995, 255-286

„Jacques-Barthélemy Micheli du Crest (1690–1766)", Einführung zum Ausstellungskatalog, Micheli du Crest, 1690–1766, homme des Lumières, Maison Tavel, Genf 1995, 5–7
Les projets d'extension de Genève sur Champel et sur le Rhône, in: Micheli du Crest, 1690–1766 homme des Lumières, Ausstellungskatalog, Maison Tavel, Genf 1995, 95–97
„Il paradosso della villa storica", Vorwort zu Margherita Azzi Visentini, La villa in Italia, Quattrocento e Cinquecento, Electa, Mailand 1995
„El péndulo de perfil: cómo pensar la mutación", Quadernos Americanos - Nueva Epoca, n. 53, 1995, Mexiko Stadt, 141–148
Contribution a: Milano e Zurigo: riflessioni sulla città contemporanea, in: Mirko Zardini e Lukas Meyer (Hg.), Hybrid Shopping, ETH Zürich 1995, 18–28, 47ff

1996
„Le paradoxe de la villa historique", Vorwort zur frz. Übersetzung von M. Azzi Visentini, La villa in Italia, Gallimard Electa, Paris 1996
Introduction au concept de ville-territoire: nos représentations de la ville face à la réalité de la ville d'aujourd'hui, les questions posées par son développement, in: Formes urbaines dans l'aire métropolitaine marseillaise, DDE des Bouches du Rhône-Plan urbain 1996, 19–25
Sur l'élasticité du paysage alpestre dans la peinture, M. Körner, F. Walter (Hg.), Quand la montagne aussi a une histoire, Mélanges offerts à François Bergier, Haupt, Bern 1996, 447–461
„,Le Passé' de James Vibert: un précédent californien?", GNV 1996, 127–130
„Avete detto ,spazio'?", dt. und frz. in: Werk, Bauen+Wohnen, n. 3, 1996, 7–13

1997
Reconstruction de „la culture du problème", Vorwort zu: Olivier Soubeyran, Imaginaire, science et discipline, L'Harmattan, Paris 1997, 13–15
La grille territoriale américaine ou la négation de l'espace-substrat, in: Werk, Bauen+Wohnen, November 1997, 41–46; Die amerikanische Landesvermessung oder die Verleugnung der Eigenschaften von Grund und Boden, ebd.
La recherche: trois apologues, in: C'est la faute à Voltaire, c'est la faute à Rousseau. Recueil anniversaire pour Jean-Daniel Candaux, Droz, Genf 1997, 1–10

1998
Vorwort zu: Paul Waltenspuhl, Villes de structure radioconcentrique/Radialkonzentrisch angelegte Städte. Essai théorique de synthèse et son application pratique à l'urbanisme/Versuch einer Synthese und deren praktische Anwendung auf den Städtebau, Verlag Niggli AG, Schweiz/Liechtenstein, o.O., o.J. (1998)
Anch'io sono scultore!, Werk, Bauen+Wohnen, März 1998, 37–44; dt. Übers. a.a.O.
Urbanistica marittima, in: „Arte Veneta", n. 51, Electa, Mailand 1998, 72–74
Vorwort zu Fabio Giacomazzi, Le città importate. Espansioni e trasformazioni urbane del Ticino ferroviario 1882–1920, Armando Dadò editore, Locarno 1998, 9f
Eintrag Jean Baier in: Dictionnaire biographique de l'art suisse, Institut suisse pour l'étude de l'art/NZZ, Zürich 1998, vol, A–K, 66, teilweise übernommen in: Werk, Bauen+Wohnen, November 1999, 50: Zwischen Fläche und Raum
Une énigme architecturale: le „pilastre suspendu", in: Geneva, n.s. XLVI, 1998, 111–114
Vorwort zu Pierre Mollet, Maîtres à chanter, Messeiller, Neuchâtel 1998, 9f

La Carta d'Atene: uno spazio newtoniano?, in: La Carta d'Atene. Manifesto e frammento dell'urbanistica moderna, hg. von Paola Di Biagi, Officina Edizioni, Roma 1998, 309-316
La hiperciutat, in: Transversal, revista de cultura comtemporània, Territoris, 6/1998, 51-54

1999
La ceinture fazyste de Genève: quels rapports entre espaces et fonctions?, in: Stadt- und Landmauern, Bd. 3, Abgrenzungen – Ausgrenzungen in der Stadt und um die Stadt, Vdf, ETH Zürich 1999, 31-34
Les dimensions culturelles de la grille territoriale américaine, in: FACES 46, Sommer 1999, 60-63
Pourquoi le concept de ville sera désuet au XXIe siècle, in: La Suisse comme ville, Colloque du Groupe d'histoire urbaine, Genf, 12-13, März 1998, Itinera, 22/1999, Schwabe & Co, Basel 1999, 237-239
Il rifiuto del contesto: una tradizione?, in: Architettura e rinuovo urbano, hg. von Benedetto di Cristina e Grazia Gobbi Sica, Alinea Editrice, Florenz 1999, 41-48

2000
Sur les sources culturelles de la grille territoriale des Etats-Unis, in: Milieu, colonisation et développement durable. Perspectives géographiques sur l'aménagement, hg. von Vincent Berdoulay et Olivier Soubeyran, L'Harmattan, Paris–Montréal 2000, 177-130
Un ordine disordinato: l'attico, in: Studi in onore di Renato Cevese, Centro internazionale di studi di archittetura Andrea Palladio, Vicenza 2000, 145-159

Bauwelt Fundamente
(lieferbare Titel)

1 Ulrich Conrads (Hg.), Programme und Manifeste zur Architektur des 20. Jahrhunderts
2 Le Corbusier, 1922 – Ausblick auf eine Architektur
3 Werner Hegemann,1930 – Das steinerne Berlin
4 Jane Jacobs, Tod und Leben großer amerikanischer Städte
12 Le Corbusier, 1929 – Feststellungen
14 El Lissitzky, 1929 – Rußland: Architektur für eine Weltrevolution
16 Kevin Lynch, Das Bild der Stadt
50 Robert Venturi, Komplexität und Widerspruch in der Architektur
51 Rudolf Schwarz, Wegweisung der Technik und andere Schriften zum Neuen Bauen 1926–1961
53 Robert Venturi, Denise Scott Brown und Steven Izenour, Lernen von Las Vegas
56 Thilo Hilpert (Hg.), Le Corbusiers „Charta von Athen". Texte und Dokumente. Kritische Neuausgabe
58 Heinz Quitzsch, Gottfried Semper – Praktische Ästhetik und politischer Kampf
71 Lars Lerup, Das Unfertige bauen
73 Elisabeth Blum, Le Corbusiers Wege
79 Christoph Hackelsberger, Beton: Stein der Weisen?
83 Christoph Feldtkeller, Der architektonische Raum: Eine Fiktion
85 Ulrich Pfammatter, Moderne und Macht
86 Christian Kühn, Das Schöne, das Wahre und das Richtige. Adolf Loos und das Haus Müller in Prag
89 Reyner Banham, Die Revolution der Architektur
90 Gert Kähler (Hg.), Dekonstruktion? Dekonstruktivismus?
91 Christoph Hackelsberger, Hundert Jahre deutsche Wohnmisere – und kein Ende?
92 Adolf Max Vogt, Russische und französische Revolutionsarchitektur 1917 · 1789
97 Gert Kähler (Hg.), Schräge Architektur und aufrechter Gang
100 Magdalena Droste, Winfried Nerdinger, Hilde Strohl, Ulrich Conrads (Hg.), Die Bauhaus-Debatte 1953
101 Ulf Jonak, Kopfbauten. Ansichten und Abrisse gegenwärtiger Architektur

102 Gerhard Fehl, Kleinstadt, Steildach, Volksgemeinschaft
103 Franziska Bollerey (Hg.), Cornelis van Eesteren. Urbanismus zwischen „de Stijl" und C.I.A.M.
104 Gert Kähler (Hg.), Einfach schwierig
105 Sima Ingberman, ABC. Internationale Konstruktivistische Architektur 1922-1939
106 Martin Pawley, Theorie und Gestaltung im Zweiten Maschinenzeitalter
107 Gerhard Boeddinghaus (Hg.), Gesellschaft durch Dichte
108 Dieter Hoffmann-Axthelm, Die Rettung der Architektur vor sich selbst
109 Françoise Choay, Das architektonische Erbe: eine Allegorie
110 Gerd de Bruyn, Die Diktatur der Philanthropen
111 Alison und Peter Smithson, Italienische Gedanken
112 Gerda Breuer (Hg.), Ästhetik der schönen Genügsamkeit oder Arts & Crafts als Lebensform
113 Rolf Sachsse, Bild und Bau
114 Rudolf Stegers, Räume der Wandlung. Wände und Wege
115 Niels Gutschow, Ordnungswahn (in Vorbereitung)
116 Christian Kühn, Stilverzicht. Typologie und CAAD als Werkzeuge einer autonomen Architektur
117 Gerd Albers, Zur Entwicklung der Stadtplanung in Europa
118 Thomas Sieverts, Zwischenstadt
119 Hartmut und Beate Dietrich, Boden – Wem nutzt er? Wen stützt er?
120 Peter Bienz, Le Corbusier und die Musik
121 Hans-Eckhard Lindemann, Stadt im Quadrat. Geschichte und Gegenwart einer einprägsamen Stadtgestalt
122 Peter Smithson, Italienische Gedanken – weitergedacht (in Vorbereitung)
123 André Corboz, Die Kunst, Stadt und Land zum Sprechen zu bringen
124 Gerd de Bruyn, Fisch und Frosch – oder die Selbstkritik der Moderne

Thomas Sieverts

ZWISCHENSTADT

**zwischen
Ort und Welt
Raum und Zeit
Stadt und Land**

Denken und Handeln der Planer konzentrieren sich heute oft noch auf Probleme unserer Alt- und Kernstädte. Dabei ist Verlustangst eine vorrangige Motivation. Sie gilt der »Europäischen« Stadt. Deren Figur aber ist um so eher zu bewahren, je mutiger sie als besonderer Teil eines steter Wandlung unterworfenen Stadtwesens gesehen wird, das kein »Bild« mehr abgibt.

3., um ein Nachwort erweiterte Auflage
191 Seiten, Broschur
(BF 118) ISBN 3-7643-6393-2
Stadtplanung/Urbanistik

Hans-Eckhard Lindemann

Stadt im Quadrat

**Geschichte und Gegenwart
einer einprägsamen
Stadtgestalt**

Keine andere städtebauliche Form hat die lange europäische Stadtbaugeschichte so geprägt wie im quadratischen Raster geordnete Baublöcke und Straßen. Auch wenn sich die Städte mit der ökonomischen und sozialen Entwicklung rasant verändern – die einprägsame Gestalt der »Stadt im Quadrat« erfüllt nach wie vor die vielfältigen Bedürfnisse einer vitalen Stadtgesellschaft.

236 Seiten, Broschur
(BF 121) ISBN 3-7643-6396-7
Stadtbaugeschichte/Städtebau

Robert Venturi

Komplexität und Widerspruch in der Architektur

Herausgegeben von Heinrich Klotz

Robert Venturi gehört zu denjenigen Architekten, die die Debatte über die Ästhetik der Architektur durch Schriften und eigene Projekte wieder in Gang gebracht haben. Sein Buch ist ein Plädoyer zur Wiederaneignung des mannigfaltigen Reichtums der Baukunst, ein Damm gegen die Sintflut von Funktionalität und Purismus.

231 Seiten, 350 Abb.
Broschur
(BF 50) ISBN 3-7643-6359-2
Baugeschichte/Architekturtheorie

Venturi/Scott Brown/Izenour

Lernen von Las Vegas

Zur Ikonografie und Architektursymbolik der Geschäftsstadt

Was unsere Architekten zumeist naserümpfend übersehen, ja am liebsten einebnen würden, gilt den Venturis als willkommene Inspiration. Dem ›Internationalen Stil‹, der trotz seiner Resultate noch immer den Funktionalismus in den Zeugenstand ruft, begegnen sie am Beispiel des ›Strip‹, mit dem Ruf nach Erneuerung des Symbolischen in der Architektur.

231 Seiten, 350 Abb.
Broschur
(BF 53) ISBN 3-7643-6359-2
Architekturtheorie

Gerd Albers

Zur Entwicklung der Stadtplanung in Europa

Begegnungen, Einflüsse, Verflechtungen

Von den großen Projekten um die Mitte des 19. Jahrhunderts bis zur Nachkriegsmoderne: ein kompakter Überblick über die Entwicklung der Stadtplanung in Europa und über die Bedeutung grenzüberschreitender Begegnungen und Einflüsse durch Fachschriften und Beispiele. Nationale Unterschiede und europäische Gemeinsamkeiten in Theorie und Praxis werden erkennbar.

395 Seiten, 39 Abb., Broschur
(BF 117) ISBN 3-7643-6392-4
Stadtbau/Gesellschaftspolitik/Urbanismus

Alison und Peter Smithson

Italienische Gedanken

Beobachtungen und Reflexionen zur Architektur

Peter Smithsons Vorlesungen am International Laboratory for Architecture and Urban Design (1976-1990) erörtern in der Tradition von Francesco di Giorgio und vor allem Le Corbusier architektonische Themen der Moderne, die in den Projekten und Bauten von Alison und Peter Smithson weiterentwickelt und umgesetzt sind – mit neuen Ideen zu Haus, Wohnung und Stadt.

199 Seiten, Broschur
(BF 111) ISBN 3-7643-6386-X
Architekturtheorie

Bei Fragen zur Produktsicherheit wenden Sie sich bitte an:
If you have any questions regarding product safety,
please contact:

Birkhäuser Verlag GmbH
Im Westfeld 8
4055 Basel, Schweiz
productsafety@degruyterbrill.com